# *Risk*

# *Management*

# 与狼共舞

## 企业市场风险管理

衣建国　宋颖　著

电子工业出版社

**Publishing House of Electronics Industry**

北京·BEIJING

## 内 容 简 介

　　首先，这是一本专门帮助生产、贸易等实体企业运用期货等金融衍生品工具进行保值增值、管理市场风险的工具书。上篇（第 1、2 章）着重揭示了外部市场变动给实体企业带来的市场风险，凸显实体企业应对和管控市场风险的客观性和紧迫性。下篇（第 3～5 章）是全书的重点，第 3 章直接将作者在多家实体企业市场风险管理工作中所修订和运用的规章制度及办法完整呈现，以防范实体企业在运用金融衍生品工具中派生出新的更大的风险。第 4、5 章是全书的精华。第 4 章结合作者多年实战经验，首次将作者实际使用的"宏观经济形势分析"和"综合因素全量化价格动态分析系统"完整展示，对提高读者市场和价格分析方法水平大有裨益。第 5 章结合实战成败案例着重阐述作者多年实操总结出的一套完整"期货交易系统"，为读者提供实战实用的交易方法和经验教训。结篇的附录表格只是作者在企业市场风险管理工作中实际使用的一小部分，目的是提示基础数据库建设工作的方向范例和重要性。

　　其次，对于期货等金融衍生品工具的交易爱好者和从业人员来说，本书也是一本全面、完整、系统、实用的期货工具书，既可以让初学者全面掌握这项金融工具的基本使用方法，也有助于从业者大幅提高自身的专业水平。

**图书在版编目（CIP）数据**

与狼共舞：企业市场风险管理 / 衣建国，宋颖著. —北京：电子工业出版社，2017.4
（大数据金融丛书）
ISBN 978-7-121-31101-7

Ⅰ. ①与… Ⅱ. ①衣… ②宋… Ⅲ. ①企业管理－市场竞争－风险管理 Ⅳ. ①F274

中国版本图书馆 CIP 数据核字（2017）第 053915 号

策划编辑：李　冰
责任编辑：李　冰
特约编辑：罗树利　赵海红等
印　　刷：三河市华成印务有限公司
装　　订：三河市华成印务有限公司
出版发行：电子工业出版社
　　　　　北京市海淀区万寿路 173 信箱　　　　邮编：100036
开　　本：720×1000　　1/16　　印张：21.25　　字数：340 千字
版　　次：2017 年 4 月第 1 版
印　　次：2017 年 4 月第 1 次印刷
定　　价：79.00 元

# 除了你的才华，其他一切都不重要！

近年来，互联网和人工智能技术的飞速发展，推动传统金融大踏步前进，尤其是量化投资、互联网金融、移动计算等领域，用一日千里来形容亦不为过。2015 年年初，李克强总理在政府工作报告中提出制定"互联网+"行动计划，推动移动互联网、云计算、大数据等与各行业的融合发展。2015 年 9 月，国务院又印发了《促进大数据发展行动纲要》，提出"推动产业创新发展，培育数据应用新业态，积极推动大数据与其他行业的融合，大力培育互联网金融、数据服务、数据处理分析等新业态"。可见，大数据金融将会成为未来十年最闪亮的领域之一。2012 年年初，中国量化投资学会联合中国工信出版集团电子工业出版社，共同策划出版了"量化投资与对冲基金丛书"，深受业内好评。在此基础上，我们再次重磅出击，整合业内顶尖人才，推出"大数据金融丛书"，引领时代前沿，助力行业发展。

## 本书特点

本书应该说是本丛书中比较特殊的一本，因为这不是一个以模型和交易为主的书籍，更多的是与实体经济相关的实操内容。最近国家的基本国策也说得很清楚，金融要为实体经济服务，所以在一次偶然的机会中知道衣建国先生正在写一本针对企业风险管理的小册子时，我强烈建议他写成教材，于是才有了本书。

本书分为上下两篇，分别为企业市场风险的真相，以及管理企业市场风险两部分。第一篇阐述了企业的市场风险来源。一般认为企业的市场风险主要来源于业务层面，比如产品降价，或者竞争对手增多之类。但是还有一类风险是与整个宏观经济大势相关的，特别是对于一些制造业企业来说，原材料的价格暴涨暴跌，可能给企业带来无法想象的风险，这种风险只依靠企业内部的管理制度是很难避免的，需要用到多种金融手段，特别是金融衍生品。

对于企业来说，特别是制造业企业，很多时候风控部往往是形同虚设，并没有发挥过应有的作用。本书的第 3 章专门讨论了风控部的工作流程，特别是在期货套期保值方面的工作流程，并且以一个实际的案例来介绍其关键的工作内容。特别是书中提供了几个管理制度的实操案例，这也是作者多年实际工作的经验总结，对企业应该很有帮助。

对于具体如何用期货等衍生品来管理企业的风险，作者用了两章的内容，分别是市场分析法和交易法。市场分析法就是通过对宏观经济、产业供需分析以及市场力量的技术分析来对未来的走势做一个大致的预测，从而给企业的套期保值提供指导。交易法则是阐述了各种进行期货行情判断的技巧和案例，特别是一些失败的案例，从而帮助企业进行良好的风险管理。

本书是一本非常好的针对企业的风险管理的专业教材，将金融知识用于实体经济，是不错的一个尝试，特此推荐，供大家参考。

## 美好前景

中国经济经过几十年的高速发展，各行各业基本上已经定型，能够让年轻人成长的空间越来越小。未来十年，大数据金融领域是少有的几个有着百倍，甚至千倍成长空间的行业，在传统的以人为主的分析逐步被数据和模型替代的过程中，从事数据处理、模型分析、交易实现、资产配置的核心人才（我们称之为宽客），将有广阔的舞台可以充分展示自己的才华。在这个领域中，将不再关心你的背景和资历，无论学历高低、无论有无经验，只要你勤奋、努力、脚踏实地地研究数据、研究模型、研究市场，实现财务自由并非遥不可及的梦想。对于宽客来说，除了你的才华，其他一切都不重要！

丁鹏　博士

中国量化投资学会　理事长

《量化投资——策略与技术》作者

"大数据金融丛书"主编

2017 年 3 月于上海

# 序 言

"转型，转型"，转型喊了很多年，但只闻楼梯响，不见人下楼。很显然，当每个企业的经营利润持续增长时，没有谁会去考虑转型。2014年，我国终于真正踏上转型之路，调整经济结构，转变经济增长模式，并全面铺开相关配套改革措施。

国家为什么要转型？因为"高耗能、高排放、高污染、低端产品、粗放结构"的增长模式不可持续。企业为什么要转型？因为产品积压、现金流紧张、利润消失，经营不可持续了。

怎么才算企业转型成功呢？本质上应该同时具备两个特征：一是企业所生产的实体产品或服务产品总是能够适应不断变化的市场需求，二是企业拥有市场风险防范与控制的应对能力。前者要求企业在实体经济领域能够保持科技持续创新升级、生产精密细致、管理高效优化；后者需要企业在虚拟经济（金融资本市场）中能够把握经济大势，科学、准确地决策经营，熟练使用风险对冲工具。而要做到这一切，便需要企业主思想理念转型，企业管理民主化，事业打拼团队化，经营体系科学化，企业决策风控化。可见，企业转型升级的关键在于企业主。

不管自 2008 年以来的这一次危机有多么漫长，它终将过去；不管今天存活下来的企业的生产经营状况有多好，它们都回避不了紧随利润而来的竞争；不管民营企业多么不愿意，当下一次危机再次袭来的时候，市场风险的承受者依旧是它们。

企业转型要转变企业经营决策、管理方式；升级要改变企业主自私、自闭、自大、盲目决策、独担风险的经营理念。

仅仅有着 20 多年历史的中国微观经济体企业（非央企、国企等公有制经济体）们，该如何完成自己华丽的转型升级？

本书恰是围绕企业在经营管理工作中，面对瞬息万变的市场，以及因企业相关商品价格的变动而出现的市场风险，应如何科学决策和有效应对而作。本书从剖析外部市场变动、市场价格与企业经营决策错配产生经营风险入手，提出完善企业经营体系、组建嵌入风管部、组成专业人才队伍，进而学习掌握市场分析方法、期货（及其他金融衍生品工具）对冲风险交易方法，达到使用市场分析方法、期货交易方法或同时使用两种方法来规避企业经营过程中不断遇到的各种经营决策风险的目的。

本书的关键论点包括：

企业主引领企业转型升级，不再遭受市场风险重创；

市场剧烈动荡的根源在于宏观政策的制订者，他们同时也是参与竞争的市场大鳄；

详细阐述"经济大势"的分析方法，即宏观经济分析方法，并附有各种具体分析表格；

使用笔者的期货、掉期等金融衍生品工具交易经历，诠释市场分析效用和期货交易盈亏的真谛；

每一章节采取理论与实践相结合、方法与具体工具应用相结合的方式，让读者既看明白专业方法，又能直接参考使用。

无论你是期货初学者，还是企业风管部资深专业人士，通过阅读本书，可以全面地掌握较为准确的市场分析方法和期货交易方法。当然，核心的优秀交易能力，尤其是量化投资交易能力的培养，还需要继续钻研量化投资等更深奥的方法和技巧。

有资本经济的地方就有资本博弈，大量的市场竞争者倒下了，成就了极少数世界级优势资本家国际财阀财团，造就了资本家群体精英中的精英。

追逐利益、冷漠、聪明、睿智、团队作战……这些经济精英、资本大鳄们在世界经济危机中一次次斩获胜利果实。在每次危机来临时，面对市场剧烈波动的民营资本企业家，决不能再像以前一样手足无措、坐以待毙，或者自怨自艾，甚至用"阴谋论"埋怨他人，而是要果敢、睿智，提高竞争博弈的能力。

# 目 录

结篇　知狼道　图发展

# 引言　企业之殇

商场如战场，风云突变……

世界经济危机爆发后，多少企业自峰巅跌落，又有多少企业如迷途羔羊，落入虎狼之口？

陷入困境的企业纷纷陷入了痛彻的思考：盈亏决定着企业的发展与否，而现金流直接决定着企业的生死存亡。那么，究竟是谁无情地吞噬了曾经丰硕喜人的利润；又是谁动了我们的奶酪，让我们曾经丰裕的现金流戛然而止？那些时时关系企业财产的危机又藏身何处？

"自 2008 年以来，我们的企业就再也没有盈利过""天然橡胶还能跌到什么地步？我们这些做了二十多年橡胶的老胶商们心里完全没数""以前我们的库存钢材最多的时候为 15 万吨，今年才 1.5 万吨，但我们仍觉得心里没底"……

这一刻是 2013 年 6 月中旬。

"做什么都不赚钱，现在做实体生意真难！""我们那条商业街上又有三四家店关门，做传统行业的门店根本没法生存""平民餐饮还可以，面向官员消费的高端大酒店全都倒闭了""我们搞生产的企业就更难了，出口受到各种限制，环保压力大，设备成本高，下游消费不景气、上游原材料价格捉摸不定""我们钢材内贸整个行业早早就消失了，进口型原材料国际贸易行业也好不到哪儿去"……

这一刻是 2016 年年初，全球性经济危机已经进入了第九个年头。

回顾自 1949 年以来新中国的资本运作历史，在"释放生产力"的大政方针坚定支持下，国有企业市场化运作最早开始于 1978 年，民营私企成规模的商业运作基本开始于 20 世纪 90 年代，随后是大量地方国企改制，并且于 2004 年前后纷纷完成产权国有制向私有制或混合股份制的转化。自此，新中国形成了央企、地方国企和大量私有、股份企业并行的资本化商务运作模式。

2001 年 12 月 11 日，中国正式加入世界贸易组织（WTO），为新中国正在开启的资本盛宴火上添油，大量国际资本以世界 500 强的荣耀光环被堂而皇之地引进来，在国际经济经营理念的铺垫下，与新中国发展资本经济的政策环境一起迅速培育出商机勃发的沃土。2005 年到 2007 年 10 月的短短两年间，企业主只要有胆量，可以拿到或占有资本或资源，就一定会迅速暴富，"经营亏损"是天方夜谭，想不赚钱都难。似乎一夜之间，众多企业迅猛扩张，采矿、机械、建筑、物流、贸易、消费等各行各业前途一片金黄；新兴的中国股市持续上涨，迭创历史新高，中国股民集体癫狂。即使在 2006—2007 年，在央视新闻联播不断播出的调控政策和风险警示声中，企业依旧大干快上、扩大经营，全体股民追赶着五六千点的股市持续狂奔。

然而，新中国资本的盛宴却在 2007 年 10 月戛然而止。

同样是 2007 年，历史上持续时间最长、具有全球影响力的经济危机"美国次贷危机"爆发了。美国次贷危机通过无国界资本链条迅速影响到全球金融系统，伴之以西方政府的冷血悲调和国际评级机构的落井下石，全球性金融危机迅速爆发，信贷链条绷紧、债务链条断裂，金融危机进而演变成经济危机，全球经济迅速滑向经济危机的深渊。

这一刻是 2009 年年初。

在中国资本证券市场上，中国主板股市大盘的代表（上证指数）从 2007 年 11 月开始了短时、剧烈、坠崖式的下跌，期间虽有两次短暂企稳，但最终用持续一年的暴跌让中国股市回到了一年前暴涨的起点。从此，中国股市一蹶不振，虽经短暂反弹，重又跌回谷底区域，至 2014 年 11 月又整整经历了六年的谷底沉沦。在美国经济体和欧盟经济体已经走出危机阴影的时候，中国股市依旧在低位震荡、艰难徘徊。与此同时，中国企业，尤其是非公有制企业纷纷陷入大面积亏损的境地，在造船、钢材、水泥、平板玻璃、煤化工、电解铝等过剩产业（行业）及其波及的上游产业链企业中甚至形成了大面积亏损，绝大多数企业在死亡线上挣扎、奄奄一息，不少企业在资不抵贷的情况下已然名存实亡……

这到底是怎么回事？

**"不怨天、不尤人，只怨自己不睿智"**，一位民营企业家这样说。是的，在全球 500 多年的资本历史长河中，这种天堂地狱间的转换从不少见。只是新中国 30 年不到的资本商务历史太短暂，我们还没有体验过这么剧烈的风

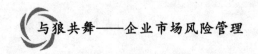

险经历，还难以意识到市场瞬息万变给企业带来的巨大风险，还认识不到经济周期背后国际资本的虎狼手段，还没学会怎样看清市场走势的轨迹规律，还不知道该用什么工具和手段加以应对……

吃一堑，长一智。

要想学会怎么应对市场风险，就要先揭开企业市场风险的真相。

上 篇

# 企业市场风险的真相

# 第 *1* 章　企业市场风险概述

相对于主观运转的企业个体而言，市场是客观的，其始终按照自身的经济规律和所受到的各种外力综合作用进行运转。自资本主义存在以来，市场就不断重复着"**低谷低迷→复苏增长→繁荣巅峰→停滞衰退→滑落低谷**"的循环周期，涨涨跌跌、生生不息。与此同时，在市场按客观经济规律运行的过程中，国际间或者重要经济体（美国、中国、欧盟、日本等）内部的金融、财税、产业等经济政策，以及政治、军事、科技、外交、文化等非经济方面政策的变化，都会综合作用于市场，使市场领域的不同产业发生变化、资金存量产生增减、经济看好或看淡的心理预期各有反应、具体企业的经营决策发生重大变化，导致市场所经历的经济周期规律在发生的时间长短方面和空间程度方面发生变化，从而演变出更复杂的市场运行走势，让承受市场风险的中小企业主，尤其是新兴的中国民营企业主难以判断和应对，企业内部的经营决策与外部环境市场走势的错配，导致企业经营工作产生市场风险。

由此可知，**市场本身是没有风险的，市场参与者中的某些主体，如众多的中国非公有制企业，才是市场风险的承受者。**

2011 年 2 月，随着 2008 年危机救市刺激政策效应的减退，生产轮胎所使用的天然橡胶（热带气候区生长的树种，主要产于泰国、印尼、马来西亚；中国是目前全球第一大天然橡胶进口国）的期货价格在迭创 2008 年危机后出现新高，在创出每吨 6500 美元左右（合 43 000 多元人民币）的历史最高价后止涨回落。2011 年 3 月，天然橡胶的现货美元报价也从历史最高点回落了每吨 700 多美元（合人民币近 5000 元）。青岛保税区的一个美元胶国际贸易企业（简称"MYJ 企业"）认为天然橡胶的价格不会再跌，便以每吨 5800 美元的价格果断采购了 500 吨马来西亚出产的天然橡胶一号现货标胶（SMR10）。随后，天然橡胶的市场价格以震荡方式小幅持续下跌。期间，MYJ 企业认为价格小幅波动，应该难以继续大跌，于是在 4500 美元/吨的价位附近又采购了 500 吨现货标胶。2011 年 4 月底，当天然橡胶价格在 3800 美元/吨左右短暂止跌时，MYJ 企业再次认为价格应该跌到谷底了，又采购了 3000 吨现货标胶，以继续摊低采购成本。2011 年 9 月中旬，欧债危机持续发酵，全球经济环境剧烈恶化，大宗原材料工业品（包括天然橡胶）都开启了此后连续 5 个月的坠崖式暴跌，并且，基本无停顿地跨年度走低。但 2012 年 7 月，MYJ 企业用最后剩余的银行授信额度以每吨 3000 美元左右的价格采购了 3000 吨天然橡胶。随后，天然橡胶的价格虽有半年的小幅反弹，但远远没有涨到 MYJ 企业的平均采购价（3650 美元/吨左右），因此企业决定囤住这 7000 吨天然橡胶，等待价格上涨周期的到来。

但是，随后的市场形势却继续恶化，天然橡胶的价格在 2013 年 3 月加速下跌，一直跌到 2013 年 6 月的每吨 2300 美元左右。

回顾全程，MYJ 企业在拿到银行的美元授信额度后，从最初判断失误、以每吨 5800 美元高价采购后的观望，到跌到每吨 4500 美元的加倍采购，再到每吨 3800 美元的巨量（3000 吨）摊低成本式采购，直至抱着最后一线反弹希望的 3000 吨（3000 美元/吨）赌博式采购，一买再买，一错再错，连买连套。MYJ 企业在误赌经济会好转、行情会反转，赌错后盼望转好和现货经营失误的无应对举措中越买越多、越套越深，最终导致其背上了巨额银行贷款债务（造成了 6300 多万元人民币的亏损），并滑向破产边缘。

无独有偶，2007 年年底，长期经营进口原油现货的青岛某化轻企业（简称"A 企业"），在 2008 年年初陆续采购了大批轻质原油现货。当 2008 年一季度全球经济危机突然剧烈爆发时，面对进口原油价格暴跌的市场走势，A 企业完全没有采取任何风险防范或对冲措施，很快，这家曾经长期在当地占据首要地位的化轻企业被破产清算了。

与此同时，在青岛有一家与 A 企业规模相当的化轻企业（简称"B 企业"），其在 2007 年前后接触并认真学习、充分论证、详细掌握了商品期货这种风险管理工具，并且专门在企业传统经营体系里增设了风险管理部（风险管理部的一项职能就是期货对冲保值交易）。B 企业在 A 企业进口了大批轻质原油现货的时候也进口了大量轻质原油现货，但与 A 企业不同的是，在经济危机爆发的时候，B 企业的风险管理部不仅在经济走势分析工作中提前向公司决策层发出了风险预警，还提出了"加速销售、减少采购"的参谋意见，并且在上海期货交易所燃料油期货及外盘原油期货点价渠道，同时采取了燃料油期货卖出保值交易动作和原油点价卖出洗仓动作，这使 B 企业不但完全弥补了现货原油库存的巨额损失，而且实现了可观的期（货）现（货）结合经营的赢利。B 企业已经完全具备了驾驭市场风险的能力，了解了市场运行的基本规律，明白了剧烈波动的市场中竞争对手的藏身之处和动静手法，可以与之抗衡，确保企业持续健康地发展。

自 2008 年经济危机爆发以来，尤其是自 2011 年 2 月大宗商品持续下跌以来，巨额亏损甚至破产出局的现货企业比比皆是，这就是所有企业曾经经历和将来仍要直接面对的、无法回避的企业市场风险。

企业市场风险是指企业对大宗商品（或金融商品）的大规模采购、销售等经营决策动作与市场环境走势节奏出现严重不同步的时候，给企业带来的较大经营损失。

具体地说，企业市场风险就是企业在对某种大宗原材料商品的采购、备货，以及对所产半成品、成品库存流转过程中，遭遇到该商品的市场价格在较长一段时间内持续下跌且跌幅较大，使生产型企业原材料库存成本高于同行业企业原材料成本 10%～20% 及以上时；或者使贸易型企业库存大幅浮亏到 10%～20% 及以上（银行授信后采购保证金比例）时，造成生产企业或贸易企业陷入经营困境，甚至倒闭。反之，当生产型企业在市场价格处于低价位区时没有采购原材料（或贸易低价甩卖库存），但该品种的市场价格在一段时间内连续上涨且涨幅较大，也会让企业在较长一段时间内陷入经营被动的局面。

同样的道理也适用在企业所涉及的金融工具商品方面。比如，当一个出口型外贸企业每月出口结售汇后，遇到美元等相应外币在此后一段时间内连续上涨且涨幅较大，而企业却没有及时在外汇市场上进行买入美元的风险对冲保值动作，那么，企业的美元结售汇卖出是亏损的，甚至会连月亏损到企业不可承受的地步。反之，若该企业在外汇市场下跌周期时，就在外汇市场上采取先卖出美元等外汇期货的动作，待外贸现货交易结束完成现汇结售汇时再买进清结外汇期货的空头持仓，就可弥补外汇市场下跌造成的结售汇损失。当然，若该企业没有采取外汇市场风险防范动作，自然要面临美元等外汇市场价格涨跌所带来的企业市场风险。

由此可见，企业市场风险的发生涉及内因和外因两个方面。内因是企业自身经营决策，在我国，对于承受市场风险的民营企业（国企的资本股东是市场规则的制定者，而且国企的资本体量较大、实力雄厚，相对而言，国企面临的企业市场风险较小、抗风险能力较强）而言，资本商务运营也仅仅有20多年（甚至只有十多年）的历史，这些民营企业在企业治理制度、经营决策模式、市场风险意识、抗风险能力建设等方面还很薄弱。笔者针对这些状况，把20世纪90年代以来的绝大多数中国民营企业划归为"1.0版本的粗放式中国民营企业"。这些没有抗风险体系和能力、欠缺抗风险模块经营体系、缺乏风险防范意识和魄力的企业，在一次次市场价格剧烈波动时面临着生死存亡的考验。

从市场风险的外因来说，资本"逐利"的根本特性决定了市场永远不会安于平静，一定会持续不断地按客观周期规律运行和波动。与此同时，"资本是一切的根本"的资本主义本质决定了资本商务运行历史中，永不缺少制定资本市场运行规则的大资本所有者的身影（优势资本的所有者是资本市场规则的制定者，这也是资本社会正常运行的基本保障和客观现实）。这些优势资本所有者既是资本市场的竞争参与者，又是资本市场竞争规则的制定者。他们的存在，使市场运行的波动轨迹变得更加剧烈和复杂，这些市场规则制定者们正是掌控现代及当代全球资本主义社会的睿智精英。

在一定程度上说，市场风险的制造者正是这些掌握优势资本的政策制定者；或者说，拥有政策制定权的优势企业并不承担市场风险，承担风险的是没有国际或国内宏观政策制定权的个人或企业，无论这些个人或企业的财富看上去多么强大。

仍处于1.0版本阶段的中国民营企业主们应该对企业所面临的市场风险有清晰的认识，看到造成企业市场风险的根本所在。

# 本章结语

对于中国刚刚蹒跚起步的资本商务经济，尤其是中国民营企业而言，我们不仅要专注企业的内部管控（进行大量各类企业管理培训），更要重视企业的外部管理，深刻认知"市场风险管理"的重要性，用更专业的管理理念、专业方法、专业团队、专业人才进行市场风险防范及管控，实现中国民营企业向2.0版本的转型升级。

# 第 2 章　企业市场风险从何而来

如上节所述，企业市场风险产生于客观变化的市场节奏（市场走势、市场波动），或是企业做出了错误的主观经营决策。企业市场风险的产生既有客观层面，又有主观层面。

从客观层面讲，市场波动是自然存在的，市场节奏确实难以准确把握，经常让企业不知所措。其实，市场节奏只是结果和表象，它的本质是由经济政策决定的。具体来说，市场节奏产生的传导机制是：经济性质→经济目标→经济架构→经济政策→经济形势→市场节奏。客观环境的市场节奏与企业主观经营决策之间的匹配程度决定着企业经营的成败。经济形势是影响市场节奏、价格波动的根本因素，而决定经济形势的重要因素则是经济政策的制定或调整。正因为企业没有厘清影响市场节奏、价格走势的重要因素，所以它们才在不经意间面临市场剧烈波动所带来的巨大风险。

从主观层面讲，企业欠缺掌握市场风险的应对工具。西方资本商务运作已经有 500 余年的历史，面对经济周期性波动和政策变动所带来的市场风险的一次次冲击，它们慢慢掌握了各种各样的预警和应对举措；尤其是 1848

年诞生现代期货市场后，期货等各种金融衍生品工具发展得如火如荼。事实上，在现在的全球经济领域内，金融衍生品工具等虚拟经济年度交易额已经远远超过生产贸易等实体经济的产值，并始终是全球实体贸易中企业市场风险管理的主要工具。但是，伴随着中国期货市场逐渐走向成熟，我们的企业，尤其是抗风险能力较小的民营企业还没有完全认识风险管理工具，没有把它作为与现货同等重要的经营手段，也没有在企业经营体系中增设风险管理部门、配备专门人才、掌握专门方法、科学运用商品期货这项工具，有的民营企业主甚至直接把期货当成了投机或制造更大风险的工具。

具体来说，企业的市场风险产生于以下几种情况。

## 1. 对企业市场风险的重视不够

笔者在与众多实体生产企业主交流的过程中发现，大多数企业主对企业的内部管理很重视，如财务、销售、生产、技术、采购、人事、文化等方面，也参加大量的企业培训，甚至不惜为此付出数十万、数百万元的培训费。但是，他们对企业经营的外部管理、外部经济环境变化、经济形势跟踪分析、市场价格走势变动系统科学的分析工作不够重视，更不愿意付出成本吸纳专门人才。

## 2. 对管控企业市场风险工作的魄力不够

由于期货及其他金融衍生品工具的专业性（海归们称之为"高大上"），企业主们对其普遍缺乏专业了解，对未知领域心怀畏惧，缺乏推动企业转型升级的魄力。

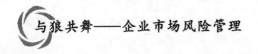

### 3．对企业市场风险防范工作投入的精力和资金不够

基于上述两点，企业主不愿意在企业外部市场风险防范工作上投入精力，甚至抱着"风险不会发生"的侥幸，或者抱着"原材料涨，产成品也会涨"的心理，回避"原材料大涨，产成品慢涨而吃掉利润"的事实。此外，他们也不愿意在市场风险防范工作上安排合理的项目资金，认为这些资金的使用不必要，甚至可能会"赌输赔掉"。殊不知，这部分资金是企业经营风险防范工作所必需的，而且占用的资金很少，并不是用来"赌输赢"的，而是为企业减少经营损失，带来利润增长的。

### 4．企业市场风险管理工作的专业化水平不够

由于企业主缺乏企业转型升级的理念，对企业的外部管理工作，即对企业市场风险防范工作不够重视，缺乏涉猎学习、组织专门人才进行专业市场风险防范的魄力，不愿意投入资金和精力科学防范市场经营风险，从而造成在企业经营环境变化、市场风险产生时专业应对水平低下、措施缺失，最终形成经营损失。

这些损失客观而严峻。比如，2016 年 11 月，笔者走到哪里都会被企业主问道："塑料的价格怎么会是这样的？""大宗原材料商品的价格怎么变得这么疯狂？""有色金属的价格什么时候不再涨了？"面对这众多无奈的发问，笔者也只能报以无奈的苦笑。因为，我和他们一样：面对市场价格的变化，我们都做不成神仙（神准分析）。但是，我却比他们更深切地认识到：他们应该有迫切地建立风险管控工作体系的需求。因为，众多企业主都一直以为原材料价格的涨跌变化都尽在他们的掌控之中。所以，当期货衍生品行

业的专业人士一次次建议他们建立市场风险管控工作体系的时候，或者只是建立信息搜集归纳分析工作体系的时候，他们都会委婉而坚决地谢绝；而面对瞬息万变的外部市场环境，仍然根据行业内口头的业余交流，做出经营决策，待市场变化与企业经营决策发生很大偏差时才后悔连连。

　　比如笔者接触的一家镀锌厂，常年使用锌锭原料。该企业找到我们进行上海期货交易所锌锭期货的学习和交流，我们为它做了系统培训、制定了完整的分析和交易工作流程。但是，由于该企业缺乏资金投入，一直没有把锌锭原材料采购风险管控工作建立起来，待锌锭的价格从 2016 年年初低位的12 000 元/吨上涨到 20 400 元/吨的时候，它只有叫苦连连。图 2-1 是上海期货交易所锌锭期货主力合约价格日 K 线连续图。

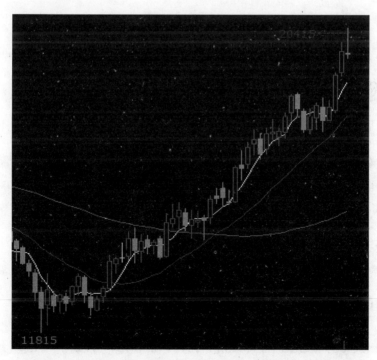

图 2-1　上海期货交易所锌锭期货主力合约价格日 K 线连续图

对于一家使用锌锭原材料进行加工生产的企业而言，其最大的经营风险就是原材料锌锭价格的剧烈变化。没有使用期货这种衍生品工具的企业，就只能随行就市进行采购，通过产成品调价转移原材料价格上涨造成的损失；但是，产成品价格的调整从时间节奏和幅度上都难以如企业所愿。而这种期待下游消费商化解经营风险的被动局面，生产企业完全可以通过使用期货工具进行主动化解。首先，建立市场价格跟踪分析体系，系统科学地分析价格走势，把握市场节奏；其次，运用期货工具，在锌锭价格较低且有企稳上涨迹象时，在期货市场上提前订立买进各个月接货的合同，达到锁定各个月甚至一年以后某个月用料的低价货源。而且，这种提前近一年时间所订立的采购货源只需要缴纳 10%左右的订金，占用的企业资金微乎其微。

# 本章结语

毋庸置疑，外部的市场经营环境的变化是客观的，企业对此的认识、理念、魄力、举措等是主观的。大宗原材料商品价格偏低时，企业错过了在现货市场或期货市场采购的机会；或者企业存放着较多原材料、半成品、成品库存时，商品价格大跌，却没有运用期货市场进行卖出套期保值，都会产生巨大的经营风险。不管企业是否采取应对措施，市场幻化所带来的企业市场风险都会发生；坚持不利用期货工具进行经营避险，是造成企业面对最大市场风险的根源所在。

面对已经"三化"（全球经济一体化、信息化、金融化）的世界经济，新兴年幼的中国企业，尤其是 1.0 版本的中国民营企业，亟须深刻、透彻地了解全球资本商务运行的本质和机制，更要尽快认识到建立防风险经营体系、增强抗市场风险能力的紧迫性和必要性。

那么，企业应该如何找到市场节奏背后的真相，如何向左右经济形势的精英学习，如何使用期货等金融衍生品风险管理工具化解市场风险呢？

下 篇

# 管理企业市场风险

# 第 **3** 章 完善企业经营体系

## 3.1 完善经营体系，势所必然

现在我们所处的全球经济社会背景应该被称作"当代资本主义"。当代资本主义最显著的特点就是：全球经济一体化、信息化、金融化。

在这种经济背景下，伴随中国加入世贸组织，中国企业也参与到资本逐利和经济博弈的全球经济竞争中，市场风险无法避免。

PC（Personal Computer，个人计算机）的诞生既是划分当代资本主义的重要标志，更是实现"全球经济三化"的基础工具。PC 及其连接而成的互联网影响了各个方面，更改变了全球经济运营方式，并且仍在持续不断地推动着经济运营方式的创新。

全球企业的运营都离不开 PC 和网络，当代企业经营步入了设立商业情报部、经济分析部、经营参谋部、金融运作部、虚拟经济拓展部等新经济手段领域。因此，只有运用信息化武器、金融化工具，才能在全球经济一体化、信息化、金融化的环境中控制风险，立于不败之地。

中国的民营商业企业经营模式正处于从 1.0 版（1990 年至今）的"老板独自决策"模式向 2.0 版的"科学论证、集体决策、团队配合、共赢共享"模式转化的关键时期。如果说 1.0 版的企业经营体系模式下，企业成功靠的是"资本资源掌控和老板决策胆量"，那么，将来谁能经营成功，就取决于企业能用多快的速度完成向 2.0 版的经营模式的转化了。

传统的"凭感觉"式经营决策的时代一去不复返了，只有代之以"信息化指导、金融化保护"的实体企业经营模式，新中国商业企业，尤其是改革开放以来的民营企业才能在世界经济竞争中不被竞争对手吞噬。

众所周知，企业经营成功的具体表现就是"看透门道，做好生意"。毫无疑问，在 2008 年经济危机发生前的十几年间的经济环境中，企业把握市场走势比较容易，因为国家经济处于高速发展阶段，企业比较容易赚钱。但是，自从 2008 年中国爆发经济危机以来，国际国内市场动荡、政策频出，市场走势极难把握，这就对企业如何在新形势下"看透门道，做好生意"提出了严峻的考验。

面对如此严峻的经济形势和经营局面，新中国民营企业应该怎么办？

困则思变。历史从来没有停止过变革，也唯有不断的改变，才能推动历史不断向前发展。

改变，要从理念开始，需要每个人，尤其是民营企业主经营理念的根本转变。

21

中国民营企业主只有通过学习、拓宽视野、敞开胸怀，才能拿出转变理念的魄力。有了自我革新的魄力，才能破除"自大、自闭、自私"的管理魔咒，发挥自身实力，借用人才团队智力，以"三力（魄力、实力、智力）"之势运用科学经营方法，收获科学决策、持续稳健发展的经营效果。面对已经发生根本变化的中国经济新常态，企业主只有彻底转变经营理念，才有将自身企业转型升级的动力，才能够主动完善升级企业经营体系，运用科学经营方法决策经营。

转变经营理念，掌握科学方法——这是笔者对中国企业主，尤其是民营企业家所寄予的美好愿望。

## 3.2 当代资本社会下的企业经营体系

不知不觉间，全球经济发生了翻天覆地的变化，在全球经济领域范围内，竞争对手看似远在天边，但网络、虚拟经济（股市、汇率、利率、期货、期权、互换、掉期等金融工具市场）却让我们感受着近在眼前的残酷竞争。面对变化，抱怨也于事无补，我们只能想方设法地采取科学的应对措施。

由此，结合当代资本主义社会的运行特点，通过在企业传统经营体系中增加设立市场风险防范与管理部（本书简称"风管部"），提升决策层科学经营理念，改"老板独自凭感觉决策"为"管理层集体讨论，凭信息综合分析，科学论证决策"，进而由"老板独自担当，各部门单打独斗"升级为"团队配合，集体作战"的企业经营模式。具体如图 3-1 所示。

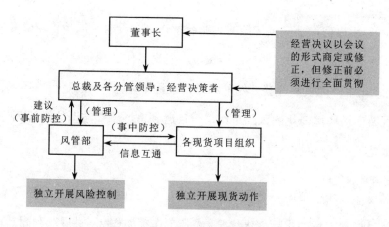

图 3-1 现代企业经营决策模式

由图 3-1 可知：

（1）企业的采购、销售等重大对外经营决策由包括董事长在内的最高管理层集体讨论决策，形成决议，然后指示各现货实体项目公司组织执行。当外部市场环境发生显著变化时，也要由最高管理层集体讨论修改经营决策，形成新的经营决议。需特别强调的是，董事长无权随意、独自更改经营决议。

（2）风管部负责定期或不定期地向决策层提供经济形势、市场走势等各种分析报告，提出现货经营决策参谋建议。风管部参加最高管理层经营决策层会议，并享有发言权。

（3）风管部与各现货项目组织之间互通市场信息和经营信息。各现货项目组织指定兼职信息员，为风管部提供准确的市场信息和经营信息。

（4）风管部按最高管理层经营决策的决议，组织执行具体的期货保值计划，并定期向最高管理层集体汇报。

2007 年以前，新中国传统的企业经营体系中没有"风险管理部"，也没有专业办法系统、全面、严格地落实市场研究工作和现货经营的风险防护工作。企业在生产或贸易经营开始前和经营过程中，基本不清楚市场环境状况，也没有做市场环境变化的跟踪工作，一旦遇到市场剧烈波动的经营风险，企业基本是手足无措的。

商场如战场。市场环境状况犹如战情，企业在经营开始前和经营过程中必须随时把握市场的实际变化状况。经营工作犹如作战，进展顺利固然可喜，一旦受挫，更应该有期货等金融衍生品工具，以及金融化经营手段对现货经营手段进行保护、避险。

经过经济危机的洗礼后，新兴的中国企业，尤其是民营企业亟须在经营管理体系上进行完善。从此，开启中国民营企业 2.0 版睿智经营的新时代：企业经营以科学治理体系为根本，以集体决策为开端，以经营数据信息化为引导，以金融化工具做保护，企业只需招贤纳士、探究方法、协同互助，就可以放心大胆地开展各种经营工作，收获丰硕的经营成果。

在全球经济一体化的背景下，新兴的中国企业的竞争对手、有着 500 余年资本商务经历的国外经营者们早已完善了经营体系。例如采矿业的必和必拓、力拓、淡水河谷等，以及农产品行业的 A（美国 ADM）、B（美国邦吉 Bunge）、C（美国嘉吉 Cargill）、D（法国路易达孚 LouisDreyfus）全球四大粮商等都建立了科学完善的经营决策体系。这些参与全球相关行业规则的企业巨头们虽实力雄厚，但仍谨慎细致地把派往全球的经营分支及其具体业务人员赋予了商业信息搜集的工作职责，便于最高管理层经营决策，并为金融风管部提供一手真实全面的市场信息。当然，现在的中国也逐渐有了中粮、江铜、神华等大型国企和沙钢等大型民企、股份制企业，通过完善企业科学经营体系，更好地运用商品期货等金融衍生品工具实现为现货经营防范规避经营风险。但由于众多原因，中国民营企业进行完善经营决策体系、防范现货经营风险的工作的比例仍不高，这也是在 2008 年的经济危机中中国民营企业受到严重损伤的根本原因。

目前，中国国有企业运用金融衍生品工具仍有一些体制上的障碍，而中国民营企业在完善科学经营体系、运用金融衍生品工具避险方面的主要障碍是企业主思想意识、思维理念等管理性质上的障碍。企业主主要是对当代资本主义社会，尤其是后续经济形势的走势规律，认识不清楚，对今后市场走势和价格波动抱持稳定预期，对市场波动不会造成自身企业遭遇经营风险心存侥幸，进而对自身企业盈利持续能力和抗风险能力盲目自信，且自我封闭，甚至缺少对市场各类人才的正确认知和估值。凡此种种，中国民营企业主落后于新时代经济的科学经营意识和转型升级的魄力是决定企业能否完成"民营企业由 1.0 时代升级为 2.0 时代"，以及实现科学决策和睿智防范风险的关键，也是决定企业生死存亡的根本所在。

要想防范与规避企业经营风险，新兴的中国民营企业，需要有科学认知当代资本社会经济运行规律的睿智，需要有开放的思想，需要有科学经营企业的魄力，从完善企业经营决策体系、建立市场风险防范与管理部入手，招贤纳士，探究科学方法。

## 3.3　风管部工作职责

### 3.3.1　风管部的具体工作目标

风管部的具体工作目标主要有以下两项。

（1）做好企业经营的信息化指导。通过每天不间断的信息分析研究工作，为企业最高管理层的经营决策工作提出前瞻性的战略化经营建议。同时，在企业经营过程中，进行全时、全程市场状况的跟踪分析，在必要时发出市场转化、价格反转的预警信号，提出明确的现货经营建议。

（2）做好企业经营的金融化保护。市场是难以预知的，当企业实体经营在信息化指导下仍然遇到市场风险的时候，风管部可以运用期货等金融工具对现货经营库存进行反向保护。

### 3.3.2　风管部的具体职责

风管部的具体职责如表 3-1 所示。

表 3-1　风管部的具体职责及内容

| 一、工作范围概述 |
| --- |
| 对企业内所有实体现货项目进行相关的信息搜集、整理、归纳、分析、判断、预测工作，为企业领导和各现货项目负责人提供决策参谋建议，促进各实体现货项目的健康开展，必要时运用期货等金融衍生品工具进行防范，减少经营风险，实现各项目经营利润最大化 |

| 二、具体工作任务分类 | |
| --- | --- |
| 1. 现货决策参谋（事前风险防范） | 做好宏观经济分析、与企业经营相关的大宗商品市场分析、具体经营品种的价格分析；做好所有品种的行情实时分析和经营参谋工作。在必要的情况下，按企业领导安排，协助做好相关的具体业务指导工作，参与、实地了解各现货经营项目，从信息工作角度协助各现货项目业务健康开展，为企业所有经营项目的正确决策提供参考意见 |
| 2. 相关品种期货保值（事中风险规避） | 在工作需要的情况下，按企业领导安排组织落实相关品种的期货保值业务工作，确定投资品种、时机，经充分论证分析后制定科学的交易策略、周密的交易计划并组织具体实施；提高风险意识，控制好资金投入比例，确保企业资金安全，确保期货等衍生品工具发挥作用，确保相关现货项目利润目标的实现 |
| 3. 信息数据库建立与维护（基础工作） | 建立并完善经济、市场、期货、现货信息网，实地学习考察，广泛搜集信息，力争建立完善的信息数据库并认真维护，开发简洁、实用、高效的信息数据分析系统，但注意区别学术与实战、分析与交易的实用性 |
| 4. 培训、培育（部门持续发展） | 进行经济知识引导培训，吸纳、培训、储备信息人才，按公司要求对信息人才进行招聘、推荐、选拔、培训、指导 |
| 5. 其他 | 力争高效、高质地完成企业领导交付的其他信息、保值工作 |

换个角度说，风管部日常的主要工作内容也可以分为信息分析、经营建议、保值交易三项。信息分析是常规工作、基础工作，承担企业主要的市场信息和商业信息分析职能，类似于信息情报工作（情报部）；经营建议则体现风管部在企业经营决策和经营过程中参谋建议的职能（参谋部）；而运用期货等金融衍生品工具所开展的保值交易工作体现的是企业在现货经营过程中遇到风险的时候，在虚拟经济领域执行的作战职能（防空作战部）。通俗地说，2.0 版本的民营企业的风管部对企业产生的影响可以形象地被比喻为：集情报部、参谋部、防空作战部三部职能为一身。由此可见，完善科学经营体系后的风管部在 2.0 版本（民营）企业中所起的重要作用。

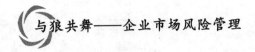
## 3.4 风管部工作流程

　　风管部的主要日常工作分为"信息数据工作"和"期货保值交易工作"两部分。风管部内部的具体工种岗位分为部门管理、分析岗、策略岗、交易岗、风控岗，对应的岗位职位为负责人、分析员（水平更高的称为"分析师"，后续与此类同）、策略员（策略师）、交易员（交易师）、风控员（风控师）。在实际工作中，部门人员可对部分岗位相互兼岗。比如，风管部所有人员必须都是分析员，并且应当达到分析师的水平；风控员和交易员必须具备双岗水平。风管部工作分工及流程如图3-2所示。

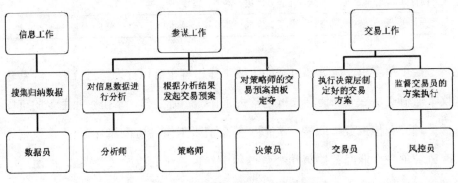

图 3-2　风管部工作分工及流程

## 3.4.1 信息数据工作流程

　　广泛建立并接触各类信息源，包括各相关经营品种大型期货或现货业务会议、与企业各现货项目公司进行实时沟通、交流，全面了解期货、现货市场各方面信息→分析员认真汇总、解读各类信息，实时进行各品种价格分析→将信息分析结果按国际期货、国内期货、产区信息、销区信息及天气信息等各种类别归纳、制表，并实时发送给相关领导及现货经营部门→风管部对经济、金融、市场、各品种价格走势提前一定时间做出分析、判断、预测报告、对策建议，并报企业领导参考使用。

具体信息工作包括以下几点。

（1）每个工作日 15:30 之前完成与企业现货经营相关的期货品种走势的分析、判断，以及对下一个工作日走势的初步预测（按概率大小排序几种可能）；16:00 之前完成相关品种期货持仓排行榜数据整理和分析工作后，除值班人员之外，其他人员提前下班。

（2）风管部全体人员必须收看每天晚上的《晚间新闻联播》，适当辅助以《经济新闻联播》，对重大新信息按部门领导要求第一时间高效完成并提交解读报告，必要时全体人员回到岗位集体分析、论证，并将分析报告立即提交给最高管理层。

（3）特别规定：在正常市场情况下，当晚非值班人员按时休息，值班人员必须在 20:00 前到达分析及交易工作岗位，所有人员除周五、周六之外的晚上不得安排任何接待活动，必须参加的公司活动需要提前得到部门负责人和分管领导的批准。

（4）每个工作日 6:30 前到达工作岗位，开始工作，浏览主要财经网络媒体关于国内外经济、金融，以及重大的政治、军事、外交信息，并加以归纳总结、归类整理。

（5）每个工作日 7:00 开始收听收看重要广电媒体关于国内外经济、金融，以及重大的政治、军事、外交信息，并加以归纳总结、归类整理。

（6）每个工作日 8:00 前完成外盘重要经济体（美国、德国、英国、法国、日本等）的股市、重要外汇指数（美元、欧元、英镑、日元、澳元等）、重要商品期货品种（原油、黄金、铜、大豆等）及与企业现货经营项目相关期货品种的前夜夜盘技术走势的分析，并形成分析、判断、预测结果。

（7）每个工作日 8:30 前必须完成所有信息分析、判断、预测工作，形成国际、国内的经济信息、政治信息、军事信息、外交信息、天气信息等重要信息的基本面信息分析报告，以及国际市场外盘、国内市场内盘各个与企业所经营现货相关的品种及重要品种的期货、汇率、股市的价格走势技术分析报告，并提交给最高管理层和风管部交易团队参考使用。

（8）每个工作日 8:30，所有风管部信息工作分析员（师）参加风管部期货保值交易工作各类会议，可随时对策略师交易方案发表讨论意见或建议。

（9）工作时间内实时收集国际、国内最新的各种信息，主要是经济信息、政治信息、重大事件信息等。

（10）工作时间内实时收集相关品种国际产区报价、国内产区报价、本地经营区内现货价格、市场库存、进出口等数据。

（11）各现货项目公司或现货部门的兼岗信息员将所在现货项目公司或现货部门相关的市场信息、采购销售等经营信息实时制表传递给风管部。

（12）风管部分析员将上述各类信息数据录入数据库，同时编制成《每日市场快讯》（见表3-2）以网络通信形式实时传递、发布。

表3-2  每日市场快讯

| 2014 年 4 月 24 日早盘新闻汇总 | | |
|---|---|---|
| 国际方面 | 1 | 国际钢铁协会（WorldSteel）的统计数据表明，2014 年 3 月，全球 65 个主要产钢国和地区粗钢产量为 1.41 亿吨，同比增长 2.7% |
| | 2 | 美国 4 月 19 日当周 EIA 原油库存+352.4 万桶，预期+300 万桶，前值+1001.3 万桶。美国 4 月 19 日当周 EIA 精炼油库存+59.7 万桶，预期-30 万桶，前值-127.8 万桶 |
| | 3 | 美国 3 月新屋销售总数年化 38.4 万户，预期 45 万户，前值由 44 万户修正至 44.9 万户。美国 3 月新屋销售年化月率-14.5%，为 8 个月最低，预期 2.3%，前值由-3.3% 修正至-4.5% |
| | 4 | 美国 4 月 Markit 制造业 PMI 初值 55.4，预期 56.0，前值 55.5 |
| | 5 | 英国央行会议纪要：MPC 以 9：0 全票通过，维持利率及资产购买规模不变。预计英国一、二季度 GDP 季率增长 1% |
| | 6 | 欧元区 4 月制造业 PMI 初值 53.3，预期 53.0，前值 53.0。欧元区 4 月综合 PMI 初值 54.0，创 2011 年 5 月以来新高，预期 53.1，前值 53.1 |
| | 7 | 新西兰联储加息 25 个基点至 3.00%，符合预期 |
| 国内方面 | 1 | 汇丰中国 4 月制造业 PMI 初值 48.3，创两个月以来新高。预期为 48.3，前值 48.0 |
| | 2 | 针对钢铁行业目前存在的困难，工信部称将采取五方面措施应对：第一，化解钢铁的严重产能过剩；第二，对重点地区进行结构调整；第三，要进一步推进钢铁行业规范管理；第四，推广应用高强度的钢筋，对产品质量有一定要求，对质量好的产品加快推进应用，促进钢材的升级换代；第五，促进技术进步，特别是在节能、环保这些方面进一步推动钢铁行业的技术进步和行业整体的竞争力 |
| | 3 | 人民币即期汇率今日开盘报 6.2370，早盘跌至 6.2440，再次刷新近 14 个月新低 |
| | 4 | 2014 年 3 月，我国铁矿石进口许可证发证数量 10 480.99 万吨，环比上涨 43.58%，金额为 121.45 亿美元 |
| | 5 | 新华社石油价格系统发布的中国石油库存数据显示，2014 年 3 月末，中国原油库存（不含储备库存）环比下降 2.89%，汽柴煤库存环比下降 2.05%。其中，汽油库存环比上升 1.83%，煤油库存上升 4.53%，但柴油库存下降 5.66% |

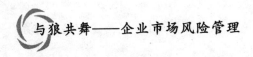 

续表

| | | 2014 年 4 月 24 日早盘新闻汇总 |
|---|---|---|
| 国内方面 | 6 | 国务院决定在基础设施等领域推出一批鼓励社会资本参与的项目；下一步将推动油气勘查、公用事业、水利和机场等领域扩大向社会资本开放；首批推出 80 个示范项目面向社会招标，鼓励和吸引社会资本参与建设运营；首批 80 个示范项目涉及交通基础设施、清洁能源工程、油气管网和储气设施等 |

（13）风管部分析师对所有信息数据进行综合分析，形成集经济形势、市场态势、价格走势于一体的分析报告，并编写成《每日分析报告》（见表 3-3 和表 3-4），尽快实时传递、发布。

表 3-3   每日分析报告范本

| | XXXX 品种分析      XX 年 X 月 X 日 |
|---|---|
| 1. 基本面分析 | 宏观经济： |
| | 产业供需： |
| 2. 技术面分析 | 技术图形： |
| | 量仓情况： |
| 小结 | 看涨？<br>看跌？<br>震荡？ |

表 3-4　每日分析报告实例

| 淀粉期货 1701 合约分析（2016 年 10 月 11 日） | |
| --- | --- |
| 1. 基本面<br>分析 | 宏观经济：本月六中全会召开，持续加力实体经济；最大泡沫适度缓解，经济复苏迹象稳定 |
| | 产业供需：淀粉期货 1701 合约对应的时间处于产品高峰；1705 合约对应的生产周期所处时间利多 |
| 2. 技术面<br>分析 | 技术图形：初步看似双底，但 1701 合约突破 1865 元/吨后难以持续上涨（经济还不够强壮、玉米供应量仍然偏大） |
| | 量仓情况：1701 合约持仓大，交易活跃；资金力量布局明显，预计第一步上涨目标为 1865 元/吨 |
| 小结 | 震荡上涨。直接上冲并守住 1710 元/吨且在后续上涨过程中不回破 1710 元/吨，则视为 V 形反转；否则，回测 1660 元/吨支撑位并构建二次底部的可能性较大 |

注：仅供参考，风险自负。

（14）定期或不定期组织企业各层级的周度、月度、季度、年度的经济、市场、价格分析报告会议或提交相应时段的分析报告。

（15）根据市场变化或公司经营需要，临时高效做出突发事件的分析解读报告，并且以最快途径提交最高管理层及相关现货经营单位、期货保值交易工作组参考使用。

总的来说，企业风管部的信息数据工作极其重要，关乎企业的经营决策，贯穿企业经营工作的全程，是为企业现货经营保驾护航、进行期货保值交易工作的基础。同时，信息数据工作又无声无息，这项工作做得多么优秀或者多么敷衍了事，在平时很难表现出来，所以很容易被企业最高管理层所忽略，尤其是在信息数据工作做得很优秀，但却不直接和现货经营优秀结果及期货保值交易优秀结果直接关联的情况下，更容易被企业最高管理层忽略，甚至轻视（现货或期货项目进行过程中，所有参与者包括最高领导层都知道信息

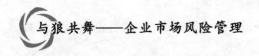

分析工作的重要性，但当项目结果，尤其是优异成果出来的时候，人人争功，最高领导层很容易把看上去"只动动嘴"的分析师们忘得一干二净），这就很容易导致信息分析优秀人才的悄然流失。而只有下一个经营波段或下一个现货或期货项目再次开始，或进行得不顺畅的时候，所有人尤其是最高领导层才会明白信息分析人才至关重要。

在此真诚提示有眼光的企业领导们：务必学习国内外先进企业，尊重高水平分析师的工作，让信息分析研究人才的智慧和付出物有所值，留住并激励优秀的信息数据分析人才，为企业的持续健康经营与发展做好至关重要的基础工作。

## 3.4.2　期货保值交易工作流程

（1）每个周日 15:00，风管部全部到岗，共同对最新宏观经济状况、经济政策、金融市场、现货价格等信息进行详细阐述和集体讨论，对前周具体品种期货行情进行分析、判断，对后续期货价格走势进行预测，提出建议；再由期货交易工作组对前周现货经营和期货交易（如果有）进行复盘总结，对后续现货经营提出参考意见并实时报送最高管理层，对后续期货保值交易提出策略保持或修正意见、交易计划保持或修正意见。

（2）如果市场异常波动导致企业现货项目经营面临风险，则由风管部策略师发起起草书面《期货保值交易预案》（见表 3-5），并交由风管部全员（必要时包括最高领导层）详细论证，形成系统完整的《期货保值交易预案》和《现货风险应对预案》。

表 3-5 《期货保值交易预案》的内容

| 第一步 | 计算与企业经营相关现货库存原材料、在途原材料、周转半成品、成品商品所涉及的总价值额 | | | | | | | | |
|---|---|---|---|---|---|---|---|---|---|
| 第二步 | 根据综合分析，对当期市场异常波动可能给企业造成的风险程度及相应概率做出最可能的三种判断 | | | | | | | | |
| | 风险程度（CD） | CD≥67% | | | 33%≤CD<67% | | | CD<33% | | |
| | 发生概率（GL） | ≥67% | 33%≤GL<67% | <33% | ≥67% | 33%≤GL<67% | <33% | ≥67% | 33%≤GL<67% | <33% |
| 第三步 | 策略 | 激进型 | 激进型 | 稳健型 | 激进型 | 稳健型 | 稳健型 | 稳健型 | 保守型 | 保守型 |
| 第四步 | 保值金额（JE）<br>占所涉及现货总价值额的比例 | JE≥80% | 67%≤JE<80% | 50%≤JE<67% | 67%≤JE<80% | 50%≤JE<67% | 33%≤JE<50% | 33%≤JE<50% | JE<33% | JE<33% |
| | 计算相应数量 | | | | | | | | | |
| | 进场布局 | 6:4 | 5:3:2 | 4:3:3 | 5:3:2 | 4:3:3 | 4:3:3 | 4:3:3 | 2:2:6 | 1:2:7 |
| 第五步 | 退出预案 | 根据关键因素变化程度和市场价格到达的技术点位决定退出速率和数量 | | | | | | | | |
| 第六步 | 风控对策 | 跟踪市场显著异动；实时警惕交易失误 | | | | | | | | |
| 第七步 | 定案前提 | 形成预案后至下一天或下一次开盘前的时间段不同因素变化与否，变化和影响的程度 | | | | | | | | |
| | | 基本面 | | | | 技术面 | | | | |
| 第八步 | 方案实施 | 实施情况摘要 | | | | | | | | |
| 备注 | | | | | | | | | | |

注：① 策略，是指在结合市场异动程度、引发风险的概率大小的综合分析基础之上，所采取的期货保值交易的数量布局和持有时间长短、退出时点的选择。

② 相应数量，是指根据期货保值交易占总的现货金额的比例所计算出的总金额除以对应的某种商品的期货价格，得出相应的期货保值交易的相应数量。

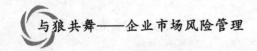

③ 进场布局，是指将需要执行的期货保值交易的数量按策略类型进行期货进场交易的比例和先后时间。例如，在激进型策略下，第一批期货交易即完成了总交易量的 60%，第二批的 40% 根据首批交易完成后的市场变化另行安排，共有两批次，体现的是"首批大量、批次较少"的迫切快速原则；而在保守型策略下，批次增加，而且首批数量较少，体现的是"试探进入、边做边观察"的谨慎和缓慢原则。

《现货风险应对预案》主要内容包括：市场环境最新异常波动变化，比如突发事件，以及突发事件在国际资本市场已经引发的汇率、重要工业原材料商品、国际股票市场、重要贵金属及企业相关商品国际期货市场价格的异常波动；可能导致的企业相关现货品种的价格波动的不利风险；对现有相关品种原材料现货库存的处置意见，对后续原材料现货采购的时段及数量的建议，对相关半成品和成品的处置建议。

（3）风管部将书面《期货保值交易预案》《现货风险应对预案》实时上报企业最高领导层，企业分管领导需要在当天 17:30 之前批复《期货保值交易预案》；必要时，分管领导可以召集相关现货项目团队和风管部相关人员进行联席沟通讨论。

（4）每个工作日 8:00 之前或晚盘开盘的 20:00 之前，风管部完成开盘前《期货保值交易预案》最后的分析和调整，形成《期货保值交易方案》报备企业最高领导层分管领导，分管领导需在工作日 8:30 之前或晚盘开盘的 20:30 之前予以明确批复。

（5）在等待方案被批准前或者方案被批准后，风管部继续做好市场方面的各项分析工作，同时做好各项交易准备工作。

（6）方案被批准后，风管部策略师根据《期货保值交易方案》下达具体交易指令，交易员严格按策略师指令高效准确地执行交易行动，风控师协助交易员进行交易以免出现失误。

（7）同时，在部门负责人领导下，分析员继续跟踪各项市场信息，包括与现货经营部门信息员进行实时信息互通，并进行实时分析。如果遇到突发事件则及时提示负责人，由负责人组织研讨做出是否调整《期货保值交易方案》的决定，并上报分管领导。

（8）风管部风控员做好交易数据统计工作和交易结算，及时将交易、持仓、资金结算等各项数据制表，并向部门负责人和企业分管领导报备。

（9）每个工作日的交易时段收盘后，风管部全员与企业分管领导一起做好当期期货交易情况总结评估和汇报，对照方案目标总结经验教训，改进运作方式，提高运作水平。风管部全体人员参与会议讨论。

（10）当日的期货交易结束，且全员做好总结、分析、预测、方案修正（如果有必要）等工作后，除个别值班人员之外，其他人员可提前下班，以便按当班划分下一时段夜盘（晚上期货交易时段，一般在 21:00—23:30）或白盘（白天期货交易时段，一般在 9:00—15:00）的交易。

实际上，风管部期货交易工作组的员工大多属于少言寡语、埋头苦干类型：一是因为他们所做的工作专业性很强，一般人大多难以了解和通透；二是每天十多个小时的交易和几乎 24 个小时的盯盘（随时密切观看各个大宗商品期货价格行情波动，如观察和实时分析国际期货市场重要大宗商品期货价格），使他们几乎没有多余的时间休息和谈笑。

正是这些身处金融领域塔尖的期货衍生品工具领域的高端人才默默的、辛勤的付出，才保障了一个企业经营决策的准确性和企业经营基本无风险，甚至扩大经营盈利，使企业在社会舞台上成功。这在所有成熟、成功体现风险管理部门功能，以及成功运用期货等金融衍生品工具的企业都无一例外地得到了印证。

风管部是确保企业无风险经营的根本保障，风管部工作人员是企业持续成功运营的无名英雄。

# 3.5 风管部工作实例

## 1. 进口天然橡胶经营案例

2006年1月，笔者有幸进入山东某大型轮胎制造商在青岛设立的国际贸易总公司（简称"金聚国际"）工作，担任总经理助理兼任风管部负责人。金聚国际在青岛有四个独立法人公司，其中三个公司分别开展美元胶（进口天然橡胶，天然橡胶也简称"天胶"）进口贸易、大豆进口贸易、棉花进口贸易业务。

上任之初，结合此前多年工作实践和金聚国际的企业状况，笔者在最短的时间内起草、上报了总公司经营体系架构建议和配套制度，并获得总公司经营决策层八位同事的肯定。在长期国际贸易实践中，公司管理层一致认为企业经营工作的重点、难点、关键点是市场节奏的分析和把握。因此，总公司做出了"各子公司每周业务会议、总公司集体经营决策、总公司管理层每月召开工作会议、召开市场异动紧急会议"等决定。风管部负责人作为经营决策层的一员参与总公司经营管理工作会议，重点负责经营决策的前端分析研究工作和期货保值交易工作。

2006 年 2 月 6 日，公司经营决策层举行 2006 年的第一次会议，讨论议题为"现货美元胶采购与否"。

当时的金聚国际由于前一年下半年刚刚经历了一次管理层异动，导致在天然橡胶从 9 月初的 16 000 元/吨上涨到年底的 22 300 元/吨（上海期货交易所天然橡胶期货价格如图 3-3 所示）的过程中错过了最佳采购时机。2005 年年底，公司的天然橡胶库存几乎为零，而同期的天然橡胶价格一路震荡上涨。此时，公司经营决策层面临的困境是：不采购则没有经营货源；采购则可能面临价格下跌带来的风险。

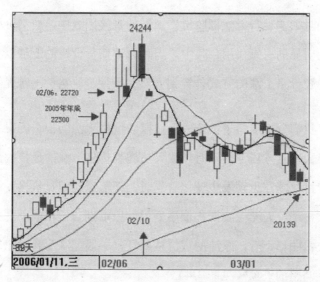

图 3-3　2006 年 1 月 11 日—3 月 13 日上海期货交易所天然橡胶期货价格

　　虽然经过充分讨论，大家仍然不能拿出确定的采购意见。最后，大家一致认为：如果决定采购，必须解决"什么时间采购、以什么价格采购、采购多少、以什么策略采购"的问题；而且，还要考虑如果采购到足够数量的天然橡胶后遇到价格下跌的情况，应如何规避亏损风险？

　　在这次会议上，笔者代表风管部提出：我们必须厘清价格上涨背后的因素。也就是说，我们必须先分析清楚导致天然橡胶价格上涨的直接因素，以及这个直接因素背后的根本因素。这些根本因素、直接因素会带来哪些变化？是什么因素让它发生变化？大概什么时间会发生变化？

　　笔者进一步分析发现，当前国际、国内宏观经济都是发力上行的态势，经济形势一片大好，形势明朗；需求天然橡胶的下游轮胎产业蒸蒸日上，天然橡胶市场供需两旺。这些都是促使天然橡胶价格上涨的根本因素，这种向好利多的经济形势、市场总体持续上涨的态势在短期内是难以逆转的。

　　而在当时影响现货天然橡胶价格上涨的直接因素中，期货价格对现货价格上涨起到明显的引领作用，其中，国际原油期货价格的上涨以拉动合成橡胶、复合橡胶价格上涨的方式传导到天然橡胶期货价格的上涨尤为明显。

　　至此，我们分析清楚了：造成天然橡胶价格上涨的根本因素是经济形势和市场态势大好且难以逆转，而导致天然橡胶价格上涨的直接因素是国际原油的期货价格可能在近期发生变化。当时，天然橡胶现货价格受天然橡胶期货价格引领拉动，天然橡胶期货价格受国际原油期货价格的上涨拉动，而从原油期货技术图形上看，原油期货价格则经过一段上涨后开始出现自高点转为短期下跌调整的迹象（见图3-4）。

通过上述分析，笔者代表风管部正式建议公司领导层必须准备采购，具体采购时机为近日原油期货价格开始波段式回落，进而引发天然橡胶价格止涨转跌以后。

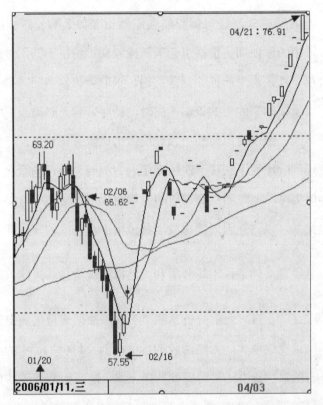

图 3-4　2005 年 12 月 28 日—2006 年 6 月 13 日，美国原油期货价格走势图

在当时的经济形势下，商品期货价格普遍上涨，但是，由于原油在经济领域的重要性，其价格涨跌对所有工业品价格涨跌的引领作用非常明显。接下来，在仔细分析了国际原油期货和美元指数（在没有经济危机的正常经济情况下，原油期货价格的走势和美元指数价格走势呈反比；当时的美元指数价格有短期反弹迹象，对原油期货价格形成下跌影响）的技术走势后（对照

图 3-3 和图 3-4 可以看出：2006 年 2 月 6 日，天然橡胶价格仍在上涨，但是造成天然橡胶期货价格上涨的直接因素——原油期货价格已经开始下跌），明确得出"原油期货价格在近一周内回落的概率非常大"的结论。

至此，笔者明确建议公司领导层当即做出准备采购天然橡胶的经营决策：等待下跌中的原油期货价格引起天然橡胶期货价格下跌，进而影响天然橡胶现货价格下跌，再果断抓住回落机遇，采取"价格小回落则少量采购、价格大跌则大量采购"的采购策略；同时，针对采购天然橡胶现货后价格进一步下跌的风险，由风控部向公司领导层做出风险管理对策：一旦采购后的美元胶现货遇到阶段性下跌（下跌幅度接近 20% 时）的市场状况，风管部及时跟踪，确保实时在上海期货交易所的天然橡胶期货交易所里进行天然橡胶期货的卖出交易，以弥补因天然橡胶现货价格下跌造成的损失和不测。

最终，总经理采纳了该市场分析和天然橡胶现货预备采购的经营方案。

2006 年 2 月 10 日，此前分析预测"美国原油期货价格确定下跌概率较大"的分析结论变成现实，天然橡胶期货价格创 24 000 元/吨的高点后随着原油价格连日的跌势确立而被迫开始回落下跌。随后天然橡胶的价格又经历了几个工作日的下跌，公司果断在 2 月中旬开始分批采购进口天然橡胶现货。到 3 月中旬，公司趁着天然橡胶市场价格继续下滑（执行基于当时充分分析后的"大跌后多采购"的经营策略），又放量采购。到 4 月底天然橡胶现货采购总量达到了 5000 多吨。

随后，美元指数价格转而下跌，并开启了长达两年半的跌势，而国际原油期货价格则开始了半年之久的稳步反弹，这时决定天然橡胶期货和现货价格的经济向好的根本因素稳若磐石，阻碍天然橡胶期货和现货价格上涨的直接不利因素完全消失，天然橡胶价格开始疯狂上涨。仅仅两个月的时间，上海期货交易所的天然橡胶期货价格（见图 3-5）就从 20 000 元/吨上涨到了 29 990 元/吨的历史新高，涨幅达 50%。天然橡胶现货的价格涨幅基本和天然橡胶期货的价格涨幅相当，只不过，天然橡胶现货价格的变化速度比天然橡胶期货价格的变化速度慢一些、滞后一些。所以，当天然橡胶期货价格在 5 月底见顶的时候，现货价格还在高位徘徊。到 6 月上旬公司将全部以美元计价的天然橡胶现货销售完毕时，平均每吨现货天然橡胶盈利 3000 元左右，该波段天然橡胶现货经营总计获利 1500 万元左右。

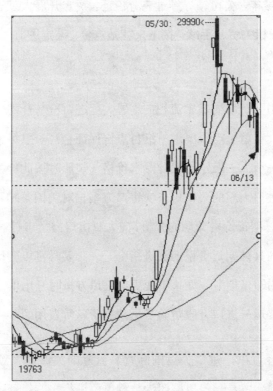

图 3-5　2006 年 4 月 11 日—6 月 13 日，公司完成大量现货采购后，
上海期货交易所天然橡胶期货的价格走势

在这次波段经营中，由于天然橡胶现货完成采购总量后，价格很快止跌转涨，而且期间下探回跌的幅度很小，远远没有达到《期货保值交易方案》设定的风险程度（下跌幅度接近 20%），风管部的期货保值卖出保护交易工作（特种作战部功能）没有被启动，只是在经营决策前端的市场分析（分析情报部）工作和经营决策建议方面（经营参谋部）起到了信息化制导的作用。

## 2. 进口大豆经营案例

这个案例也是笔者在金聚国际工作期间的亲身经历。

2007 年上半年，公司领导经过充分论证，决定开展大豆进口国际贸易业务，并且办妥了相关贸易手续，接下来就是点价（敲定进口大豆的购买价格）工作了。

进口大豆国际贸易的基本流程：签署大豆进口贸易合同→确立大豆升贴水购买渠道、大豆单价点价渠道→汇付点价保证金（一般每条船点价保证金为 800 万元人民币）→敲定整船升贴水价格（装船时按此价格结算运费）→适时自主敲定进口大豆的采购价格（进口方根据对美国芝加哥期货交易所，即 CBOT 的大豆期货价格变动的分析，向大豆出口方发出针对 CBOT 最活跃主力期货合约的具体期货价格的买进指令）→必要时可以变更现货贸易（转售升贴水、洗船即延期）→如果不变更，进口方按时开出信用证→到装运期时大豆出口方装运→进口方收货验货后清算货款等费用。

由上述流程看出，进口大豆国际贸易盈亏的关键是大豆采购单价的敲定。进口大豆国际贸易一般以整船为数量单位进行采购经营，很少有几家进口商拼装购买的。一般每艘船进口大豆的散货装运数量在 5 万吨左右。这就决定了进口大豆贸易的高门槛、高收益、高风险。一个经营波段一艘船或几艘船的进口数量、盈亏数额，取决于负责企业进口点价的人员对 CBOT 大豆期货价格走势的分析把握能力。可以说，一船大豆的盈亏决定着一个企业的命运，而采购点价的水平决定着一船大豆的盈亏。

国内企业进口大豆的点价工作一般是利用电话向出口代理商下达交易指令，交易指令报价和美国芝加哥期货交易所（CBOT）盘面价格一致，报价方式为：美分/蒲式耳（蒲式耳为容积单位，1 蒲式耳大豆为 27.216 千克）。CBOT 大豆期货交易时间为美国时间每周一至周五 6:00 到次日凌晨 2:00（平常）或 3:00（夏时制）。

按照公司管理层工作安排，金聚国际的风管部开始针对美国大豆期货价格展开全程跟踪深度分析工作；同时，与现货部门配合，开始在美盘 CBOT 大豆期货上进行进口采购点价及保值避险工作。

就公司首船进口大豆国际贸易业务而言，风管部的具体工作目标如下。

（1）为公司的首船总量 5.5 万吨的进口大豆现货敲定尽量低的采购点价，力争降低进口大豆现货成本价，确保现货到港销售后实现盈利。

（2）在 CBOT 期货盘面上点价过程中及时规避价格大幅波动带来的下跌风险，避免因点价较高而形成采购亏损风险。

（3）当大豆进口处于装船完毕向国内运输期间（运输到港时间一般为 45天左右，在此期间，由于买卖双方已经敲定全部大豆的总价值额，进口方的购买单价已经敲定，无法再在 CBOT 期货市场上通过点价期货交易改变进口采购单价），但尚未签署部分或全部数量的销售合同之前，根据市场行情变化，为防范运输期间所采购大豆价格下跌而带来的亏损风险，在国内大连商品交易所进行豆油期货卖出保值交易。从而达到争取确保大豆进口盈利（实盘盈利，即通过实体进口贸易方面的采购价格低、销售价格高，实现的购销价差盈利）且在期货保值交易方面的国外和国内期货市场上的期货交易方面也盈利（虚盘盈利，即在确定采购点价过程中的 CBOT 市场上的期货交易盈利和运输期间在大连商品期货交易所进行保值期货交易的盈利）的工作目标。

在缴纳采购点价保证金之后至装运期到达之前，公司的主要工作就是在点价时间段（签订采购合同后至装船启运前，一般约半年左右）内，在芝加哥期货交易所（CBOT）进行大豆点价买卖工作：当公司认为 CBOT 对应大豆主力合约（根据双方签订的大豆国际贸易合同的装运期共同敲定该装运期之前的一个大豆主力合约）的价格合适时就下达买进大豆期货合约指令，即通知对方买进大豆，也可以在点价时间段内自主决定将已经点价买进的大豆部分数量或全部数量点价卖出（俗称"洗仓"，即将此前在 CBOT 盘面上买进的大豆期货合约部分或全部卖出平仓）。

金聚国际进口大豆国际贸易工作首先从风管部的信息工作开始。从 2007 年 10 月公司签订大豆进口采购合同起，风管部便开始全面分析国际国内经济信息及各方面的基本信息，确定进口现货大豆国际贸易项目的经营环境基本安全。同时，开始跟踪分析购销双方共同敲定的最活跃的 CBOT 2008 年 5 月期货大豆合约（简称"CBOT 大豆 0805"）的价格走势。

图 3-6 为公司准备开始点价时 CBOT 大豆 0805 合约的价格走势图。

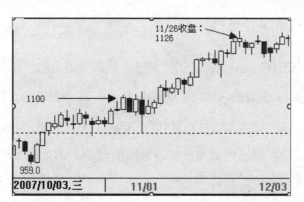

图 3-6　2007 年 10 月 3 日—12 月 6 日，CBOT 大豆 0805 价格走势图

风管部综合分析国际、国内宏观经济环境和国内大豆压榨产业的供需情况，通过持续跟踪分析 CBOT 大豆 0805 合约的期货价格走势，得出 CBOT 大豆 0805 期货合约在 1100 美分/蒲式耳这个位置已经站稳，后市继续上涨的概率较大。

风管部在 2007 年 11 月 26 日召开的周一经营例会上做了系统完整的分析，明确提议自当时刻开始可以进入点价工作，并同时提交上报了《CBOT 大豆 0805 期货合约点价方案》，经公司会议集体论证方案获准通过。随后，风管部进入执行《CBOT 大豆 0805 期货合约点价方案》的点价状态。

根据对当晚 CBOT 大豆价格走势的综合分析，风管部负责人（笔者）于 2007 年 11 月 26 日晚下达了第一笔 CBOT 大豆点价：买进 50 手（每手数量为 5000 蒲式耳，50 手合 6804 吨），价格为 1126 美分/蒲式耳。随后，风管部趁着美盘大豆价格小幅回调、横盘震荡期间继续点价，在 1130～1110 美分/蒲式耳完成了采购合同数量的 50%装船量（合同约定采购 5.5 万吨的船载量，合美盘大豆点价数量 404 手）中的 202 手（0.027 216 吨/蒲式耳×5000 蒲式耳/手×202 手=27 488 吨），均价低于 1200 美分/蒲式耳。

接下来，CBOT 大豆价格走出盘整区，转而快速上涨。从 2007 年 12 月 5 日开始后的一个多月的时间里，CBOT 大豆 0805 期货合约价格持续上涨，已经采购的 27 488 吨大豆的浮动盈利（在 CBOT 期货盘面上下达交易指令点价做多采购买进，但还没有卖出时计算出的理论上的盈利）最高时达到了 1000 多万元人民币。

但是，在经历了近两个月的持续涨势后，CBOT 大豆 0805 期货合约于 2008 年 1 月 14 日创出当年度最高点 1360.4 美分/蒲式耳，之后迅速回落，如图 3-7 所示。

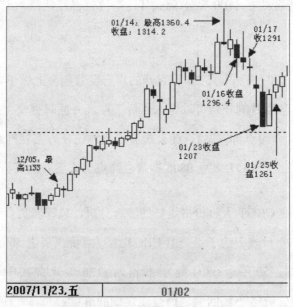

图 3-7　2007 年 11 月 23 日—2008 年 1 月 28 日，
CBOT 大豆 0805 期货合约价格走势图

　　通过综合信息分析，尤其是 CBOT 大豆 0805 期货合约当天的技术图形（价格创出新高后呈"倒锤头"绿色 K 线，为典型的由涨转跌的技术图形）不佳，风管部判断大豆价格可能要开启一段回落行情。

　　但鉴于公司已经采购的货量（202 手合 27 488 吨）还未达到进口合同量（5.5 万吨），以及支持 CBOT 期货价格上涨趋势的较好的经济环境基本面没有改变，风管部还不能轻易在 CBOT 大豆 0805 期货合约上洗仓卖出（如果全部卖出可以实现 1000 万元人民币以内的盈利，但若 CBOT 期货价格转而一路上涨，则会让现货采购合同工作极为被动）。于是，风管部报公司批准后，决定在次日的大连商品期货交易所的 200805 豆油期货合约（见图 3-8）上进行期货卖出保值交易。

图 3-8　大连商品期货交易所 200805 豆油期货合约价格

具体交易方案如下。

（1）鉴于国内外大豆期货当时的价格下跌不属于大的经济环境等基本面

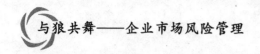

的恶化，主要是大豆期货价格本身短时间内上涨过快的反向下跌调整（低价买进获利一方主动卖出平仓等各种交易因素引致），判断大豆期货价格下跌的风险程度不大、时间不长、持续下跌的概率不大，因此，决定在大连商品交易所卖出豆油期货合约的数量不必达到已采购大豆的全部价值额对应的豆油数量（全额保值），只将已采购大豆数量所对应的豆油数量进行卖出期货交易保值即可（部分保值）。

（2）根据市场下跌的风险程度和概率，风管部决定该批进口大豆期货卖出保值交易的策略为稳健型，即卖出豆油期货合约数量的总量为：24 800 吨×20%（大豆基本出油率）=4960 吨。

（3）基于稳健型策略确定数量后，开仓布局为分三次卖出开仓，开仓比例为 5∶3∶2，即首批次卖出 2480 吨，然后根据市场走势再决定第二批次（跌幅大于 10%时）的 1480 吨和第三批次（跌幅接近 20%时）的 1000 吨是否卖出。

（4）卖出开仓的前提和时间安排：开仓前提是美盘大豆 0805 期货合约价格连续两天低于 1 月 14 日的收盘价，则会于 2008 年 1 月 17 日在大连商品期货交易所的 200805 豆油期货合约上开始执行期货卖出保值交易。

（5）保值交易了结安排：当美盘大豆连续两天收盘价高于此前最低一天收盘价时，对所有的豆油期货卖出合约进行买进平仓了结。

2008 年 1 月 17 日凌晨，美国大豆 200805 合约连续两天下跌，且当天 1291 美分/蒲式耳的收盘价低于冲高回落、止涨转跌日（1 月 14 日）的收盘价（1314.2 美分/蒲式耳），符合豆油期货卖出保值交易的前提条件。

于是，2008 年 1 月 17 日，当大连商品期货交易所开盘后，风管部开始在大商所 200805 豆油合约上进行期货卖出保值交易，卖出成交价位区间为 10 940～11 200 元/吨，成交均价约 11 000 元/吨，按计划卖出首批次数量为理论数量的 50%（2480 吨）。

随后几天，美盘大豆期货价格持续回落，最低跌到 1207 美分/蒲式耳。但由于下跌期间美盘大豆的跌幅［（1291−1207）/1291=6.5%］没有达到《豆油期货卖出交易方案》第二批次卖出开仓的跌幅（10%），因此，风管部在完成首批次卖出 2480 吨豆油期货卖出保值交易之后，没有进行后续批次的期货卖出交易。

到 2008 年 1 月 25 日，美盘大豆期货 200805 合约价格连续两天收盘上涨，且后一天凌晨收盘价（1261 美分/蒲式耳）高于下跌后近一阶段价格最低一天的收盘价 1207 美分/蒲式耳。由此判断，公司此前已完成采购的进口大豆（27 488 吨）的价格下跌风险基本解除，符合了结豆油卖出期货保值交易合约的平仓条件。

于是，风管部在 2008 年 1 月 25 日开盘后开始买进平仓大连商品期货交易所豆油 0805 期货合约空单（卖出开仓而没有被买进平仓了结的持仓）。买进平仓数量为 2480 吨，成交价格区间为 10 630～10 770 元/吨，均价为 10 700 元/吨，实现平仓盈利 74.4（300 元/吨×2480 吨）万元。利用国内大连商品期货交易所的豆油期货 0805 合约对公司在美盘进口点价所采购的大豆进行部分期货保值交易顺利结束。

由此，风管部在完成宏观经济形势、大豆压榨产业市场、大豆商品价格

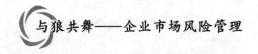

的分析工作，为企业大豆现货经营做好期货采购点价，起到企业经营信息化制导的作用后，进一步在现货采购遇到风险时，启用国内相关品种期货卖出保值交易，实现了以金融化工具为企业现货经营保驾护航的作用。

2008 年 1 月 25 日之后，CBOT 大豆 0805 期货合约在 2008 年 2 月中旬又出现过两次小幅度的下跌回调，但因为下跌幅度较小，不符合启用期货手段卖出保值的操作条件，风管部并没有任何卖出保值期货交易的动作。与此相反，随着美盘期货大豆价格展开总体震荡上涨趋势，风管部在 CBOT 大豆期货 0805 合约上继续进行采购点价，并在 2 月底前基本完成了整船采购量（5.5 万吨）的大部分点价工作，共计下达 CBOT 期货大豆 0805 合约点价买进 370 手（50 350 吨），均价在 1265 美分/蒲式耳以下。

经过了一个多月的持续快速上涨后，CBOT 大豆 0805 期货合约价格在 2008 年 3 月 3 日达到 1586.2 美分/蒲式耳，向上冲击整数关口价位 1600 美分/蒲式耳失败，随即在大量卖出平仓获利抛盘打压下，价格从 1586.2 美分/蒲式耳开始下滑，次日期货价格平开后再次冲高失败继续下跌，收盘时较前一天大跌超过 3%（见图 3-9）。

鉴于公司此刻已经点价采购的大豆货量（50 350 吨）浮动盈利较大，美盘后期展开下跌，上下宽幅震荡概率较大，风管部建议将已经采购的美盘大豆期货合约全部洗仓（向出口方下达交易指令，将 370 手 CBOT 大豆 0805 期货合约全部卖出平仓）。

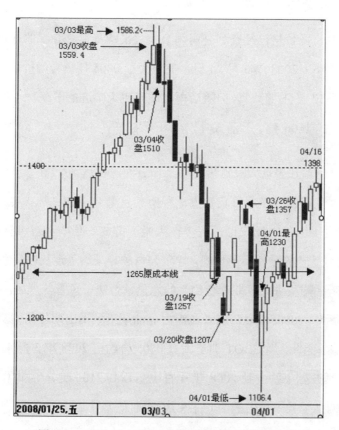

图 3-9　2008 年 3 月 3 日前后美盘大豆价格走势

公司领导经过反复会商，最后主要采纳了现货项目负责人的意见（认为大豆期货价格会很快止跌，继续上涨），并折中风管部"坚决卖光"的建议后决定：洗仓卖出平仓 CBOT 期货大豆 0805 合约 100 手、兑现平仓盈利 1000 万元，剩余的 270 手 CBOT 期货大豆 0805 合约继续持有观察。同时，没有批准风管部在内盘期货，即国内大连商品期货交易所进行相关品种卖出期货保值交易的预案。

美盘大豆 0805 期货合约价格连续 3 天大跌，经过 3 月中旬 4 天横盘整理后再次下跌 5 天，到 2008 年 3 月 19 日，美盘大豆 0805 期货合约跌到 1257

美分/蒲式耳。此价格已经跌到公司剩余大豆采购货量 270 手的均价 1265 美分/蒲式耳之下。2008 年 3 月 24 日，美盘大豆 0805 期货合约价格开始反弹，最高达到 1357 美分/蒲式耳，但随后再次展开更大幅度的下跌，一直跌到 2008 年 4 月 1 日的 1106.4 美分/蒲式耳。

与此同时，在美盘大豆点价交易工作方面，在达到 1586 美分/蒲式耳高点之前，大豆现货方面项目负责人已经听信甚嚣尘上的"坚决看高 1600 美分/蒲式耳之上"的市场议论，沉浸在大赚一把的幻想中，对风管部提出的"大跌可能较大"的分析不予重视，导致公司领导采纳了现货项目负责人"持有 370 手所采购买进大豆期货合约"的意见、否决了风管部"尽快全部卖出 CBOT 期货大豆 0805 合约，或者在国内豆油期货上卖出期货保值交易"的风险防范建议。因此，当 CBOT 期货大豆 0805 合约自 2008 年 3 月 4 日的 1510 美分/蒲式耳开始下跌，到 2008 年 4 月 1 日跌到 1106 美分/蒲式耳期间，公司点价采购到手且未卖出的 370 手 CBOT 期货大豆 200805 合约在连续大幅下跌的市场中处于风险彻底暴露的状态。到 2008 年 4 月 1 日，公司在手货物（后期亏损卖出了 170 手，剩余 200 手，合 27 200 吨）敞口风险 1000 多万元人民币（此前的盈利 1000 万元人民币已经赔光），共计造成 2000 多元人民币的敞口风险。

值得一提的是，公司领导在大跌开始不久也意识到了风险的存在，并且在 2008 年 3 月 15 日（周六）美国大豆期货市场收盘后电话征询风管部的分析意见。笔者当时认为，现货项目负责人片面受外界"看涨"言论影响，违背了公司经营"需要全面分析"的信息分析工作原则，敞口经营、不进行风险防范的做法更是违背了公司先期确定的"期现结合、防范风险"的经营策略，并提出"逢反弹，若回不到 1360 美分/蒲式耳之上必须坚决减仓，或者在国内期货市场进行补救性质的卖出保值"的建议。后来公司领导采纳了部分建议，适当减仓 170 手剩余 200 手，只是减仓的最佳时机已经错过，仍然有所亏损。

此后，公司领导又高度重视风管部的防险工作，加强了现货部门与期货风管部门的会商，并于 3 月下旬指示风管部负责人重新进入点价主导岗位。

针对当时的被动情况，笔者密切跟踪分析基本面、技术面、资金面的变化，并于 2008 年 4 月 1 日当晚在 1115 美分/蒲式耳附近大举点价买进期货大豆 0805 合约 150 手左右，使公司在手大豆货物采购量达到 350 手左右，均价也从 1265 美分/蒲式耳拉低到 1200 美分/蒲式耳左右。

此后，CBOT 期货大豆 0805 合约价格快速反弹上涨到 1398 美分/蒲式耳。

尽管随后 CBOT 期货大豆 0805 合约价格又到过 1226.2 美分/蒲式耳，但因为仍然高于公司总的采购价 1200 美分/蒲式耳，公司在手货物没有遭遇显著风险。

风管部一直主导点价工作，直到 CBOT 期货大豆 0805 合约接近到期前，美盘大豆价格再也没有跌到 1200 美分/蒲式耳之下，公司的这船货物的主要点价工作再次从风管部交回给现货项目负责人。

到 2008 年 4 月底，公司最终点价采购了 6.5 万吨的美盘大豆，5 月底，船货装运到国内港口，海运期间，国内的进口大豆现货价格稳步上扬（见图 3-10）。到 7 月初，6.5 万吨进口美国大豆顺利销售完毕，最后实盘盈利（大豆货物采购、销售盈利）和虚盘盈利（美盘期货大豆洗仓和国内豆油期货卖出保值交易盈利）实现了双双盈利，共计盈利 4600 多万元人民币。

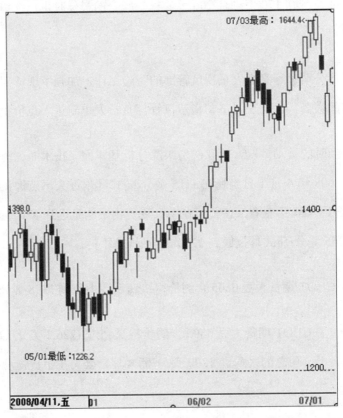

图 3-10　从 4 月底装船到 7 月初销售完毕，美盘大豆价格走势图

## 3.6　企业市场风险管理制度

在实际经营中，企业如何把现货、期货经营结合好？如何保证企业正确运用期货这个金融衍生品工具？如何确保企业把期货手段当作市场风险管

理手段，而不是制造风险的投机手段？如何确保风管部的工作职责、流程、方法得以贯彻落实？市场风险管理工作如何得到企业内部各部门的有力配合？这都需要制度来保证。

经过多年的市场风险管理工作实践，笔者将企业市场风险管理工作所涉及的上述问题的各个方面、各项工作、各自分工、各项流程统一形成了以下几项管理制度范本，以期用制度明确分工、流程，以制度约束每个人（包括企业老板、企业各级领导），以制度保证市场风险管理工作的严肃性、严谨性。

管理制度范本主要包括《企业市场风险管理工作办法》《风管部信息数据工作管理办法》《风管部期货交易工作管理办法》《风管部奖惩办法》等，企业可根据自身实际情况修订使用。

## 3.6.1 企业市场风险管理工作办法

为使企业经营能够长期稳健地运行，充分发挥风管部规避风险、保值增值等基本服务功能，促进风管部与企业相关现货部门的有效结合，同时加强风险管理部门的内部管理和自身风险意识，以及防范期货等相关金融衍生品工具在运用过程中可能出现的派生风险，特针对企业信息数据工作和期货（及其他各类金融衍生品工具）保值交易工作制定本办法。

### 1. 风险管理的基本原则

（1）风管部人员须明确职责，一切以服务企业现货贸易、维护各现货项目的无风险或低风险持续运行、健康经营为主要工作职责。

（2）风管部与现货相关部门，本着"相对结合，绝对独立，共同负责"的原则，精诚合作，共同完成公司安排的现货避险保值工作计划。

（3）风管部相关人员需要与相关现货项目负责人充分沟通、交流经营信息，便于现货项目防险避险保值工作的具体运作。

（4）风管部相关人员须熟练使用期货等相关金融衍生品工具，并充分认知金融衍生品工具本身可能派生的巨大风险。

（5）相关金融衍生品工具的选择和使用，必须与企业现货经营项目需要相符合。

（6）金融衍生品工具手段的使用要以"实效性保值"（能够为相关现货规避风险起到切实高效的功能作用）为基本交易策略，原则上不允许进行纯粹投机性质的期货衍生工具交易。

（7）相关金融衍生品工具的实际运作，必须有详细计划和派生风险防范应对措施，并及时上报上级领导。

## 2. 风管部的组织体系

（1）风管部建立以部长（兼任首席经济分析师）为主要负责人，由策略师、分析员（师）、交易员、结算员、风控员共同组成的运作团队。

（2）根据企业不同的现货经营项目和"有侧重又充分结合"的原则对风管部全体人员进行分工和组合。

- 策略师负责交易预（方）案的起草、呈报，以及方案实施过程中的指挥、监督、风险评估、风险应对，部长可以兼任策略师。

- 分析员是风管部所有人员的基本身份，负责全程共同分析研究、配合支持各类预（方）案设计等工作，水平较高的分析员被称为分析师。

- 交易员负责高效、准确地执行交易指令，落实方案实施，高水平的交易员会默契地高质执行策略师的交易指令。

- 风控员负责监督交易风险和方案实施中的风险应对工作，确保交易执行指令与方案指令一致，确保方案实施与大的市场环境一致，负责起草评估总结报告。

- 结算员负责头寸的统计、盈亏计算、现金流管理、相关档案和文件的记录管理。

在实际经营中，上述人员可以兼岗。风管部组织体系如图 3-11 所示。

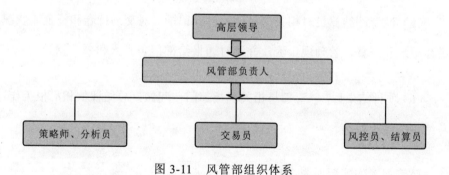

图 3-11　风管部组织体系

### 3. 风管部工作的具体流程

（1）由相关现货项目团队向风管部相关人员通报现货经营计划，风管部相关人员须详细了解项目计划，预想现货项目经营风险节点。

（2）风管部相关人员根据经济走势状况、市场价格变化趋势，再结合现货的经营计划进行相关论证，对市场状态有明确的方向判断，并与现货相关人员进行有效沟通，由策略师形成《现货经营建议》《期货（等各类金融衍生品工具）保值交易预案》，并上报部门负责人和公司领导。

（3）公司批准该项目《期货（等各类金融衍生品工具）保值交易方案》后，在现货展开经营的同时，风管部交易员根据《期货保值交易方案》开展相应的现货采购定价（必要时）或期货保值交易工作。

（4）在交易过程中，风管部风控员对市场变化进行及时跟踪，做好金融衍生品工具使用的风险评估、监控，对可能出现的风险进行实时跟踪评估，并及时汇报给部门负责人，必要时直接实施风险熔断，中止相关金融衍生品工具交易动作。

（5）风管部结算员对相关交易逐笔进行记录，对交易持仓和资金流状况进行记录和测算，管理现金流，并及时通报给部门负责人和公司领导。

（6）项目结束后，风管部与相关现货部门一起做好总结评估和汇报工作，总结相关经验教训。

风管部工作流程如图 3-12 所示。

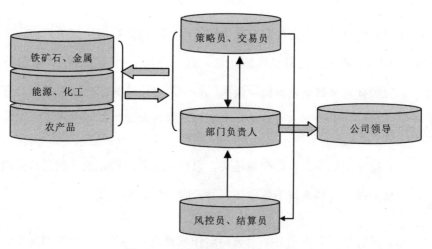

图 3-12　风管部工作流程示意图

## 4．风管部内部管理要求

（1）风管部人员应实时与企业内外现货商沟通、学习、交流，获取国内外期货交易商的数据、方法、建议。

（2）风管部策略师在部门实时分析和调研的基础上及时提出交易预案，并与相关负责人论证商定。

（3）分析员（师）、交易员应对宏观经济、产业市场、商品价格信息的变化进行实时掌握和分析。

（4）分析员（师）、交易员在计划实施前可充分交流意见，方案通过后，交易员应严格执行，对相应交易结果保持冷静、客观、认真的态度。

（5）分析员（师）、交易员必须严守交易纪律，严格按照交易计划和方案进行操作，将交易情况的变化及时通报给部门负责人。

（6）分析员（师）全程实时分析相关市场及品种状况，与风控员、结算员共同协助策略师和交易员实施计划。遇到市场显著异常波动等紧急情况时，部门所有人员必须就维持、调整、暂停、终止计划实时发表意见，有重大方案调整时，由部长及时报备相关领导并指挥相关交易。

（7）结算员记录、整理交易结果，以便与机器自动记录数据进行核对，以免交易出现方向或数量上的错误，并及时上报结算结果。

（8）风管部所有人员必须对公司运作项目内容的各个细节绝对保密。

（9）风管部所有人员必须完全尊重风管部负责人的工作安排、高效优质地完成每个环节的具体工作。

（10）对违反上述管理要求的人员，部门负责人可根据情节严重程度做出相应处罚。

××集团有限公司

年　月　日

## 3.6.2　风管部期货交易工作管理办法

为使企业经营能够长期稳健地运行，充分发挥风管部规避风险、保值增值的基本服务功能，促进风管部与企业相关现货部门的有效结合，并防范风管部在期货交易中可能出现的交易风险，特制定本管理办法。

## 1．风管部期货交易的基本原则

（1）风管部期货交易目的：立足并服务于企业的采购、生产、贸易等现货实体经济运营项目。

（2）风管部期货交易理念：期货交易立足现货保值，原则上禁止进行纯粹的投机性质的期货交易。

（3）风管部期货交易避险根基：以科学方法设立止损，并用体制（制度、人员、环节、方法）确保止损得到绝对执行。

（4）风管部期货交易基础：风管部与现货品种相关部门本着"密切配合，共同负责"的原则，根据现货采购情况制定相关《期货保值交易方案》。

（5）风管部期货交易体系：将期现货沟通、人员分工、团队组织、流程环节、实时报表等规章制度与团队人员和任务方法编织成紧密体系。

## 2．风管部期货交易人员组成及职责

（1）风管部由部长兼任首席经济分析师，也可兼任策略师，配以分析员（师）、交易员、风控员、结算员（兼行政）共同组成运作团队。

（2）部长对企业领导和部门全面负责，具体工作包括有关分析报告的审核修订；相关《期货交易预案》的论证、审核、风险评估、风险对策、修正完善、决策批准、组织实施、止损跟踪、实时报表和总结报告的指挥和组织。

（3）部长根据企业的相关经营项目和"有侧重又充分结合"的原则对部门人员进行工作分配、组合和调整。

（4）分析员（师）是风管部所有人员的基本身份，负责随时跟踪并进行经济、市场、价格分析与研究工作，并做好分析结论记录，完成部长要求的周、月度、季度、年度《分析报告》，参加公司或部门组织的分析会并发表自己的观点。

（5）策略师负责及时起草相关品种《期货交易预案》，预案包括分析及判断交易安排、风险防范，并实时提交部长会同现货部门、其他期货分析师论证完善，形成《期货交易方案》。

（6）经部长或公司批准后的《期货交易方案》交由交易员进行盯盘、交易。

（7）风控员负责交易预案监督、风险追踪提示、预案修正建议、止损督促或直接实施、起草交易总结报告档案的整理和保管。

（8）结算员负责交易记录、统计及资金调配等工作，兼任部门行政人员，负责接转通知、组织活动、报销部门差旅费等所有行政后勤事务工作。

（9）在交易过程中，部门所有人员，尤其是风控员，按工作需要或部门安排对有关品种盯盘，做好价格、信息的分析、提示、警示等盯盘动作，并进行工作记录。

### 3. 风管部期货交易管理要求

（1）风管部所有人员必须深刻树立期货（及其他各类金融衍生品工具）交易的风险意识。

（2）风管部所有人员要坚决做到：遵守制度、依靠方法、恪守纪律、不存侥幸、全力以赴、尽心尽力、尽职尽责。

（3）风管部所有人员要坚决杜绝：掉以轻心、贪功避责、事后诸葛（事前风险提示等工作不到位，却妄议其他同事工作或部门及公司决策）。

（4）风管部人员应实时与企业内外现货商沟通、学习、交流，尽量全面获取国内外现货和期货交易商的数据、方法、建议。

（5）策略师应主动对宏观经济、相关市场、相关品种价格进行跟踪分析和调研，及时提出《期货交易预案》并不断完善，杜绝消极逃避，避免错过避险时机。

（6）交易员须严守交易纪律，严格按照《期货交易方案》进行操作，遵从风控员意见，按方案果断止损，将所有交易情况及时上报部门负责人。

（7）风控员全程监控交易，与交易员实时沟通，发生风险时督促交易员严格止损，必要时可直接果断止损并上报上级。

（8）风管部所有人员对公司各项期货交易方案的维持、调整、暂停、终止等可实时充分发表意见，意见要有理有据，真正起到积极作用，对相应交易结果保持冷静、客观的态度。

（9）风管部所有人员服从风管部负责人的工作安排，积极主动做好各项工作。

（10）风管部所有人员必须对所有工作内容，包括各项分析内容，绝对保密。

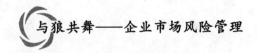

### 4. 期货交易管理的具体流程

（1）风管部对宏观经济状况、经济政策、金融市场、现货价格等信息进行实时跟踪分析，对市场状态有明确的判断，对重大经济、金融系统性风险，可提请企业领导召开风险防控会议，由相关人员进行详细阐述和集体讨论，确定保值策略。

（2）市场机遇临近时由相关现货项目团队和风管部相关人员及时沟通论证，并由策略师形成书面《期货保值交易预案》。

（3）风管部所有人员就交易预案的可行性充分发表意见，并协助策略员完善交易预案，然后将该预案与现货相关领导进行沟通，形成包含交易预案和保值交易风险应对预案的交易方案（含风险收益比率），并上报企业领导。

（4）风管部交易员根据公司领导批准后的《期货保值交易方案》开展相应的期货交易、进行风险应对或保值清结，结算员全程伴随，所有部门人员予以分析支持，风管部随时与相关现货部门保持经营信息沟通。

（5）在期货交易过程中，部长及其他所有部门人员（以风控员为主）对市场变化及时跟踪，做好实时风险评估、监控，出现紧急情况时由部长指导交易员或风控员止损避险。

（6）结算员逐笔记录相关交易，并及时报给部长及企业领导。

（7）期货交易结束后，风控员与相关现货部门及企业领导一起做好交易情况总结评估和汇报工作，对照预案目标汇总经验教训、改进运作方式、提高运作水平。

### 5．附则

（1）风管部掉期交易、汇率交易等其他金融衍生品工具的使用遵照本办法执行。

（2）本办法适用于风管部，对违反本办法的风管部人员，企业可根据情节严重程度做相应处罚。

（3）本办法自发布之日起开始实施，若有修订按修订内容实施。

风管部

年　月　日

## 3.6.3　风管部信息数据工作管理办法

为确保企业各现货实体经营项目稳健、持续运营，并为期货（等金融衍生品工具）保值交易工作提供坚实的分析工作的基础，根据公司有关管理制度及《企业市场风险管理工作办法》，特制定本管理办法。

### 1．风管部信息数据工作原则

（1）为提高信息数据工作对公司经营的保障，更好地为公司经营决策提供资讯分析服务和经营参谋建议，也为风管部期货（等金融衍生品工具）保值交易提供信息数据实时分析的基础。

（2）风管部所有人员对分析、经营等各类信息数据严格保密。

## 2．风管部信息数据工作岗位

风管部组成信息数据工作小组，组员包括主管、信息员、分析员，在实际工作中，所有人员既有侧重又交叉配合，共同完成工作。

（1）信息员负责相关信息、数据的采集、筛选、归纳整理，尽量实现基础信息图表化，并确保高质实效地向有关领导和指定人员实时传递。

（2）分析员除完成信息员的工作外，还需要进一步对市场及价格走势进行分析、判断、预测，并提出对策建议，为公司各项目业务提供咨询服务，为公司经营决策提供参谋建议。

## 3．风管部信息数据工作范畴

（1）信息采集：国内外主要经济信息，国际大宗商品信息、政治、战争及突发性大事件信息、汇率信息、利率信息；各品种国外产区产量、库存、天气等信息；销区库存、贸易、消费等信息；本地区内外、港口现货信息；国际期货信息、国内产区现货信息、国内期货信息等。

（2）信息筛选：对上述信息的真实性、有效性进行辨别，决定选取或去除哪些信息。

（3）归纳整理：对上述真实有效的信息进行记录、分类、存档，将实用信息做成表格、图形。

（4）推理分析：运用图表工具、对比比较、综合分析等方法着重对国际国内经济、金融市场、国内外相关品种期货价格走势进行分析。

（5）判断：根据上述各类分析工作，得出对经济形势、政策信息、市场走势、价格趋势等各个方面较准确的分析结论和成因结论。

（6）预测：在进行信息数据分析、判断的基础上，对后续可能发生的因素变化及相应概率得出的推测结果。可按概率大小优选三个主要预测结果，以供使用。

（7）现货参谋建议：在上述信息数据分析、判断、预测工作的基础之上形成的向公司领导层提出的现货项目经营决策的参谋建议。

（8）期货保值交易建议：在上述信息数据分析、判断、预测工作的基础之上，形成向公司领导层提出为防范现货经营风险而起草《期货保值交易预案》的策略建议。

## 4. 风管部信息数据工作内容及产品

### 1）基础信息数据工作

广泛建立并接触各类信息源，包括各相关现货经营品种大型期货或现货业务会议、与企业各项目公司及外部公司实时沟通、交流，全面收集整理的期货、现货市场各方面信息数据库。

分析员认真理解各类汇总信息，实时进行各品种价格分析，得出实时分析结论，将分析结果按国际期货、国内期货、产区信息、销区信息及天气信息等类别归纳并实时发送。

提前一定时间段，对宏观经济、金融市场、相关现货市场、各相关品种价格走势，作出分析、判断、预测、对策建议，并形成分析报告报企业领导做参考用。

**2）具体信息产品**

（1）每日 7:30 前形成与企业相关经营品种的国内期货主力合约持仓变动表并录入数据库。

（2）每日 8:00 前以高效电子通信方式针对既定接收方发布有关品种国际衍生品市场隔夜最新情况的《市场快讯》。

（3）实时收集、分析各种最新经济信息，每日 8:30 前以高效电子通信方式向特定接收对象发送国际国内最新《经济快讯》。

（4）风管部高效沟通讨论后按工作分工，由相关分析师结合经济信息等基本面和国内外期货市场价格变动的技术面进行综合分析，形成精炼版《分析报告》，并以高效电子通信方式实时发送给公司特定接收对象。

（5）在《分析报告》的基础上，结合市场变化和企业现货经营情况，在需要时，由策略师发起《现货经营参谋建议》《期货保值交易预案》报告，并向相关领导实时上报请批。

（6）全体人员全天实时收集、归纳、整理国际国内宏观经济政策、金融政策、政治外交、军事、天气等各类信息，并编制录入信息数据库。

（7）全体人员全天全产业链实时收集、传递相关品种产区报价、国内外产区报价、本地区内现货价格、港口企业等各类市场数据，并录入分类数据库。

（8）不断完善信息数据工作的方法和工具，持续提高信息数据工作的科技水平，使信息数据工作工具、方法、数据库等不断提升。

## 5．罚则

风管部全体人员必须严谨履职，任何违反本办法的人员，公司将根据其造成的影响或损失从重处罚，直至辞退。

风管部

年　月　日

## 3.6.4　风管部期货保值交易工作奖惩办法

为更好地服务公司现货经营、做好风管部各项专业技术工作，利于吸收外部成熟的期货等金融衍生品高端人才，促进内部员工金融衍生品行业成才，激励风管部全体员工心无杂念、全力以赴地把公司的市场风险管理工作作为共同的事业去发展而不懈努力，根据公司有关管理制度和《企业市场风险管理工作办法》特制定本办法。

（1）公司对所有期货保值交易运作组员工基本薪酬和劳动关系按制度统一管理，对成熟期货人才按专业技能水平予以升职。

（2）若期货运作项目年度未实现账户利润（利润为负数），公司有权另行安排所有员工的工作及薪酬待遇。

（3）若期货运作项目年度实现账户利润低于本金 15%（利润为正数），公司可参照其他现货项目经营团队奖励情况确定发放奖金数额。

（4）若期货运作项目年度实现账户利润超过本金15%，企业将把全额利润的5%但最高每人不高于＿万元用于奖励。

（5）期货运作项目年度实现账户利润，是指所有期货账户实现的平仓净利润，包括在外盘账户和内盘账户上由期货组独立运作及与现货项目公司合作实现的期货账户利润的核算部分。

（6）本办法适用于期货运作组所有员工，但风管部负责人不适用本办法，负责人薪酬及奖励办法按与公司另行商定的协议执行。

（7）部门内所有员工年度内有重大业绩贡献时，经部门上报，由公司研究决定另行给予特别奖励。

（8）本办法自＿＿＿年＿月＿日经公司审核修订后生效。

风管部

年 月 日

**案例：**

2000 年 8 月，在上海期货交易所交割专业委员会上，笔者曾经听江铜老总讲过这样一件事情：江铜曾为了能申办成为伦敦金属交易所（LME）的注册交割品牌，一次次地向 LME 递送精铜样品，但每次都被批复"不合格"。江铜公司的所有人员都很纳闷，因为，为了尽快注册成功，江铜公司不断提升产品质量，最近几次的杂质含量都远远低于 LME 的规定要求。

直到有一天，LME 为江铜解开了疑惑。

LME 的有关主管说：尽管你们的产品杂质含量逐次减少，但这恰恰反映了江铜本身"工序的不稳定，或者工艺的不稳定，其背后反映的是管理的不稳定，是管理者、管理层经营理念的不稳定。我们的注册要求是每一批产品质量都要一致，即使杂质含量也要一致。"

因为产品质量稳定体现的是企业经营理念的成熟、管理的科学规范和成熟，这样，我们才能得到全球客户的信赖。自此，江铜从管理层开始进行规范，终于在 2000 年 7 月前申办成为了 LME 精铜注册品牌。

套用工厂生产及产品质量稳定这个理论，要想让企业经营有稳定的"经营结果——亏损处于可控、赚钱不会迷失"，企业就必须在每个环节，尤其是在期现结合经营过程中，严格按照工序环节（集体决策、期现互通、分析流程、交易流程——如前章节所述）和工艺方法（期现结合经营法、科学分析法、严谨交易法——此后章节述及）开展工作。

企业是一部机器，经营不是游戏。若想不被竞争对手吃掉，企业负责人要在"守制度、按套路（工序—流程）、靠方法"上以身作则。

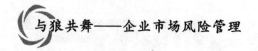

# 本章结语

　　本章节详细阐述了转型升级后的企业如何完善经营决策体系，如何通过建纲立制把市场风险防控工作提高到应有的科学地位，以及如何搭建期现结合经营的工作流程。接下来，企业重点要解决的是运用科学方法对市场商品价格进行全面系统分析，以及在必要时科学运用期货等金融衍生品工具进行保值交易。具体方法及内容，请参阅本书第 4 章和第 5 章。

# 第 **4** 章  企业市场风险管理专业
方法之一：市场分析法

## 4.1  市场分析法概述

"铁矿石的价格还会涨吗？""按焦煤现在的这个价格，我们要卖出吗？"
"螺纹钢涨到 3900 元/吨了，我们还可以补库吗？""以目前的美元价格来看，
轮胎企业适合采购吗？""伦敦铜横在 7500 美元/吨的位置，我点的仓位需要
在上期所保值吗？"……

在实际经营过程中，每个企业都有一个或多个具体经营或采购的现货商
品品种，这些企业可能是某种商品的生产商，比如轮胎制造企业，生产大型、
重型、高质量标准的轮胎时，天然橡胶的使用量占比就更高，因此天然橡胶
在轮胎的生产成本中的占比就更大；再比如生产不锈钢的钢厂，有色金属镍
的用量折合成价值额能占到不锈钢生产成本的 40%以上；同理，大豆压榨企
业的主要成本体现在进口大豆的价格上，钢坯生产企业的成本主要受铁矿石

和焦炭两种商品价格的影响，而焦炭的生产成本与上游焦煤的价格波动有直接关系，有色金属冶炼企业关注的是国际期货市场伦敦金属期货交易所铜的价格波动，地产建筑商关注的是螺纹钢的价格波动，而螺纹钢期货价格波动也是国内钢材价格波动的风向代表之一。凡此种种，目前影响生产（采矿、制造、贸易）、生活主要的上游、中游大宗原材料商品和影响物价指数的基础农产品、经济农产品都已经在国际期货市场和国内期货市场上市交易，有的还进行着期权、掉期等其他金融衍生品交易。其中，国内已经上市的涵盖主要生产、生活领域的期货品种有 42 个，较为活跃的有 31 个。此外，国内还上市了股票指数和国债两个金融期货品种。自 1999 年中国期货市场进行整顿开始，尤其是 2007 年出台正式的全国性期货法规《期货交易管理条例》后，中国期货市场完全走向正轨、步步走向成熟。众多商品期货品种的历年成交量越来越大，有些商品品种，如天然橡胶、螺纹钢、铁矿石、甲醇、白糖等，在国际、国内同品种商品市场上的定价话语影响力上占据主动，对国家经济发展及具体品种相关的企业经营产生积极影响。

由此可知，具体某个或某几个商品价格的涨跌变动及走势，直接影响甚至决定着相关生产企业的原材料采购成本或产成品销售价格的高低，从而决定企业利润的高低，进而直接影响企业的发展或存亡。

因此，任何一个企业要实现稳健、持续的经营发展，就必须随时跟踪分析这些商品品种所处的市场状况、市场发展趋势，以及决定或影响市场中这些具体商品价格变化的成因因素。

"市场"即商品买卖（供需）双方交换的场所。企业的经营运转始终都和某个或某几个原材料或半成品、成品密切相关，企业要安全运营就必须随时跟踪某个或某几个与企业经营相关的具体商品品种的市场分析，比如轮胎生产企业跟踪天然橡胶的市场分析、大豆压榨企业跟踪大豆的市场分析、炼钢厂跟踪铁矿石和焦炭的市场分析等。

"市场分析法"就是针对一段时间内某个商品价格的高低、涨跌、变动趋势所做的分析，是对商品供需双方买卖力量变化及影响这些力量变化的市场各个方面因素的变化进行综合分析的方法。因此，市场分析法就是对具体商品的价格变化进行内在价值分析和外在环境分析的组合分析方法。

对于所有企业经营者来说，在经营决策方面经常要回答的首要问题就是"商品价格是高还是低""以后会涨还是会跌""这些变化会持续多长时间？"正确地解答了这些问题，才能在原材料采购时机、数量、库存和成品销售周期等方面做出正确决策。

而学习掌握市场分析方法正是通过分析资金、技术等商品价格变动及影响价格变动的宏观经济环境、产业供需因素，达到始终全面了解、基本掌握该商品价格波动变化及所处市场变动趋势的目的。

外行看热闹，内行看门道。运用市场分析法看清市场大势，准确判断商品价格变化趋势，才能实现企业经营盈利。

市场分析法是指在企业经营过程中，或在相关商品市场价格剧烈波动可能带来市场风险的时候，综合运用宏观经济分析法、相关商品产业供需分析法、相关商品金融工具技术分析法、相关商品金融工具资金力量分析法等市场分析方法和手段，对商品价格现状和未来趋势进行分析、预测，并及时调整经营决策，以达到规避企业经营风险、获取持续健康发展的市场风险防控方法。

综上所述，市场分析法的核心就是对商品的价格变化进行全面系统分析，既要对影响该商品价格变化的资金力量对比、技术路径表现和市场供需状况进行分析，又要对该商品所处的宏观经济环境进行分析。

唯有全面系统地运用科学的商品价格分析法，才能看到商品价格变化的表面现象和内在原因，从而更加准确地把握商品价格变动的方向、时间和趋势，使企业经营决策与市场变动节奏保持一致。只注意商品价格变化表象、忽略影响价格变化的宏观经济大环境因素的做法很容易对市场走势形成误判，从而作出错误决策，导致经营失败。

# 4.2　商品价格分析法

众所周知，商品价格是商品内在价值的外在货币表现。商品的内在价值因其包含的各种生产要素的价值变化而变动，因此，商品的内在价值也是相对的、变动的。影响商品价格变动的因素很复杂，但最终体现在买卖双方进行交换时的商品供需状况及当时的宏观经济环境状况。

因此，对商品价格的分析，既要从生产商品的生产要素组成分析商品的内在成本价值，又要从商品的供需关系变化分析其交换价值，即价格。

分析商品内在价值主要是运用成本计算方法，即计算生产单位商品所涉及的所有生产要素的单位成本总值。相对商品价格的变动来说，商品的内在价值是相对单方的、固定的、内在的，是相对比较容易把握的。而商品的价格则因其涉及交换双方，并且受到外在环境众多因素的影响，其波动性更加明显，把握起来要复杂和困难得多。因此，本书不把商品内在价值分析作为重点，而是重点探讨商品价格分析的方法。

在现实经营工作中，企业经营者关心的是具体商品价格的现状及后期市场走势会怎样：该商品现在的价格的高低、后续涨跌方向、幅度，以及达到这些幅度的时间等情况。由此可见，"方向、幅度、时间"就是商品价格分析工作中密不可分的"三要素"。

商品价格的涨跌受到各种因素的影响，企业关注的每个具体品种的价格，有时涨有时跌，有时又横行盘整，企业经营者难以预测。施威格在其所著《期货交易技术分析》中说过"价格总是按最小阻力的方向前进"，我们也可以形象地把价格比作一只飘浮在空气中的非实心多层球，它的表面是"价格"，我们称之为"价格球"（见图 4-1）。由此，我们把对商品价格的分析变成了剖析"价格球"，只要一层层剖开"价格球"，就会分析出影响商品表面"价格"波动的层层内在因素，进而通过跟踪分析内在层层影响因素的变化规律和状况达到前瞻性预测商品价格波动的分析目的。我们把这种层层解剖商品价格变动影响因素的分析方法称为"价格球"分析法。

用"价格球"分析法，既可以形象地描绘商品价格变化过程中涨跌的方向、幅度、时间及其组成的轨迹形态，也可以通过层层解剖全面分析商品价格运行轨迹的深层次原因。

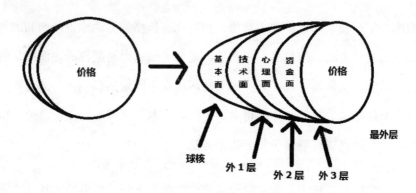

图 4-1 "价格球"剖面图

从具体分析来看，商品价格如何运行，首先取决于"价格球"表面最外层面的外 3 层，即"资金面"。某一时刻市场上买进或卖出这个商品的资金投入或收益的多寡，直接决定了"价格球"的走向：当市场上买进这个商品的资金较多时，对"价格球"向上的推力大、上涨阻力小，商品价格上涨；反之，当市场上卖出这个商品的资金较多时，对"价格球"向下打压的力量大、下跌阻力小，商品价格下跌。

影响投资者买卖方向投入力量的决定因素则是与"资金面"相邻的外 2 层，即"心理面"。"心理面"是市场投资者经过各种分析后得出看涨或看跌的心理结论，这种结论决定着市场投资者的资金投入方向：如果分析后的心理结论偏好的投资者多，则市场上买进做多的资金力量投入更大；反之，如果心理结论偏淡的投资者多，则市场上卖出的资金力量投入更大。在实际经营中，很多企业经营者主要就是依靠单纯的自我判断得出的心理结论确定买卖决策，而缺乏更深入和更全面的价格分析。

直接影响"心理面"的层面是外 1 层面，即"技术面"，"技术面"是指市场投资者对产业供需、经济环境等各种"基本面"因素在市场上形成的利多或利空数据进行各种图表技术分析，通过大量专业的技术图表分析判断出技术面的价格走势偏好或偏坏结论，这种"技术面"分析所得出的看涨偏好或者看跌偏坏的结论直接决定了市场上投资者的"心理面"结论。值得一提的是，技术面分析方法的专业性造成了企业经营者具体使用上的现实难度。

而"技术面"分析的根本依据是"价格球"的"基本面"，"基本面"是"价格球"的球核，是决定商品价格涨跌的根本因素。"基本面"可以主要概括为"宏观经济面"和"产业供需面"，其中，"宏观经济面"决定商品价格涨跌的方向，"产业供需面"主要影响商品价格涨跌的幅度和时间。

综上所述，通过"价格球"分析法，我们清晰地看到：商品价格的涨跌直接受到市场上买卖该商品的资金力量大小对比的影响，而资金力量投入大小的不同取决于市场参与者专业分析后得出的心理结论。那么，市场参与者进行专业分析的对象又是哪些呢？是该商品所处的市场环境中与之相关的各个方面，概括为两大方面，即决定该商品价格涨跌方向的宏观经济形势状况和决定该商品价格涨跌幅度及达到此幅度的时间的供需状况变化。

正是因为"价格球"分析法能够完整地分析商品价格的三个要素，因此其能保证商品价格分析工作的全面性、系统性、完整性，从而大大提高商品价格分析的准确性和有效性。

在实际工作中，我们在现货经营或期货保值交易之前分析、判断、预测价格的未来走势时，通常要分析该商品所处的"市场环境"和影响该商品价格走势的"市场力量"。最后，当判断出该商品在战略上处于上涨市场环境中，且在战术上市场力量的购买力量也很强的时候，采购现货或者做多期货

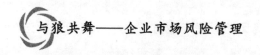

建立虚拟库存的时机就成熟了。反之，如果通过商品价格分析，发现从战略上看该商品所处的市场环境疲弱、经济形势趋冷或紧缩，同时，从战术上看市场力量也显示出买力不足时，则卖出库存现货或者进行卖出期货保值交易就成为经营决策的首选。

换言之，"市场环境"的分析，就是分析商品市场所处的"基本面"状况，即"宏观经济面"和"产业供需面"状况。商品市场的"基本面"从根本上决定着商品价格的变动方向、幅度和时间；"市场力量"的分析，就是分析商品价格受到相应的宏观经济形势和产业供需基本状况影响时所显现出来的状态或数据，进而运用各种专业技术方法对这些状态或数据进行战术上的"技术面"手段分析，提炼出该商品市场数据化的"心理面"和"资金面"状况。

由于"心理面"因素在价格影响传导中属于承前（技术面分析）启后（资金面体现）的过渡性质，是专业分析人员完成技术分析后得出的分析结论，并将这一分析结论体现在交易资金的方向安排上，本书不予过多赘述。当然，在实际工作中，很多非专业人士常常在没有进行专业的价格分析工作基础之上，完全凭感觉得出看涨或看跌的结论，并直接运用到企业的重大经营决策上，甚至还有用反向统计指标法预测判断价格走势的做法，这种分析预测方法因为选取投资者样本的方法主观而难以得出准确的市场看法。

商场如战场，当代资本社会运作如同冷兵器时代的战场，商品市场只要有变化价格运行就有迹可循。因此，在进行商品价格分析时，不仅可以通过对"市场力量"的分析以技术表格图形的方式看懂商品价格变化的方向、幅度和持续时间，还能通过对"市场环境"的分析看透影响"市场力量"发生变化的根本因素和推手，进而提前预测商品价格将要发生的变化，让企业既能清楚现在的市况，又能对未来商品价格变动进行分析预测、把握先机。

本章随后内容将重点对商品价格分析法中所涉及的宏观经济面、产业供需面、技术面、资金面进行阐述。

# 4.3    市场环境分析之宏观经济形势分析

商品市场价格变动的根本因素在于宏观经济大环境的态势及变化，也就是大家常说的"经济大势（趋势）不好，什么生意都不好做"。宏观经济形势是影响商品价格变动的外部经济大环境，更是决定商品市场价格变动的关键因素。因此，要把商品价格分析工作做好，首先要分析好宏观经济形势。

## 4.3.1    宏观经济形势分析逻辑

商品价格或涨或跌，除了受其自身生产成本的内在价值影响外，在外部环境影响方面受到的最直接的影响是商品所处的市场节奏的高低好坏、进退停滞等具体状态的影响，而影响商品市场节奏最根本的外部环境因素是宏观经济形势及其影响下直接起传导作用的商品供需因素。那么，又是什么因素决定着宏观经济形势的变化呢？我们认为，是客观经济运行周期与主观宏观经济政策相互作用起到的决定作用，其中，主观的经济政策所起到的作用更加明显。具体的商品价格与外部环境因素的逻辑关系传导图形如图 4-2 所示。

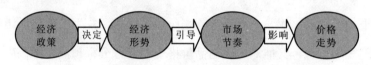

图 4-2　商品价格与外部环境因素的逻辑关系

"现在的企业太难做了，今年的经济形势很不看好"。近几年，我们经常会听到企业经营者这样的感叹。实际上，企业负责人经常提到的经济形势就是经济周期运行到当时的宏观经济的具体表现状态。

一般，一波完整的经济周期包括"衰退下滑、谷底徘徊、复苏增长、巅峰停滞"四个阶段（见图 4-3），这是宏观经济呈现的四种主要经济状态。当宏观经济走出谷底徘徊状态，进入复苏增长阶段的时候，企业经营的宏观经济环境转好，企业经营顺畅，经营风险低、盈利目标容易达成，企业顺利发展。但是，当宏观经济走势处于从滞胀高点向下衰退滑落的状态时，企业的宏观经济环境恶化、商品价格普遍下跌，企业经营困难、亏损风险巨大。

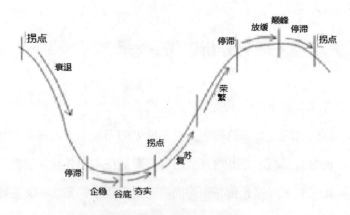

图 4-3　经济周期运行图

商品价格的市场走势取决于宏观经济形势大环境的具体状态，比如，在目前（2016 年 8 月 17 日）中国"即将完成谷底夯实进入初期复苏阶段"的经济形势下，大宗工业原材料商品价格开始出现企稳上涨的势头。

资本主义社会历史，尤其是近代资本主义社会史在经济领域越来越呈现出经济运行兴衰往复交替的运行规律，这种周期运行规律直接决定着企业经营所处的市场大环境，即宏观经济形势的具体状态。那么，决定经济周期运行路径，形成不同宏观经济形势状态的原因又是什么呢？

凡事皆有因果，前进源于动力，万物皆有管理。经济兴衰往复周期运行也源于市场力量的推动，这些市场力量的组成极其复杂，有客观的，也有主观的，有不经意的，也有人为故意的，有财阀政团的，也有中小企业主及全民的参与。

如图 4-3 所示，从客观自然规律上看，任何事务都不可能沿一个方向无止境地持续发展，一定会有盛极而衰、衰极而转的变化。因此，经济运行也难悖其理，必然会有兴衰更替的自然变化，这是经济周期形成的客观原因。

从主观方面看，社会个体在经济利益方面有着天生贪婪的欲望，这种欲望会加大经济领域某些方面走向极致的力量，同时，社会需要管理，事实上，也被严格管理着，管理者制定或者修改管理规则，影响社会力量总体上的变化，并在程度上和时间上影响着经济周期运行的具体形态，决定着具体宏观经济形势的状态。与此同时，如果拥有规则制定权的管理者同时拥有参与市场博弈的强势力量地位，其对经济周期运行的轨迹影响不仅大大加强，而且更有利益倾向性。

概括地说，分析宏观经济形势，既要对客观经济周期运行规律进行分析，又要对影响经济周期运行状态的主观因素进行分析。本书对经济周期运行规律本身的数量化分析不做过多赘述，着重对影响经济周期运行状态的定性化的主观因素进行论述。

综上所述，要分析与企业密切相关的商品品种的价格走势，必然要分析当时宏观经济形势，这种宏观经济形势又是经济周期运行的结果，而经济周期运行的动力源于客观规律与主观力量的共同作用。主观的影响因素，如规则制定，尤其是经济政策的制定，对经济周期的运行轨迹在运行变化幅度和时间上起到决定性作用。由此，我们分析宏观经济形势的重点就应该放在经济政策制定方面。

## 4.3.2　宏观经济政策的制定

自 2008 年至今，一轮漫长的经济危机过后，几乎各类市场的参与者都切身体会到了经济周期的规律性和把握经济形势的重要性。但是，他们对如何分析把握宏观经济形势，还欠缺科学系统的方法，甚至在分析工作上仍存在方向性、逻辑性错误。

如前所述，要跟踪分析判断经济周期运行所处的宏观经济形势的具体阶段状态，重点是分析把握影响宏观经济形势的宏观经济政策的制定，核心是分析这些经济政策由谁制定、为何制定、为谁制定。明白了这三个问题，就可以随时更好地解读和理解经济政策出台的真实含义和对市场的具体影响及作用，甚至可以前瞻性地分析有关经济政策是否行将出台，这种前瞻性的宏观经济分析更有利于企业在经营决策上做到趋利避险。

2002 年，巴西总统卢拉上任后逐渐推行的"补贴赤贫阶层、打造新中产阶级""实行优厚社会保障、鼓励全民消费"政策与外部宽松货币环境及大宗原材料商品上涨周期共同成就了 2008 年前后五年多的"巴西经济奇迹"，推动巴西经济在 2010 年达到巅峰状态。

2001 年，中国加入世界贸易组织，国际资本逐渐加快流入，国际货币环境日渐宽松，国际贸易环境非常活跃开放；同时，中国国内开始加快市场体制转轨，资本主义商务模式加快推进，住房商品产业化、教育产业化、医疗产业化、文化产业化等全领域商业化如火如荼。国际国内资本这只无形大手和国际国内政策制定的有形之手共同催生了中国经济迅猛发展的繁荣景象，把中国经济推上了 2008 年的巅峰高涨阶段。

相反，在美联储推行连续加息、美国房地产次级贷款市场癫狂发展难以为继的情况下，美国 2007 年爆发的次贷危机通过全球经济一体化、金融化和信息化途径迅速蔓延到全世界经济体，从而引发全球金融危机，进而引发了全球性经济危机。在全球经济危机大背景下，中国经济周期自 2008 年 10 月的巅峰状态迅速掉头下滑，进入剧烈衰退阶段。

诸如此类，不胜枚举，这些经济事例都无一例外地表明，在客观经济周期运行过程中，人为主观的宏观经济政策制定，尤其是金融货币政策、财税政策、产业政策等的制定实施直接影响着一国（或政策所及的该经济体领域）甚至全球的经济形势具体的运行状态，从而确定了经济运行走势的具体状态、幅度和时间，进而在一国、多国甚至全球产生了不同的经济影响、经济效果。

由此可见，要分析把握宏观经济政策的制定，就必须弄清楚一国或一个经济体内由谁制定宏观经济政策？制定经济政策的目的或意义是什么？国际间的宏观经济政策之间是什么关系？

## 1. 资本是一切的根本，谁掌握优势资本谁就拥有经济政策制定权

宏观经济政策的制定实施与经济形势有着直接关系，那么，这些宏观经济政策又是由谁制定的呢？

当今全球社会的主要形式是资本主义社会，"主义"即根本，资本主义即资本是一切的根本。也就是说，在资本主义社会所有制关系中，所有关系和表现形式的核心都紧紧围绕"一切为资本这个根本来服务"的宗旨。由于当今全球社会中资本所有者的表现形式不同，从而将世界主要经济体划分为纯粹私有化资本和国家资本两大类。私有化资本主义国家是指资产由具体个人所有的资本主义社会所有制国家；国家资本是指资产由全民所有，由某个国家组织具体管理的资产所有制形式。

"资本是一切的根本"，这决定了一个国家或一个经济体范围内，拥有主导权的是资本所有者，即资本家。自然地，在相应的国家或经济体范围内，无论国家政治表现形式如何，其服务的核心对象始终都是拥有资产所有权者，尤其是优势资本家财阀财团（本文所称国际优势资本家财阀财团，是指在全球范围内，资本家人数占极低比例，却因历史原因积累获取并至今占有全球资本财富中较大比例规模资产的、极少数西方资本家群体，在本书中也简称为"优势资本家""国际财阀财团""西方优势资本家""西方国际财阀

财团"），一个国家或政体真正的政策制定者就是这些资本家，尤其是这些优势资本家。

　　人类社会发展到今天，生产力的发展是重中之重。由此，在当今社会发展过程中，由掌握资本的一方引领社会发展成为所有国家或经济体的共识。于是，在全球占绝大多数比例的纯粹私有化资本主义国家、优势资本家或其代表成为国家政策（包括经济政策）的制定者。此外，在少数社会主义国家，国家资本的管理者成为国家政策（包括经济政策）的制定者。

　　由于历史原因，世界各国进入资本主义社会的时间、发展资本主义的历史及进程各不相同，各个国家或经济体运用资本主义运行模式的时间、具体方式和程度也不相同。但是，由于资本主义运行模式以资本（或资源、资金、金钱）为一切的根本，金钱是一切事物或事务的价值载体，这种运行模式是迄今为止最直接、最简洁、最高效的经济运行模式之一。因此，在当今全球 230 个左右的国家或地区经济体中，形成了纯私有化资本主义占主导、国家资本机制（将全民所有的公有制生产资料资本集中起来，由国家直接管理的资本运行机制）为辅助的世界经济架构。例如，以中国为代表的有中国特色的社会主义社会，就是以公有制经济为主体、非公有制经济为辅助的生产资料所有制形式。目前，全球 230 个左右的国家或地区经济体 GDP 占比构成如图 4-4 所示。

　　其中，以美国、欧盟为首的 30 个左右的国家或地区的经济体属于比较成熟的纯私有化资本主义体制，经济总量 GDP 占比为 75%左右。还有约 186 个国家或地区的资本主义经济体还处于发展阶段。而运用国家资本机制的中国特色社会主义国家的经济总量占全球 GDP 的 7%左右，单个国家或地区在世界上的最新排名为第二名。

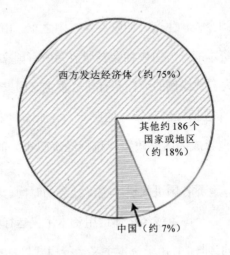

图 4-4 世界经济架构

我们知道，国家是指在相对独立完整的一块地域内所有人群的集合，国家主权是指国家权力机构对国家领土范围内的人员事务行使的独立管辖权。政治、经济、军事、外交、科技、教育、文化、卫生等社会管理各个方面的政策制定权都属于国家主权范畴。政府只是国家各项管理事务的具体执行机构。

在西方发达资本主义社会国家体系中，议会行使国家最高权力，负责制定各个社会领域的法律及管理规则，任免政府各级负责人，各级负责人依法行政。组成议会的议员代表由公民选举产生。但是，在"资本决定一切"的社会制度下，没有资本的支持而参选、当选议员的难度是很大的。同时，为了引领社会生产力的发展，首先要照顾好资本所有者的权益，获得资本家资本和智力的大力支持。因此，当选议员代表的首先是资本家，尤其是优势资本家的权益、利益取向。由此可以想象，所谓议员制定规则的本质还是资本家，尤其是优势资本家们制定规则。

我们在此着重论述的经济政策方面的规则制定权，在纯私有化资本主义国家，议会将政府执行权力交给总统（首相、总督）等各级行政首脑负责人，但政府只是执行机构，并不拥有政策制定权，只有拥有优势资本的人才有政策制定权，代表优势资本行使规则制定权力的是具有较好行业专业能力的议员及议员们组成的议会。

值得一提的是，在西方 30 个左右的发达国家里，经济政策的重中之重是金融货币政策制定权，而这项最重要的经济政策制定权自 1913 年 12 月 23 日实现了发达国家央行全部私有化后，就被交给了这些纯粹私有的国家央行（而不是由议会行使）。而这些国家央行没有国家股份，也没有任何人代表国家确保公共民众的权益。其实，这些行使金融货币政策制定权的国家央行是由全球知名的私有金融财阀财团企业组成的。

由此可见，至少在占全球经济较大比例的 30 个左右最重要的西方发达经济体国家，宏观经济政策制定权在议员手里，而这些议员基本都代表各种资本家，尤其是较大的优势资本家的资本利益。同时，这 30 个左右国家的国家央行及金融货币政策权直接交给了纯粹私有化、全球知名的大财阀财团资本家。

需要特别指出的是：资本是没有国界的。所以，资本所到之处，就充斥着资本家制定经济规则的势力范围。至少投向这 30 个左右发达国家的资本是没有国界的，有些投资甚至完全是一体的。

由此，我们可以得知，至少在全球 3/4 以上的经济体范围内，宏观经济政策制定的本质力量是优势资本家，甚至是实力更强大的国际财阀财团。而最让人震撼的是，这些优势资本家及财阀财团既是全球经济主要经济政策的制定者，又是全球经济领域内投入巨大力量参与市场竞争的行动者。

归纳起来，在西方纯粹私有化资本主义国家，尤其是纯粹私有化的西方发达国家中，国家管理的架构决定了宏观经济政策的制定架构及方式。具体表现为以下几点。

（1）历史博弈确定社会性质。社会各个利益阶层通过政治、经济，甚至军事等各种手段的博弈，最终达成社会结果，即实力决定一切，优势资本掌握者决断社会性质。因此，优势资本家及财阀财团确定了纯粹私有化资本主义社会的性质，实现了资本所有权和资本管理权在西方发达资本主义国家的两权分立。资本无国界，掌握优势资本的人在哪里、是哪国人都是无关紧要的。

（2）社会性质确立国家政体架构。资本主义的社会性质决定了资本是一切的根本，即使资本所有者不在现场，也可以通过政体架构设立规则保证资本所有者的权益。因此，资本所有者及其代理人确立了"三权分立"的国家政体架构，即国家政体的立法权、行政权、司法权三权分立。议会行使立法权，通过竞选由当选议员组成议会，议员绝大多数是某些行业领域的精英，并且从根本上代表资本家，尤其是优势资本家的利益（由社会制度的根本性质决定）。议会具体行使管理社会各个方面的规则制定权，议会制定各项规则的价值取向仍然由社会制度的性质决定。因此，我们可以确定，真正决定这些国家政体各个方面规则的政治家不是议员，更不是总统，而是真正占有优势资本的大财阀财团资本家。

（3）总统不是政治家，只是行政首长，接受立法机构和司法机构监督。有治国理政的思想并把这些思想确立为治国理政的规则，即拥有制定规则的权力才称得上政治家。以美国为例，总统只是行政首长，没有治国理政的规则制定权，只有行政执行权。总统提名任命各级下级行政首长，在立法机构总的规则约束下制定并具体组织落实各项领域的管理工作，总统的各项行政管理工作接受立法机构和司法机构的监督。

（4）有完整的资本权力，没有完整的国家权力。一个完整的国家权力应该包括完整的政治权力、经济权力等，而西方发达资本主义国家的社会制度和政体架构充分体现了"资本是一切的根本"这一核心政治理念，充分保障了资本家拥有的政治权力，即使这些资本家并不是该国的国民，而削弱了全体国民的政治权力。此外，在经济权力方面，一国的经济权力包括金融货币权力、财政税收权力、产业布局发展权力等，其中最重要的一项经济权力（金融货币权力）却由于这些国家的国家央行彻底私有化而将权力转移给了优势资本家，该国国民失去了经济领域内最核心的权力。从政治权力和金融货币权力的缺失这个角度而言，西方发达国家政体没有完整的国家权力，只是一个相对独立存在的经济体。

与西方纯粹私有资本主义国家不同，中国的社会性质、国家管理架构、管理规则制定有如下特点。

（1）有中国特色的社会主义制度，最集中的公有财富以国家资本的形式运行。源于各种复杂的历史原因，中国于 1949 年确立了社会主义社会制度，即整个国家的社会财富从根本上属于全国人民所有。改革开放以来，为了激发社会主义社会的生产力、推动社会高效发展，中国进一步明确了有中国特色的社会主义制度，即公有制和私有制并存发展、全民公有的财富由国家具体机构实施管理，即国家资本。

（2）社会主义制度下完整的政体架构和国家权力。中华人民共和国的基本政治制度是中国共产党领导的多党合作和政治协商制度，中国共产党是执政党，各民主党派是参政党，共同参与国家方针、政策、法律、法规的制定和执行。国家制度的保证是坚持四项基本原则，即坚持社会主义道路，坚持人民民主专政，坚持中国共产党领导，坚持马克思列宁主义、毛泽东思想。由此，确立了国家拥有完整统一的政治权力和其他全部国家权力。

（3）中国国家政治体制架构和宏观政策制定权力完整。中国共产党的全国代表大会确立国家发展的大政方针，并交由全国人民代表大会讨论定稿，形成治国理政的决策；选举党的全国最高领导机构、提名国家及国务院领导人，并交由全国人民代表大会表决确定；提名最高法院院长、最高检察院院长人选，并交由全国人民代表大会表决确定。

在中国，最大财富优势资本即国家资本的所有者和管理者发生了分立，即由中国共产党领导下的、国家某个具体机构来管理原本属于全国人民公有的财富资本（国家资本）。从国家资本这个角度讲，掌握管理国家资本的执政党负责制定国家的大政方针，中国共产党领导下的全国人民代表大会制定各项宏观管理政策；国务院及其领导下的各级行政机构负责组织落实国家各项大政方针和各项宏观政策，包括在权力范围内制定或修订某个领域内具体的政策、规章、制度。例如，中国的金融货币政策由国务院领导下的中国人民银行制定，财政政策、税收政策、产业倾斜扶持发展政策等都由国家发改委牵头，由具体某个或某些国务院所属部委进行起草、制定、实施，中国共产党党中央领导下的中国国家中央政府及其所属部委拥有并行使一个国家所有的国家主权；最高人民法院和最高人民检察院对国家各项相关行为进行法律监督和处罚。

综上所述，目前在世界范围内基本体现了"资本主义经济运行方式最为高效"的观点，也体现了"实力决定话语权、掌握优势资本才有宏观政策（包括经济政策）制定权"的基本宗旨。但不同的是，在西方发达资本主义国家，其各项治国理政的大政方针、宏观政策制定权通过议会制度经议员、总统代理进行。从本质上说，大政方针、宏观政策制定权仍然属于优势资本家，甚至包括某些具体层面的经济政策，比如金融货币政策的制定权也从传统法理中的"国家权力"范畴直接划归为纯粹私有性质的国家央行（西方发达资本主义国家的"国家央行"由纯粹私有的商业银行组成，央行行长由"国家央行"提名、经国家最高行政首长任命）所有，以便充分体现其背后的优势资本家或财阀财团的资本意愿。

在中国，管理国家优势资本的执政党拥有完整的政策制定权，包括制定国家大政方针、确立国家治理架构、决策宏观政策、制定经济领域金融货币和财税等各项经济政策。也就是说，在中国，各项国家权力、宏观政策（包括所有经济政策）制定权都归中国共产党及其领导下的全国人民代表大会。

由此可见，深刻了解世界政治经济架构，了解不同国家，尤其是在世界经济结构中占有决定性份额的西方发达国家和中国的政治经济架构的特点，能够对世界各国，尤其是经济体量较大国家的经济政策制定的出发点有较准确的理解和把握，以利于我们在宏观经济分析工作中前瞻性地分析、把握相关重要国家出台后续经济政策的概率、时间和性质，为企业的经营作出正确决策起到积极作用。

## 2．资本的本质是追逐利益，这是分析一切经济事件发生、经济政策制定的起点

在期货、期权、掉期等金融衍生品领域工作二十多年来，笔者经常会被问到"美联储什么时间会加息？""美联储下周的议息会议会倾向利多还是利空？""美国上个月的就业数据表现怎样？"等问题。然后，聚在一起的企业主们会展开广泛而深入的讨论，最后得出的结论却是"很难说，不好把握"。

为什么大家集思广益也难以得出比较准确的判断结论呢？因为大家的讨论都注重事件过程的因果分析（公布什么样的数据就可能出台相应的对策）、过程分析的逻辑思维，但分析起点模糊。

经济分析工作也被看作企业的商业情报分析工作，这种情报分析工作的结论能否被提前认定为正确的，除了看事件过程的分析逻辑是否正确外，还要找到事件发生的起点。这就如同案情分析工作一样，分析人员若只按照现场罪证推理分析结果，即使推理得到的结果看似无懈可击，也没有人敢做出肯定的结论。但若在事件过程分析逻辑正确的基础上，还找到了事件发生的"动机"，那么，两者相互印证，就能得到去伪存真、最准确的分析结果。

　　同样，在宏观经济分析工作中，我们不仅要把社会事件、经济政策的过程及其因果的分析逻辑把握正确，还要深入本质，找到这些事件发生或者政策出台的"人为动机"，即分析起点。只有结合正确的宏观经济分析起点和逻辑分析过程，才敢于做出未经实际发生予以验证的前瞻性预测结论，以便前瞻性地指导企业经营决策工作。当然，这些事件发生或者政策出台的分析起点复杂多样，但其本质都是一样的，即为资本家，尤其是优势资本家的利益服务，因为资本的根本是追逐利益。在世界经济体量占有绝对比重的西方发达国家，经济政策制定者也是世界经济竞争博弈的参与者，这就更坐实了"追逐资本利益"是各个经济体，尤其是西方发达国家，制定宏观经济政策的原动力。

　　需要指出的是，在较长一段时间内，我们所从事的宏观经济分析工作的主要分析对象是西方发达资本主义国家（约 30 个）和中国，因为这些国家占有全球经济主要经济比重，其经济政策的全球性影响和作用格外突出。由此，我们所提到的"宏观经济政策制定为资本逐利服务"尤其适用于西方发达资本主义国家。对中国而言，宏观经济政策的制定更倾向于保护自有国家资本，即在对西方发达国家的宏观经济政策制定所产生的博弈力量进行防卫性应对时，中国宏观经济政策制定的原动力可以表述为：应对西方发达国家竞争博弈、保护自身国家资本安全，以更好地服务于国家进步发展。

　　资本主义社会制度是人类社会生产力发展到一定程度的历史产物，资本掌控着生产要素，各种生产要素以资本的配置方式而存在，生产的全过程都紧密围绕资本展开、为资本增值服务。"资本逐利"是资本的根本特性，是资本商务经营活动的核心意图，也是推动生产力进步和社会发展的客观动力。这也是资本出现、存在、增减、撤退等一切资本行为的内在原因。

以国际资本对中国经济的影响为例。1978 年，中国开始确立改革开放，国家经济的大门对外打开。2001 年，中国被批准加入世界贸易组织，面对生产力发展的巨大空间和由此带来的巨额利润空间，国际资本蜂拥而入。由此，中国开始了六年多的经济增长阶段，陆续进入的西方发达国家也赚得盆满钵满。与中国实体经济发展相对应的，中国经济的晴雨表——中国股市也画出了漂亮的持续上涨的弧线。由于大量国内外资本蜂拥进入中国股市，甚至直接造成了中国股市 2007 年度短时间的直线拉升（见图 4-5）。

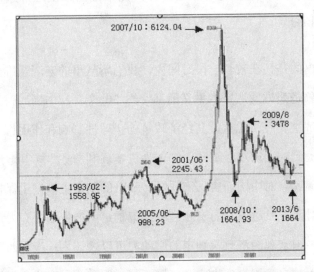

图 4-5　"纪念碑式"的中国股市（经济）走势（1990—2013 年）

同一时期，伴随中国这个全球最大新兴市场经济的旺盛发展，全球经济在国际资本的刺激下迅猛发展。但是，经济周期的客观规律告诉我们，没有只上不下的经济周期，当上涨力量渐渐疲乏之时再遇到人为的政策干预，经济周期上涨方向就会停止，甚至掉头向下。2007 年 8 月，由于客观经济规律和主观经济政策的调整，美国次贷危机爆发，并在一年之内演变成金融危机，进而向世界各国蔓延。

次贷危机爆发后，国际资本纷纷撤退，也从中国市场大幅撤离。中国经济受到各方不利影响，生产高位停滞、出口快速减少、众多建筑工地因亟须资本支持而停工。2008 年 10 月，在极度恶劣的全球经济危机鼎盛之时，作为中国经济晴雨表（至少可以称得上中国经济人气晴雨表）的上证股票指数"爆表"了，短短一年时间内大跌 4460 点，跌幅 72.8%，跌幅在全球排名遥遥领先。

这充分地展示了国际资本"为利润而来，为风险（保住利润）而离去"对一国经济体产生的直接影响。国际优势资本主要投资于美国等 30 家西方发达资本主义国家经济体，既参与全球实体经济投资和资本市场竞争博弈，又间接参与制定西方发达资本主义国家的金融货币政策，在经济周期波动过程中占据主动，利于其自身优势资本的保值增值、实现利润。

由此看来，面对每次即将公布的美联储等各西方发达资本主义国家央行、国际货币基金组织、世界银行、瑞士巴塞尔会计组织、西方发达资本主义国家经济管理部门等出台的相关经济数据时，我们就可以依据当时金融资本市场上某个或某些金融产品所处的价格位置，从"资本逐利"这个起点出发，结合事件或政策的因果逻辑推理，得出前瞻性的预测结论。

## 3．宏观经济政策的制定为优势资本家利益服务

如前所述，假如 2008 年 10 月，中国金融领域已经完全开放；假如中国

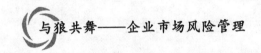

当时不是世界债权国而是债务国；假如中国当时已经完全加入国际会计准则理事会，成为瑞士巴塞尔会计组织成员国，这种崩溃式下跌的股市就一定意味着中国绝大多数经济单位已经破产了（包括央企和地方国企），更不用说民营企业，无论这些企业的规模多么庞大。

尽管事实上中国经济在 2008 年年底没有崩溃，中国的各类企业也没有发生显著破产，但是，单就中国股市"爆表"这个客观事实而言，中国已经在全球金融资本市场领域向全世界公告了：2008 年 10 月 28 日，中国经济崩溃了！这也切切实实地给所有对中国经济充满信心的人造成了极大的重创。那一刻，全球经济体的心理经济预期彻底崩溃。

从 2007 年 8 月美国爆发"次贷危机"，到 2008 年年初演变成全球性金融危机，再到蔓延到中国及全球并升级为全球性经济危机，仅仅一年，中国股市崩溃、全球经济危机滑向深渊，变化如此迅捷。人们不禁要问：这到底是怎么回事？

时至今日，关于这场由美国"次贷危机"引发的全球性经济危机发生的根由，民间众说纷纭，官方鲜有系统权威的研究和公论。

要想分析把握好宏观经济形势，就必须对经济大事件加以深刻、系统、全面的分析和研究。否则，当经济大事件再次发生的时候，我们仍然懵懂，依旧要被动地去承受经济剧烈波动给我们带来的伤害，甚至会有崩溃的风险。

笔者认为，2007 年开始的这一场经济危机的爆发，既有客观原因，也有主观原因。从客观角度来看，世界经济不可能一直向上增长，也不可能一直向下滑落，总是有涨有跌、交替循环，这就是经济周期的客观规律。因此，当世界经济在经历了 7～22 年的增长，尤其是最后两年的疯狂增长之后，必然会向下滑落。从主观角度来看，世界经济由 230 多个国家或地区经济体共同组成，各个国家或地区的历史进程、政体架构、经济发展水平等各不相同，尤其是在经济管理领域，其宏观经济管理体系架构及资本商务运营历史更是存在巨大差异，这就造成了宏观经济政策制定的先进与落后的差别，造成了世界经济话语权的主导者与跟从者的差别，从而形成了世界经济管理总体架构，即西方发达资本主义国家制定自身宏观政策的同时，也通过资本的无界性将自身政策的影响力或自身经济体的影响力扩展到其他国家，并且通过资本的一体化和纽带化发起各类国际组织（包括各类经济组织）对全球各项事务，尤其是经济事务，形成主观影响力。

将经济周期波动的客观性和主观性结合起来看，经济周期客观运行过程中，由于有了国际经济组织或者世界经济中起主导作用的西方发达资本主义国家的主观人为政策的力量影响，世界经济周期波动在运行周期的事件、地点、波动幅度、运行周期上都发生了直接变化。而这些变化的本质始终是一样的，即资本是一切的根本、私有资本追逐利益成长、经济体之间的资本竞争博弈永远存在。

再结合 2008 年中国股市崩溃这个实例，可清晰地看到：中国股市 2007/2008 跨年度"纪念碑式"的狂涨狂跌，既是中国政府政策制定者所致，也是世界经济竞争博弈过程中西方发达资本主义国家的主动进攻所致。

具体来看，中国从 1978 年年底确立改革开放的国家大政方针，为促进社会生产力，决定重走社会主义初级阶段的道路，即认可多种所有制并存、发展资本主义经济、运用资本商务运行模式。尤其是在 2001 年中国加入世界贸易组织后，进一步对国际资本，尤其是国际优势财阀财团的资本敞开了大门，国际优势资本蜂拥而入，直接而极大程度地推动中国经济走上了飞速发展的道路。在此期间，由于各种原因，中国政府这个宏观政策制定者在金融货币、产业政策等领域出现明显错误，导致中国经济领域出现了很多愈演愈烈的畸形状况。比如，国家绝大部分资源涌入房地产领域，建起了足够两倍的中国人口居住的商业住宅；畸形方式造就的贸易贷款，以"诈贷"的方式把众多商业银行的大量贷款交给了国家贸易进口商或者低科技含量的生产企业，前者几乎把全球各种资源进口到了中国，后者生产了足够全球消费的低端产品；上述这种貌似蒸蒸日上的经济发展所催生出来的狂热疯涨的中国股市。但是，这些貌似经济高速发展的现象却造成了：大量商业地产闲置，大量低科技含量的产成品积压，大量"三高"产能过剩，全球资源供应因中国而紧张。中国甚至全球雾霾趋重。中国货币严重超发，超发的货币绝大多数被固化成水泥建筑、低质量的产能设备或产成品，通货膨胀愈演愈烈，中国股市狂涨……这一切，都不可能持续下去，必然会发生一个转变和了断。特别值得一提的是，到 2007 年 10 月 24 日之前，在中国政府长达半年的反复干预和风险警示中，中国股市这种疯狂的上涨局面始终没有发生变化。

从世界经济大背景方面来看。首先，基于历史发展的原因，西方发达资本主义国家在资本主义社会制度确立上处于领先地位，在资本主义发展的过程中，竞争博弈的经验丰富、商业技巧高超。其次，通过长达四百多年全球性的资本竞争博弈，世界经济范围内形成了资本家的分层，诞生了世界经济领域内掌握最多资本的优势资本家财阀财团。再次，由于"发展需要资本、资本无国界、资本是根本"等各种原因，这些世界级优势资本家财阀财团通过规模投资间接掌控了部分数量（约 30 家）的国家经济体，间接参与设计了这些国家的政体架构并制定了谨密的国家运转规则，直接掌控着这些国家的金融货币政策（从 1913 年 12 月 23 日，最后也最重要的一个纯粹私有化资本主义国家，即美国的国家央行正式完成私有化起），间接影响着这些国家其他方面经济政策的制定，在事实上形成了一个资本联盟体，通过发起设立各种组织，制定了全球各个领域（包括经济领域）的管理规则。

在这些国际优势资本家财阀财团的引领下，西方发达资本主义国家围绕"资本增值、资本逐利"的宗旨在全球展开竞争博弈。当中国打开国门、踏入世界贸易组织这个资本商务运行博弈圈的时候，中国这个至今为止最大的消费市场和当时近乎空白的经济发展名利场，为国际优势资本家提供了丰厚的获利标的。于是，以美国为首的约 30 个西方发达资本主义国家开足马力，动用一切手段，发动一切组织，向中国市场进军。

对于当时打开国门、实行改革开放、迫切需要发展经济的中国而言，中国就是"摸着石头过河"式的资本商务运作领域的小学生，缺乏资本商务运营经验，更谈不上管理，因此在新经济模式运行过程中出现各种大大小小的错误肯定在所难免，这是 2008 年中国爆发经济危机的内因。任何一个国家的经济运行，尤其是开放后的中国经济运行必然会受到外部世界经济环境的影响，也难以回避西方发达资本主义国家的经济影响力，更躲避不开已经成型的世界经济各个领域、各种组织的规则约束。因此，2007 年美国次贷危机，以及此后迅速升级蔓延到全球的经济危机必然给中国脆弱而疯狂的新兴资本商务运行状况造成恶劣影响，这是 2008 年中国股市断崖式暴跌、瞬间落入经济危机状态的外部原因。

所幸的是，犯了主观错误的中国政府在面临外部资本市场环境重大冲击之时迅速应对，提出了"四万亿基础投资+抵抗经济危机信心"的举措。因此，在集权高效的中国政府投资动作迅速落地和国家主席、总理全球传播信心的共同作用下，因 2007 年美国次贷危机而成型的全球经济危机于 2009 年年初戛然暂时中止于中国。

面对全球性经济危机的重创，近乎千疮百孔的中国经济确实爆发了经济危机，迎来了 2008 年年底的股市崩盘，但中国经济居然没有崩盘：地产泡沫没有破灭、产业领域没有破产、物价没有下滑、经济景气度没有显著变坏、就业基本保持平稳。不仅如此，自 2009 年年初开始，在 4 万亿基建投资拉动的政策影响下，中国经济居然展开了一年多的强烈反弹。同期，国际经济环境也暂时稳定，西方主要发达资本主义国家经济显著转好，可以说，美国在 2009 年 4 月几乎率先走出了此轮全球性经济危机。

时至今日，对于 2008 年 11 月中国政府出台的 4 万亿救市投资计划，世人依旧众说纷纭。但又有多少人能够清晰记得 1928—1933 年那场全球经济危机的演变过程和它给人类造成的伤害？当一场世界级的危机出现时，既没有资本经验和风险防范手段，又没有危机心理准备的中国经济体，如果没有中国政府果断的巨额救市投资，当时的中国经济一定会彻底崩溃。

与此同时，我们也要看到，由于各种原因，4 万亿政府救市投资并没有完全用于救市，有些资金大幅流向已经泡沫显著的中国地产市场，带动更大规模的商业银行信贷流入房地产市场、早已产能过剩的低端生产制造业领域和大宗原材料商品的国际进口领域，从而造成了现在畸形膨胀的地产行业、凋敝不堪的经济百业，以及不堪碰触的债务泡沫。

　　回顾这段全球经济历史和中国经济危机历程，可以清晰地看到：在客观经济周期规律运行过程中，宏观经济政策的制定直接影响着经济周期的幅度变异和时间变异。比如，对中国而言，自 2008 年以来近 20 年的中国经济架构、宏观经济政策制定、具体经济领域各项事务的推行等都出现了非常明显的错误，这就决定了当时持续 20 年之久的貌似繁荣的借债式畸形结构经济发展的局面难以持续，一旦外部国际环境发生逆转，就一定会给这种不健康的经济增长模式造成重创，甚至导致崩溃。对国际环境而言，西方发达资本主义国家切实经历了四百多年的资本商务竞争博弈，已经经验丰富、教训深刻、技巧高超。而且在中国这个新兴资本商务消费市场开放之前，国际资本竞争胜败优劣格局已经成型，有能力、有方式对主要资本主义国家施加决策影响的世界级优势资本家财阀财团已经确立。通过资本联动，在优势资本家财阀财团的根本影响下，已经形成了完整的世界经济管理的严密组织和规则制度。因此，2007 年之前，西方发达资本主义国家（其背后的世界级优秀资本家财阀财团）向中国的投资或投贷绝不是因为福利或慈善，其根本是竞争博利，意图用四百年的高超经验技巧，从一个具有婴儿般商业头脑的巨无霸经济体上博取巨大利益。

　　世界经济架构流行两句话："美国经济一咳嗽，全球经济就感冒""美联储一言九鼎，直接对全球经济产生影响"。前一句话说明了在无国界资本的纽带连接下，全球资本市场经济的紧密关联性，也说明了美国经济（包括以美国为首的约 30 个西方发达资本主义国家经济体）及其主导的世界经济管理组织对全球经济的巨大影响力。后一句话则更加直接地说明了，美国的宏观经济政策，尤其是最核心的金融货币政策，并不是由传统意义的国家政府机构来履行，而是由纯粹私有性质的商业银行所组成的美联储来履行。同时，也说明美联储在全球金融货币政策领域有着巨大的影响力。

要了解中国 2008 年发生断崖式股票暴跌、经济崩溃时的国际经济环境，或者说左右世界经济环境的西方发达资本主义国家，尤其是为首的美国政府的经济政策方面有哪些变化，需要先看看 2007 年前后各任美联储主席的履历表（见表 4-1）。

表 4-1　2007 年前后美联储主席工作履历表

---

1987 年 8 月 11 日，由美国总统里根任命的格林斯潘接替保罗·沃尔克，开始执掌美国联邦储备委员会。

1987 年 10 月 19 日，华尔街经历"黑色星期一"，道琼斯工业股票平均指数全天跌幅达到创纪录的 23%。美国联邦储备委员会迅速发表简短声明，承诺向任何处于困境的金融机构提供贷款帮助。次日股市反弹。

1990 年 7 月，美国经济进入一次短暂、温和的衰退。8 月 2 日，伊拉克入侵科威特，造成国际油价飙升。

1991 年 3 月，美国经济衰退结束，从此开始了长达 10 年的创纪录的经济扩张。

1991 年 7 月，布什总统任命格林斯潘继续担任美国联邦储备委员会主席。

1994 年 2 月 4 日，美国联邦储备委员会首次公开宣布调整其货币政策杠杆——联邦基金利率，即银行间同业拆借利率。

1996 年 2 月，克林顿总统提名格林斯潘连任美国联邦储备委员会主席，6 月 20 日批准了提名。

1996 年 9 月，格林斯潘说服同僚放弃了升息计划。他指出，当时劳动生产率的增长快于政府表面的统计数据，这将使失业率下降，同时不会引发通货膨胀。

1996 年 12 月 5 日，格林斯潘在公开演讲中提出股市上涨反映了"非理性繁荣"。华尔街股市应声而跌，但随后回弹。

1998 年 7 月，格林斯潘被授予美国"和平缔造者"奖。

1998 年 9 月 29 日，美国联邦储备委员会开始连续三次快速降息，成功抵御了亚洲金融风暴和一家大型对冲基金濒临倒闭给美国经济带来的冲击。

---

2000 年 1 月 4 日，克林顿总统再次任命格林斯潘为美国联邦储备委员会主席，同年 6 月 20 日，格林斯潘第四次就任该职。

2000 年 1 月 14 日，道琼斯工业股票平均指数创 11 722.98 点历史最高纪录。在随后几个月中，股市陷入低迷，账面价值损失近万亿美元。

2001 年 1 月 3 日，美国联邦储备委员会出人意料地在两次决策会议间隙，将联邦基金利率调低 50 个基点。这表明在经历股市下跌、商业投资下降之后，美国联邦储备委员会开始实施新一轮刺激经济的政策。

2001 年 1 月 25 日，格林斯潘在国会作证说，当年巨大的财政预算盈余（但最后未能成为现实）为减税提供了空间。此举使布什政府的 1.3 万亿美元减税提案在国会获得通过。

2001 年 3 月，美国经济出现衰退。美国历史上最长的经济扩张期结束。

2001 年 9 月 11 日，美国遭到恐怖袭击。格林斯潘在从欧洲返国途中被迫改变航向。美国联邦储备委员会副主席罗杰·弗格森发表声明，宣布美国联邦储备委员会准备为处于金融困境的银行提供贷款。

2001 年 11 月，美国经济衰退停止。但企业为提高竞争力，竞相削减劳动力成本，导致失业率上升。

2002 年 8 月，英国女王授予格林斯潘"爵士"荣誉称号，以表彰他对"全球经济稳定所作出的杰出贡献"。

2003 年 6 月 25 日，美国联邦储备委员会将联邦基金利率降至 1%（45 年来最低水平）。美国联邦储备委员会希望以此刺激经济增长，并抵御潜在的通货紧缩威胁。

2004 年 5 月 18 日，美国总统布什提名格林斯潘继续担任美国联邦储备委员会主席。6 月 17 日，美国参议院通过了这项提名。6 月 19 日，格林斯潘宣誓就职，开始其第五个任期。

2004 年 6 月 30 日，美国联邦储备委员会开始采取每次 25 个基点的系列升息步骤，逐渐淡化经济刺激政策。

2006 年 1 月 31 日，格林斯潘卸任美国联邦储备委员会主席。

2006 年 2 月，伯南克被任命为下任美国联邦储备局主席，接替格林斯潘。

2014 年 2 月，珍妮特·耶伦正式就职美国联邦储备委员会主席，接替伯南克。

由于美国联邦储备委员会在世界经济格局架构中的影响力，按照国际经济惯例，至今为止，还没有（也不能有）关于刚刚卸任不久的前任美国联邦储备委员会主席和现任美国联邦储备委员会主席较为详尽的履历及业绩信息。但是，我们至少能看出三任主席在任期间的经济状况的三种状态：格林斯潘任职时期经济有惊无险的增长和加速增长、伯南克任职时期的经济狂热和大逆转后的全球性经济危机、珍妮特·耶伦任职时期的波澜不惊与暗流涌动。

从任职时间最长的美国联邦储备委员会主席格林斯潘完整的任职履历来看，1991 年之前，美国以及以美国为首的西方发达国家经济稳步增长，并且进一步完善了世界经济运行规则和管理架构，保障了世界级优势资本家资本利益的增值。但是，全球总体经济增长缓慢，利润所得远远落后于西方发达资本主义国家的经济收益。概括地说，美国联邦储备委员会这一时期的金融货币政策无计可施，仅仅能保持优势资本家资本利益小幅增长，根源在于当时的世界经济范围内没有能够让国际财阀财团施展的足够资本空间和巨大利益获取标的物。

在中国自 1986 年申请加入关贸总协定，持续争取国际出口市场开放期间，美国联邦储备委员会引领下的美国经济从 1991 年开始彻底走出长期低区位、小幅度波动状态，突破历史高点、发力增长。1992 年，中国领导人"南行讲话"后真正开启了中国资本商务经济模式，同期，国际资本加速流入中国，尤其是 2001 年中国加入世贸组织前后，借助各种环境因素，美国联邦储备委员会连续释放流动性，引领西方主要发达资本主义国家实施宽松的货币政策，给中国经济加速增长提供了完美宽松的资本环境和直接支持。国际巨量资本持续加速向中国流入，迅速支撑起中国粗放式经济增长的大泡沫。在中国这个新兴而巨大的资本商务经济体的狂热带动下，全球经济进入高速增长状态，西方发达资本主义国家经济增长速度也非常显著，越来越热的美国房地产市场及其派生出来的美国房地产次级贷款行业也狂热火爆。

随着开始于 2004 年 6 月并持续进行的美国联邦储备委员会小幅加息动作的累积效应的显现，美国市场上美元的流动性逐渐收缩。2007 年 8 月，终于因美元流动性枯竭而引爆了美国房地产领域过热炒作的"次级贷款"这颗危机炸弹。随后，此前狂热的各个金融资本、经济领域和各个国家经济体的美元流动性纷纷紧缩，进而加剧了全球美元流动性枯竭的局面，并且迅速波及影响了中国，引发了国际资本的紧张和回流撤离，这直接导致了中国股市狂热疯涨的终止和逆转暴跌，投资者遭受重大损失，实体经济受到显著影响。

回顾这段经济危机的历程，我们进一步看到，在经济增长过程中，制定宏观经济政策的优势资本家财阀财团的资本利益获得了稳定增长，其他普通性质的资本也得到了增长；在经济过热时期，所有资本的利益增长较为容易实现。但是，当经济从增长、狂热增长转为滞胀、暴跌，出现危机时，一方面，制定宏观经济政策，尤其是金融货币政策时，除优势资本家财阀财团们之外的资本所有者并不知情；另一方面，深度参与其中的财阀财团们有充分的时间和充足的手段前瞻性地加以应对。因此，经济危机的结果一定是：制定经济政策的优势资本家财阀财团不仅不用承担风险损失，甚至可以借助危机处理获取更大的利益。比如，2008 年摩根大通以一折的价格收购贝尔斯登，美国银行低价收购美林证券，高盛和摩根士丹利更是借助危机之势由单一投行华丽转身升级为综合银行。而承受危机风险的永远只能是政策规则的约束者。由此可见，"资本决定一切"这个资本原理决定了在纯粹私有化资本主义国家，宏观政策（包括金融货币等经济政策）的制定者归根结底是世界级优势资本家财阀财团，同样，根据"资本唯一的根本特性是追逐利益"这条原理，宏观政策的制定一定是围绕优势资本家财阀财团的利益增长服务。

## 4. 优势资本家财阀财团制定世界规则、管理全球经济

从西方发达资本主义国家经济体上看，股市是经济的晴雨表，也就是说，其股市走势基本可以准确直观地反映其实际经济状况。当然，对中国等新兴或欠发达国家来说，股市作为经济晴雨表的功能体现得稍有欠缺，但股市基本也起到了经济预期晴雨表的作用。

从股市表现这个角度来说，在西方最发达的七个资本主义国家（G7）中，美国已经确定于 2009 年 4 月走出了始于 2007/2008 年的这一波经济危机，英国、德国、加拿大于 2009 年 8 月、法国于 2012 年 8 月、日本于 2013 年 1 月陆续走出这一波经济危机的低谷，开始进入了经济复苏增长阶段。至今，只有意大利还徘徊在经济危机爆发时的经济低谷区内。其他 23 个西方发达资本主义国家也大多在不同时间段走出经济危机的低谷。

而中国则遭受本质上的重创，走出这一波经济危机的时间点远远晚于西方发达资本主义国家，可以初步判断摆脱长达七年多的低谷徘徊的时间是 2016 年 10 月 10 日。但实质上，除了西方发达资本主义国家之外，目前判断全球其他 222 个国家或地区是否已经确定彻底结束了 2007/2008 年以来的实体经济危机，仍然为时尚早。在接下来的时间里，全球经济是否确定走出低谷徘徊阶段主要取决于以下两个方面。主观内因：中国经济能否凭借科学正确的应对举措走上可持续发展的道路；客观外因或外部国际市场环境：竞争博弈对手是否继续遏制、是否能够遏制住中国经济走上可持续健康发展的道路。原因很简单也很客观：中国这个新兴经济发展体的经济体量在全球数一数二，对全球经济发展状况和发展方向影响巨大；同时，中国这个新兴经济

体因其财富够大和资本经济管理水平不够高，自然地成为资本竞争博弈市场上诱人的逐利目标。

从上述实例也可以看到，自从 1992 年中国正式确立发展私有经济为补充、运用资本商务运行模式开始，尤其是 2001 年中国加入世界贸易组织以来，中国和以美国为首的 30 个西方发达资本主义国家就形成了客观的资本竞争博弈关系。这种竞争博弈关系在金融资本市场上表现得尤为直接突出，如国内外金融市场、期货期权衍生品工具市场。

中国自 1990 年开始了期货这个金融衍生品工具市场的试点，1993 年期货市场试点工作全面铺开，1999 年有了正式的期货监管法规、完成了期货衍生品金融工具市场的合法规范运作，自此，中国期货市场再未发生一笔违约。但是，这个风险防范管理工具市场的作用一直不被国内企业所认可，成交规模也一直比较小。同时，中国在相同大宗商品品种的国际期货市场领域，商品价格的定价话语权一直很小。直到 2007 年以后，随着中国期货市场风险防范手段工具作用逐渐被认知，成交规模越来越大，相关品种的国际定价话语权也才逐渐扩大。尤其是 2008 年前后，伴随中国经济危机的爆发，中国资本市场上唯一可利用管理风险的工具——期货市场才更大限度地得到了中国企业的认可，得到了国家政府的逐渐重视。在此期间，中国期货市场商品价格定价话语权大大提升，与西方发达资本主义国家期货市场相比，部分品种（天然橡胶、螺纹钢、焦炭等期货）价格的话语权影响力基本都在 70%以上，中国与西方发达资本主义国家在国际期货市场上的商品价格定价权方面总体呈现出平等的地位。

与此相对应，1990—1999 年之前，中国期货市场刚刚发展，各个商品在价格定价权方面普遍受到西方国家期货市场的影响，双方期货市场商品价格相互影响力为 1∶9 左右，即中国期货市场价格对西方同品种期货价格的影响力在 10%以下，而西方期货市场价格对中国同品种期货价格的影响力在 90%左右。

相较于西方四百多年的股票发展历史，起于 1990 年的新中国股票市场对国际资本市场的影响较小，却受到西方发达资本主义国家资本市场的巨大影响。但由于中国经济体量较大、政策制定应对变化等原因，双方的影响力也在不断发生变化。2008 年之前的近 20 年，中国股票市场走势受国际资本市场的影响日益增大，使美国次贷危机爆发后迅速蔓延到中国，并对中国股市形成巨大的影响。但是，从 2009 年年初中国率先投资抗击经济危机开始，到 2010 年下半年中国 4 万亿投资拉动经济的效应消失，中国股市及中国宏观政策对国际资本市场的影响力转为主导地位。随后，西方发达国家经济明显转好，吸引全球（主要是中国境内）的国际资本流出，流向经济疑似转好的西方发达国家经济体。同时，中国经济因巨额投资拉动经济发展效应降低、自身经济应对举措失误、外部市场资金支持经济发展动作空白、外部西方舆论大肆唱衰中国经济等原因，在 2010 年下半年开始陷入了内外交困时期。中国股市在 2010 年下半年至 2013 年上半年经历了连续下跌，实体经济表现和经济人气也受到很大打击。2013 年 6 月，中国股市经历了又一次短时间的暴跌，当时国际舆论媒体都认为："中国经济，你早该泡沫破灭、哀鸿遍野了！"。

有意思的是，由于国家体制、博弈应对举措等原因，中国经济没有崩溃，在经过了一年多的艰难筑底后，中国经济于 2014 年 11 月暂时走出低谷区。

在资本竞争博弈过程中，占优势一方出什么招、能否达到预期竞争博弈的效果，还要看弱势方的政策出招，而弱势方的应对招数又影响着优势方的应对招数。到 2013 年下半年，在这一波经济危机中处于弱势的中国经济仍然没有崩溃，优势竞争方——西方发达国家也没有达成最终利益收获，所以，优势竞争方的关注点恰恰需要集中在对弱势一方竞争政策出招的研究分析上。这样，就造成了 2010 年下半年以来中国股市和国际股市走势分道扬镳、走势各异。

同样，在此期间，资本竞争博弈弱势一方出台的应对政策成为焦点，在应对政策直接影响下的中国期货市场上，更多的大宗商品期货价格对西方同品种期货价格的影响力得以提升，中国期货市场的影响力反而稍占上风，总体来看，双方期货市场商品价格相互的影响力为 55：45。

这就是说，在宏观经济分析中，每一个时间段各个资本竞争博弈方的重要性是可能发生变化的。比如，在中国与西方发达资本主义国家资本竞争格局中，尽管中西双方在国际经济架构中地位相差悬殊，但由于双方所处的经济周期阶段不同（如 2011 年和 2013 年，中国经济处于谷底，西方主要发达资本主义国家的经济早已走出谷底），处于弱势一方的中国经济败局未定，反而使中国的应对政策成为宏观经济分析工作的关注重点。相应地，在具体宏观经济分析中，需要适当调低西方发达国家的经济政策，如美联储会议纪要、主要经济数据的分析重要度。

自 2007 年美国次贷危机爆发以来，越来越多的明智之士更加清晰地看到了这次经济危机深层次的经济事实：① 这次经济危机实质是客观经济周期运行过程中供应与需求矛盾转化导致的经济过热与骤冷的切换转变：当逐利资本蜂拥而入且需求急剧增加时，经济快速甚至狂热发展；当资本大量撤出或需求骤然减少时，经济骤冷或濒临崩溃；② 资本，尤其是巨量资本（只有优势资本家财阀财团才拥有这些巨量资本，同时，这些优势资本家又是决定这些资本进退的宏观政策制定者）的进退是形成经济周期具体运行线路的根本因素，而资本的进退完全以追逐利益最大化为根本；③ "资本逐利特性"和"利益得失构成矛盾"决定了任何一次经济危机都是资本竞争博弈本质事实的外在体现；④ 社会历史发展的原因形成了当今世界政治治理体系（西方发达资本主义国家与欠发达资本主义国家、其他所有制国家并存）和由此决定的世界经济架构，而世界经济架构的特点决定了在目前全球资本竞争博弈格局中能成为西方发达资本主义国家的竞争对手的、最有利益博弈价值的角色是中国；⑤ 形成目前的世界经济状况的根本原因是西方发达资本主义国家与中国资本竞争博弈的结果。为了追逐各自资本利益的最大化，西方发达资本主义国家与新中国的经济博弈开始于1949年的经济围堵，改变自1992年的资本投入和 2001 年后的巨量资本涌入，这些国际资本的巨量投资是形成中国 2012 年前 20 多年经济高速发展的根本力量。随后，国际优势资本家借助"次贷危机"及其引发的"全球金融危机""全球经济危机""全球股灾"形成全球经济恐慌和资本动荡，引致中国这个全球最大的新兴经济体 2008年无法幸免的股市崩盘；随后，国际资本的撤离流出，尤其是 2015 年开始的优势资本加速撤离，从资本这个根本的经济动力角度结束了中国 20 多年的经济高速增长模式。失去并且仍在继续失去外部巨额资本的增长支持，同时伴随中国经济增长模式的主动调整，是中国经济结构转型阵痛持续的根本原因。而形成这种经济形势的本质原因，则是国际优势资本家巨量资本进入和退出的转换在中国经济体内形成的经济高速发展和骤然减速之间的急速转换，这种骤热骤冷的转换造成了中国股市的崩盘，相关优势资本家确实也赚得盆满钵满。但是，这种骤热骤冷的急速切换并没有使中国经济彻底崩溃，也就没有让国际优势资本获得最大化竞争利益，所以，双方的资本经济竞争博弈持续至今。有关中西方这轮资本竞争博弈更详细的起源、发展和结束的前瞻性分析可参考笔者 2008 年 4 月发表的文章——《"次贷危机"的目标》。

人类社会发展到今天，资本主义商务运行模式在社会资源配置和经济发展动力方面无疑最具有"经济"和"高效"的特点，由此，资本主义商务运行模式成为当今全球社会的主流商务运行模式。

历史原因造就了资本拥有量的不同，没有资本的人只能为资本家打工，资本量较小的人难以得到更多公众的认可而拥有规则制定权，只有拥有巨量优势财富资本的人才拥有举足轻重的社会影响力。很遗憾，国际社会没有规定优势资本家财阀财团的数量，国际上也不涉猎统计。但是，至今为止，世界经济体内绝大部分的财富资本确实掌握在这些极少数西方优势资本家财阀财团手里，他们不仅通过资本财富投资参与、控制、影响着接受资本投资的企业的经营决策，而且通过资本投资和西方政治体制的联姻、所有权与治理权分离、行政权分立实现对一个国家政治体系、治理架构和政策制定的影响，甚至通过国家央行私有化达到对西方 30 个主要发达资本主义国家央行的整体把控。因此，我们可以明确得知，在当今世界经济架构中，国际优势资本家财阀财团直接拥有西方发达资本主义国家经济体的政策制定权，并借助自身资本的力量和这些国家在全球经济架构所占的优势比例间接拥有对经济规则的制定权。

资本要成长，社会要发展，全球经济在竞争压力中获得前进的动力，而优势资本家的竞争模式和手段的创新、规则的制定和完善伴随着全球经济发展和社会发展：1913 年 12 月 23 日美联储私有化实现，1971 年世界公认的第一部个人电脑 Kenbak-1 诞生、PC 发展及连接成网，1992 年中国加快发展私有资本经济，2001 年中国加入世界贸易组织……

近三十年来，中国这个主要经济体的资本运行模式化，在客观上加速推进了全球经济一体化、全球经济信息化、全球经济金融化。在全球经济领域，经济体量占优势的美国等 30 个西方发达资本主义国家经济体（西方优势资本家财阀财团投资较大）所出台的经济政策无可避免地直接影响着不占优势的经济体的经济政策制定和经济形势状态程度。

由于经济体量的大小、资本掌握的多寡、资本运营历史的长短、世界经济规则制定等因素，大多数时候，世界各项经济事务由西方优势资本家财阀财团通过以美国为代表的西方发达资本主义国家决定，作为新兴经济发展过程中的中国只能被动接受和努力应对。

形象地说，以美国为首要代表，代理西方优势资本家财阀财团管辖全球经济事务，它以美元为主要工具，以美国联邦储备委员会（纯粹私有，不属于美国政府所有）的货币政策作为指挥棒，带领西方 30 个发达国家的经济机构在全球股市、货币汇率、银行利率、债务互换、期权、掉期、指数期货、商品期货等金融衍生品工具领域开设虚拟经济竞争博弈场所，同时在原油、精铜、大豆、金银等全球各个重要大宗原材料商品领域和贵金属领域摆开实体经济竞争博弈阵势，虚实结合、遥相呼应，引领世界经济周期轨迹、左右相关市场经济状况。在此期间，中国政府的对策和国家资本及民营资本的被动性商业抵抗行为也不同程度地反作用于经济周期的最后形成，并影响了最终市场走势波动的具体表现。

可想而知，在全球重要大宗商品原材料国际贸易领域，在商品定价权竞争博弈上，中国这个几乎所有资源原材料进口最多的买家几乎没有定价权。

经济走到了"全球一体化、信息化、金融化"的崭新时代。这就是为什么中国要加入世贸组织，又要展开自由贸易协定国谈判？为什么中国必须关注世界银行和国际货币基金组织？为什么中国的金融行业要学习并参照巴塞尔协议Ⅲ的规定？为什么每个月企业主都要焦灼地等待美联储主席的政策发声？

毋庸置疑，在现在的全球世界经济架构中，美国等西方主要发达资本主义国家经济体是全球最大资本财富掌控者的施展平台。在组成全球社会大家庭的230多个国家或地区中，具体的经济架构可以分为以下三个层次。第一个层次——主导管理层：西方主要发达资本主义国家经济体因其举足轻重的经济体量占比而占据全球经济主导管理权，负责制定全球各项事务，尤其是经济领域所有事务的竞争规则，并由此设立了各种管理组织；中国位于第二层次，居于全球重要位置，是全球规则的被动承受者，有一定对抗话语权，但因力量的相对薄弱和时间维度的后来者地位而没有主导管理权，居于次要地位；其余国家或地区经济体属于附属地位，是第三个层次，也可称作被管理者或被影响者，基本没有明显的影响力和经济竞争抵抗力。

从社会所有制角度来看，由于历史原因，现在在全球经济社会大家庭中，绝大多数国家实行的都是纯私有化资本主义社会制度，只有中国、朝鲜、越南、古巴等极少数国家实行社会主义制度或者国家资本、私有制经济并存的特色社会主义制度。历史形成了现在的全球社会制度格局，也就难以避免地形成了全球上主要的矛盾冲突之一——不同所有制经济之间的矛盾冲突，并且这种所有制经济性质的差异大多直接表现为资本的竞争博弈、利益的争斗冲突。美国是西方优势资本家财阀财团的最大投资所在地，也是西方发达资本主义国家中的最大经济体，纯私有化资本主义国家经济体的代表是美国，非私有化资本主义国家经济体的代表是中国，所以，在全球资本经济竞争格局中，自然形成了中美竞争博弈的客观事实。当然，在中西方经济竞争博弈中真正较量的是中国与西方主要发达资本主义国家经济体整体的较量。

各种世界性经济组织对"发达国家"的判断有不同的标准，而且历年评定都有一定变化，但笔者分析总结多年"发达国家"的评比结果，认为真正的发达国家应该是：较高的人均 GDP、较高的社会发展水平、较高的 GDP 总量、较强的军事实力、较大的国土面积、较高的债务额，最重要、最根本的一点是该"发达国家"经济体中占据最大比例的国际投资资本（债务）来自于西方优势资本家财阀财团，而且其国家政体架构需要与西方优势资本家的要求符合。比如，2012 年达到 GDP 总量 2.5 万亿美元（占全球 3%、位居全球第六位）、人均 GDP 17 700 美元、文明程度很高、军事科技实力强大、国土面积不小、负债额不高的俄罗斯并不属于"发达国家"，而各方面都不能与俄罗斯相提并论的西班牙、葡萄牙、希腊甚至冰岛等弱小国家却都被各个世界性经济组织评定为"发达国家"。

由此可知，西方纯粹私有化资本主义国家经济体也是有层级的。公认的一流西方发达资本主义国家是美国、加拿大、英国、法国、德国、意大利、日本，即西方发达七国；二流西方发达资本主义国家是剩余的西方发达国家，大概有 23 个左右；余下的纯粹私有化资本主义国家经济体属于欠发达资本主义国家、落后资本主义国家层级。而俄罗斯因其国际债务结构中欠缺国际优势资本家财阀财团的投资优势占比而没有被列入发达国家之列。上述发达国家的设定分层决定着世界经济架构中国际经济事务规则制定权的划分，也决定着世界经济事务管理的组织布局和运转。

在全球经济事务管理格局中，中国只有发声权，基本没有决定权。而西方 30 个左右的发达国家在同一个国际优势财阀财团支持下形成了较为紧密的政治经济执行团队或代言人团体。换句话说，西方 30 个左右的发达资本主义国家经济体的背后是西方优势资本家财阀财团，这些国际财阀财团才是掌握全球主要事务，尤其是经济事务管理权的真正政治家、政治组织。他们通过占优势比例的"资本投入"控制相应的国家经济体（因为被控制国家主权的缺失，这些国家实际上不再是传统意义上的主权国家，称之为"经济体"更为恰当。这就便于理解在国际竞争中，面对竞争对手这些国家经济体从经济到政治甚至到军事政策的一致性），再通过这些发达国家的整合设立全球各方面主要事务的管理组织，由此确保全球各事务组织在同样一个国际财阀财团统一的思想意识指挥下，制定全球各项事务的管理规则，并通过各个世界性事务组织贯彻落实这些世界性管理规则，而且利用这些主要发达国家政体共同的军事力量确保全球各项规则（优势资本家财阀财团的政治意志）最终得以贯彻。

特别值得一提的是，这些管理全球事务的优势资本家财阀财团既是全球各项经济事务管理的规则制定者，又是输出资本到全球主要经济体，并通过这些经济体内各知名大经济机构参与全球各经济领域（包括资本博弈领域）的参与者。为了达到资本博弈的获利目的，保证美联储等各大私有性质的国家央行、各大世界性主要投行、各产业世界性大集团能够准确掌握中国等非发达国家的政策信息和商业情报信息，上述所有组织单位及集团公司大都在相关主要竞争对手所在地设立了办事处或专门的商业情报部门。

综上所述，为了服务于国际上西方优势资本家财阀财团的资本利益，便于确保优势资本家资本竞争博弈获利，西方国家财阀财团既控制了 30 个左右的西方发达国家经济体，又通过它们设立了全球各项管理（尤其是经济事务管理）的国际性组织，以确保其自身资本利益增长所需要的规则制定和落实。这些国际性组织主要包括以下几个。

## 1）政治组织

政治组织主要有联合国大会等六大联合国机关，联合国大会是美国、英国、法国主导设立的最大的世界性政治组织，包括联合国大会、联合国安全理事会、联合国经济及社会理事会、联合国托管理事会、国际法院和联合国秘书处。还有联合国难民事务高级专员办事处（难民专员办事处）、联合国开发计划署（开发计划署）、联合国儿童基金会（儿童基金会）、国际人权联盟、世界卫生组织、国际奥委会、国际刑警组织（ICPO）、国际劳工组织、万国邮政联盟等500多个组织，主要涉及世界范围内政治、文化、教育、卫生、环保、警务、难民救助等社会各个管理领域的规则制定或者进行协商沟通，基本属于议事性质，大多数政治组织没有世界性的绝对强制力。其中最重要的世界性政治组织是联合国六大机关，它得到世界上优势资本家财阀财团的高度重视，并通过美英法三大西方发达国家行使对世界各国的政治权力，从而保护自身的资本权益。

### 2）经济组织

经济组织主要包括巴塞尔银行监管委员会（BCoBS，简称"巴塞尔委员会"）、国际会计准则理事会（IASB）、世界银行（World Bank）、国际货币基金组织（IMF）、世界贸易组织（WTO）、世界三大评级机构（"惠誉"、"标普"、"穆迪"）、国际民用航空组织（ICAO）等国际性经济组织或行业性经济组织，也包括具备国际政策影响力的美国联邦储备委员会（FED）、欧洲央行（ECB）、英国央行（BOE）、日本央行（BOJ）、加拿大银行（BOC）、澳洲联储（RBA）等主要发达国家经济体的中央银行。

上述经济组织是西方优势资本家财阀财团资本控制下最重要的经济组织，有着严密的议事规则和执行强制力，也对全球经济的各个行业领域有直接的规则约束力，是国际财阀财团最看重的世界性管理组织。国际财阀财团正是通过这些组织制定全球各个行业领域的制度规则，将相关行业领域置于这些组织的统一管理下，或者直接控制一国或多国的金融货币政策，进而直接或间接影响着全球绝大多数国家经济体的金融货币政策。在各个经济领域内主要发达国家经济体制定并共同遵守这些国际性规则，从而将这些规则的国际性强制力传导给全球其他各个国家。由此可知，这些经济组织的政策制定权是何等重要，而且其政策制定、实施及修改的目的取向其实完全是为优势资本的利益增值服务。

例如，在国际银行业领域，巴塞尔银行监管委员会可能是世界上不太起眼但却最重要的世界性金融货币组织。巴塞尔银行监管委员会 1974 年年底成立，由美国、英国、法国、德国、意大利、日本、荷兰、加拿大、比利时、瑞典十大工业国的中央银行组成。作为国际清算银行的一个正式机构，它以各成员国中央银行官员和各国银行监管当局为代表，总部设在瑞士的巴塞尔，每年定期开会 4 次，并拥有近 30 个技术机构，执行每年集会所订目标或计划。它遵循两项基本原则：没有任何境外银行机构可以逃避监管；监管应当是充分的。巴塞尔银行监管委员会制定了一些协议、监管标准与指导原则，如《关于统一国际银行资本衡量和资本标准的协议》《有效银行监管核心原则》等。这些协议、监管标准与指导原则统称为"巴塞尔协议"。

由上述信息可知：巴塞尔银行监管委员会主要由十大成员国纯粹私有性质的中央银行组成，为优势资本家财阀财团的利益服务；巴塞尔银行监管委员会的重要任务看似是为了堵塞国际银行业监管中的漏洞，强化国际银行系统的稳定性，消除因各国对资本充足率要求不同而产生的不平等竞争，但实质上是要求全球主要国家的中央银行必须遵守巴塞尔相关协议，遵循巴塞尔银行监管委员会的统一管理。

巴塞尔银行监管委员会先后出台了多个管理协议。① 1975 年出台的协议对海外银行监管责任进行了明确的分工，监管的重点是现金流量与偿付能力，这是国际银行业监管机关第一次联合对国际商业银行实施监管；② 1983 年出台的协议有两个基本思想：一是任何海外银行都不能逃避监管；二是任何监管都应恰如其分；③ 经十国集团中央银行行长理事会批准，巴塞尔银行监管委员会于 1988 年 7 月公布了著名的《巴塞尔资本协议》，即《巴塞尔委员会关于统一国际银行资本衡量和资本标准的协议》，协议的基本内容由四个方面组成：资本的组成、风险加权制、目标标准比率、过渡期和实施安排；④ 1992 年 7 月声明的具体内容：第一，所有国际银行集团和国际银行应该被本国有能力行使统一监管的机构所监管。第二，建立境外机构应事先得到东道国监管机构和银行或银行集团母国监管机构的同意。第三，东道国监管当局拥有向银行或银行集团母国监管当局索取有关跨国分支机构信息的权力。第四，如果东道国监管当局认为，要求设立机构的一方在满足以上几个最低标准方面不能使其满意，从达到最低标准的谨慎性需要考虑，该监管当局可以采取必要的限制措施，包括禁止设立该机构；⑤ 2004 年 6 月，巴塞尔银行监管委员会公布了《新资本协议》框架；⑥ 2006 年 10 月出台《巴塞尔银行监管委员会有效银行监管核心原则》。

这些协议的实质是为了完善与补充单个国家对商业银行监管体制的不足，减少银行倒闭的风险与代价，是对国际商业银行联合监管最主要的形式。当然，这种银行业世界性联合监管机制也充分表明了组成巴塞尔银行监管委员会理事国的私有中央银行对各相关主权国家金融货币政策制定权的私有把控。

再比如在世界会计工作领域，国际会计准则理事会通过制定会计行业国际性准则规则，以及指导或支持理事会成员国会计组织践行这些准则规则，影响或推动全球绝大多数国家经济体不得不主动接受这些行业准则规则的约束和管理。国际会计准则理事会于 2001 年成立，取代了之前的国际会计准则委员会，是制定及批准国际财务报告准则的一个独立私营机构。国际会计准则理事会在国际会计准则委员会基金会的监督下运作。国际会计准则理事会由 13 个国家的会计职业团体的代表，以及不超过 4 个在财务报告方面利益相关的其他组织的代表组成。国际会计准则理事会旨在制定高质量、易于理解和具可行性的国际会计准则，准则要求向公众披露的财务报告应具明晰性和可比性。此外，国际会计准则理事会还将联手各国的国家会计准则制定者在国际准则的制定上达成一致。

美国财务会计准则委员会（Financial Accounting Standards Board，FASB）是国际会计准则理事会理事之一，美国财务会计准则委员会隶属于美国财务会计基金会，基金会是 1972 年由美国会计学会等团体赞助成立的公益财团法人。1973 年，FASB 正式成立，是美国目前制定财务会计准则的权威机构。

2006 年 9 月，在国际会计准则理事会支持下，美国财务会计准则委员会率先发布了《公允价值计量》，即"美国财务会计准则委员会第 157 号财务会计准则公告（FAS157）"。FAS157 将公允价值定义为：市场参与者在计量日的有序交易中，假设将一项资产出售可收到或将一项债务转让应支付的价格。按客观性和可观察性将公允价值分为三个层次：按公开报价计量的公允价值、按可观察信息计量的公允价值、按不可观察信息计量的公允价值。前两个层次用市场法确定，第三个层次用收益现值法或重置成本法计量且要求详细披露相关信息。通俗地说，公允价值的核心规定就是"市值计价"会计原则，即经济单位的资产、负债的计算按上述三个层次公允价值计算，这就造成了经济单位的资产和负债的价值一直处于动态变化中，同时，如果公允价值确定时出现市场交易价格异常，则必然导致经济单位当时所谓的公允价值与实际资产或负债严重不符，反而成为"不公允价值"，甚至导致更直接的"不公允"状况的发生。比如 2009 年前后，雷曼兄弟、房地美、房利美公司被击垮的关键因素之一正是美国财务会计准则委员会第 157 号财务会计准则的"市值计价"原则。

　　和前两个重要世界性经济组织一样，世界银行、国际货币基金组织这两个国际银行组织也是完全由私有性质的银行机构组成，由西方主要发达国家大金融机构发起设立，制定或修改世界性银行业规则，并通过重要国家经济体的主要银行金融机构的共同遵守，形成对世界上其他规模经济体国家银行业的规则约束和管理，同时，又因为制定规则的这些大金融机构是该行业市场竞争的直接参与者，就自然形成了市场竞争中这些规则制定者金融机构的竞争博弈优势，从而保证了这些金融机构背后的国际财阀财团的资本利益安全和成长。世界贸易组织也是一个为优势资本家财阀财团资本利益增长服务的国际贸易规则制定机构，而且，当世界贸易组织不能有效为国际财阀财团利益高效服务的时候，其他的国际贸易行业替代性规则制定组织又会在资本代理人手中应运而生，如跨太平洋伙伴关系协定（TPP）、北美自贸协定、美欧自贸协定等。

　　世界三大评级机构基本和美国会计准则委员会如出一辙，这些国际评级机构既是评级行业的三巨头，又属于纯粹私有的个人或经济体，需要切实为评级机构背后的大股东，即国际财阀财团的资本利益做好服务。这种情况在2007 年美国次贷危机爆发前后比比皆是。

　　而在制定金融货币政策方面，几乎美国联邦储备委员会（美联储、FED）的每一次议息会议纪要或利率政策都会对世界金融资本市场甚至全球经济产生直接深刻的影响。美联储的历任主席也都做着相同的事情：一次次地降息和宽松货币，推动美国经济并带动全球经济走向经济周期的增长巅峰；然后再一次次地快速加息和收紧银根，促使美国乃至全球经济迅速逆转滑向低谷。每一位主席都从上一任完成涨跌周期的末尾上任，在下一个经济周期的经济滑落时离任。伴随着一次次经济周期运行，制定美联储相应金融货币政策的国家财阀财团资本家的利益始终安全，并不断增长。

为什么各国需要如此密切地关注美联储的政策变化？第一，全球主要经济体都实行了资本商务运行模式，加之全球经济一体化，任何一个经济体的经济发展都缺少资本、资金；第二，美国经济体是西方财阀财团最大投资目的国，也是至今为止世界上经济份额最大的经济体，其资本资源最充足；第三，美国经济体占世界经济体近三分之一的比例，其经济状况的好坏及变化直接左右着世界经济的状况及变化；第四，任何一个经济体经济政策的核心都是金融货币政策，而美国的金融货币政策不由美国政府制定，而是由美联储这个私有性质的中央银行制定。由此，美联储每一次的会议或者金融货币决策、加息降息的利率决定都直接关系着世界各个经济开放国家的经济对策和经济发展走向。有一句话可以很形象地说明美联储与各国中央银行的关系：美联储是世界上其他各国中央银行的中央银行。从 2012 年以来的经济综合走势来看，作为世界第二大 GDP 经济体的中国，因为各种原因的综合作用，形成了中国国家央行与美联储政策不完全同步、中国央行独立性逐渐显现的特点。

通过上述内容可以发现，一百多年来，国际上优势资本家财阀财团对世界经济事务非常重视，通过发起设立各类世界性经济组织并借助自身的资本影响力直接制定各个经济领域的规则，实现对世界经济事务的规则管理，达到确保其自身资本安全增长的目的。

3）联盟组织

联盟组织包括欧洲联盟（欧洲委员会、欧洲议会、欧洲联盟理事会、欧洲理事会、欧洲法院的司法和欧洲中央银行），阿拉伯国家联盟，东南亚国家联盟，非洲统一组织，海湾阿拉伯国家合作委员会，欧洲安全与合作组织，独立国家联合体，上海合作组织等。

这类国家间联合政府组织政治合作意味突出，大多都是因为共同的利益需要发起成立的，尤其是西方发达资本主义国家发起设立的欧洲联盟的各个机构组织，主要就是为了确保国际财阀财团核心资本利益的安全和增长而形成的，以便用政治权力联合保证经济政策及举措的顺利实施。但世界上其他非发达国家都无权制定强有力的普世性管理规则，只是国际财阀财团规则的被影响者、被管理者，是国际事务，尤其是世界经济事务市场风险波动的风险承受者，因此为了提高自身抵御市场风险的能力，这些非发达国家自发地组成了联盟政治组织。

4）军事组织

跨国军事联盟组织，即北大西洋公约组织，简称"北约组织"或"北约"，是美国与西欧、北美的西方主要发达国家为实现防卫协作而建立的一个国际军事集团组织。北约拥有大量核武器和常规部队，是西方的重要军事力量。这是第二次世界大战后，资本主义阵营军事上实现战略同盟的标志，是马歇尔计划在军事领域的延伸和发展，是美国控制欧盟的防务体系，是美国世界超级大国领导地位的标志。

北约曾被称为北大西洋联盟或北大西洋集团。北约的最高决策机构是北

约理事会。理事会由成员国国家元首及政府首脑、外长、国防部长组成，常设
理事会由全体成员国大使组成。总部设在布鲁塞尔。希腊和土耳其于1952年、
联邦德国和西班牙分别于1955年和1982年加入该组织。2016年5月18日，
北约秘书长斯托尔滕贝格披露黑山共和国将于2016年5月19日签署加入北约
的协议。黑山将正式成为北大西洋公约组织的第29个成员。

美国领导下的北约成立于1949年，与华沙条约组织进行了35年的冷战
对抗，最终，华沙条约组织解散。至今，北约正不断扩大发展。

北约的成立与存在，是西方国家财阀财团资本家利益的军事保证，只要
资本主义经济存在，北约就必然存在。只有强有力的军事组织才能确保西方
国际财阀财团在全球的资本利益得到规则执行上的压力和安全增长的保护。
西方国际财阀财团世界性的经济规则制定权需要世界性的政治组织，尤其是
世界性的军事组织加以全面保护。

## 5. 中国及西方发达国家宏观政策制定的区别

"中国民间储蓄率高达52%，西方民间储蓄率极低，甚至为零，西方政
府大多实行赤字政策，我们应该向西方学习""中国的地方债务庞大、入不
敷出，地方政府债务危机一定会爆发"，此类观点、论调我们在现实生活中
经常会听到。

但首先我们需要看清论调的本质，然后再去想想该论调来自于何方，反
映了哪些本质差别。

第一种论调恰恰反映出中国与西方主要发达资本主义国家（本文简称为

"中西方"）经济体制本质的不同：西方发达资本主义国家经济体制的本质是"债务经济"，对于绝大多数普通民众来说，从工作第一天起，甚至是从出生那天起，就进入了"先借债后还款的消费模式"，否则就难以生存，更难谈发展。这是西方发达资本主义国家经济体系的根本特点，从确立了资本主义所有制那一刻起，资本主义社会的整个经济体系就围绕"资本借入—资金消费—资本偿还"这个链条运转，任何普通人都无法也不可能改变这种"以举债为起点的企业经济增长或个人生存发展的社会运转体系"。换句话说，能够拥有"可观数额的储蓄金"对西方绝大多数普通个人来说是难以实现的，"储蓄"行为没有客观存在的基础。当然，"储蓄"行为也不适应西方这种"债务经济"体制。而经历20多年资本商务发展的新中国，一直在前进中探索有中国特色的社会主义经济体制，中国的民营企业和普通百姓对社会经济发展及社会保障都处于警惕和担忧之中，加上中华民族"节约、积攒和传承"的文化传统及思维和新中国"政党及政府主导经济"的经济体系基础，共同形成了中国"民间储蓄"为起点，再到"民营投资+政府投资"环节的经济增长模式，在"储蓄经济"思维仍占主导的情况下，中国绝大多数民众坚持"基本储蓄不动摇""储蓄积累才可以举债发展"，因此继续保持银行基本存款的存在和增长，形成与西方发达资本主义国家不同的以"储蓄经济"为主的经济模式。

对于第二种论调，我们首先要认识到中西方政府性质的不同，再了解不同国家性质的地方政府债务的内涵。中国地方政府是中国中央政府的下级政府机构，服从于中国共产党这个执政党的党中央以及党中央领导下的中央政府，体现"为人民服务、为国家发展服务"这一全国统一的政治思想；西方国家的地方政府看上去虽然独立存在于当地，甚至独立于国家中央政府之外，但是它必须服务于掌握优势资本的国际财阀财团的资本利益，这个或这些优势资本家是谁并不重要，重要的是：西方政府并不是政治家本身，只是资本家政治的代言者，代表着"资本利益至高无上"的西方国家性质，这也意味着西方政府从根本上并不拥有其所在国家的资本资源。因此，西方政府举债以当地税收为还债基础，其举债目的多是维持政府正常行政运转的需要，并没有举债发展经济的国家财富基础，也没有发展经济的举债能力；但中国政府是国家所有资源财富的根本拥有者，有充分的偿债能力，此外，地方政府举债更多地是为了投资建设，大多数投资也会带来持续的投资收益。所以，真正的"地方政府破产"多数会发生在西方发达资本主义国家，而不会发生在以公有制所有制为基础的社会主义国家。

上述认识上的差别，反映出中国与西方发达资本主义国家在政治经济领域各个方面有着很多不同之处，照搬照想、以讹传讹的做法会给社会认识造成混乱，更会让企业宏观经济分析工作者迷失方向，给企业经营决策者提供错误的决策建议。因此，要更好地把握西方宏观经济形势和中国宏观经济形势，就要认真分析、了解、把握中西方宏观经济及其政策制定等方面的诸多不同。

（1）经济性质不同。在有中国特色的社会主义体制下，中国实行的是公有制经济和非公有制经济共存的体制，或者说体现为央企、国企形式的国家资本与私有民营资本共处的格局。其中，公有制经济在政策把控、社会资源拥有、产业布局等重要方面仍然占据主导地位；西方发达资本主义国家实行的是纯粹私有制经济体制，社会的各个组成方面都以私有化资本为核心，其中，在任何一个经济体内占据优势资本投资比例的优势资本家财阀财团占据着该经济体的主导地位。

（2）经济增长目的、发展目标不同。中国共产党领导下的国家政府代表全国人民掌握全民财富、管理国家资本，党和国家经济增长的目的就是更好地服务于全国人民，经济发展目标是实现国富民强、实现中华民族伟大复兴；而占据西方政府主导地位的优势资本家财阀财团的根本经济目的就是追求私有资本的利润最大化，以维护其家族的尊严及荣耀。

（3）宏观经济政策的制定者不同。中国的宏观经济政策由中国共产党领导下的全国人大、中央政府和国务院制定；西方宏观经济政策制定者是最优势资本份额掌握者，即西方优势资本家财阀财团，资本的"无国界性"，决定了真正制定西方某个私有化国家宏观经济政策的不一定是该国政府，甚至不一定是该国籍人士，对不拥有国家优势资本的该国政府或个体来说，政府或当政者只能为优势资本拥有者代言。当然，中西方都是由真正掌握优势资本者制定宏观经济政策。

（4）国家治理方式不同。西方国际财阀财团通过优势资本的投入影响该国经济单位、经济运行、行业发展、企业效益、民众生活等各个方面，进而有效控制各个重要的政治组织，再通过西方政党竞争、选举、宪法等手段确立国家政治体系，最终形成议会代理人制度：优势资本家财阀财团以其所拥有的资本资源优势支持议员竞选，当选议员也必须为优势资本家打工，贯彻优势资本家的政治意图，形成了议员代理优势资本家财阀财团政治的行政体系。优势资本家是管理该国的真正政治家，指挥或遥控指挥议员代行其政治意愿。因此，总统、首相、总理只是议员选出的行政首脑，负责带领全国各个领域、各个层级的公务人员办理具体公共事务或服务。中国则由中国共产党形成统一的"国富民强"的政治思想及具体发展的政治路线、方针和政策，再由全国人民代表大会制定相关的法律法规、政策决议，然后由中央政府，即国务院带领各部委和各级地方政府依法制定相关具体政策并组织实施、全面管理各项社会公共事务（包括各项经济事务）。

（5）经济管理权限不同。中国共产党中央及全国人大、国务院拥有从金融货币政策到财政税收政策、全社会各个方面、全部完整的国家管理权（包括经济管理权）；而西方主要发达资本主义国家几乎完全不拥有金融货币政策权这项最重要的经济管理权，且不真正独立自主地拥有本国大多数管理权（包括财政税收政策制定权）。从传统意义的"国家"概念上讲，这些西方发达资本主义国家的主权已经缺失，称其为"经济体"似乎更贴切一些。

（6）经济发展状况不同。西方主要发达资本主义国家经济体普遍有200～400年的私有化资本主义发展历史，美国更是后来者居上，在国际优势资本家财阀财团的鼎力支持下，已经从工业化、贸易化（后工业化），迅速地发展为后贸易化（服务化）、后服务化（金融化）、后金融化（经济虚拟化及金融创新化），以其全球最大经济体、开放的政治体系、领先的科技创新和首屈一指的军事实力，当仁不让地成为国际财阀财团的最佳代理人首领单位。美国及其引领的其他西方发达国家经济体通过规则话语权（尤其是经济政策主导权）、金融主导力、军事保障力三者叠加，交互使用金融核弹或者航空母舰，就能轻而易举地在世界任何地方或领域收获巨额资本赢利；而中国目前仍处于人均经济总量较低、科技含量较低、经营管理水平较低，尤其是资本商务历史经验肤浅、资本管理思想落后的发展中国家水平，在通胀形势严峻、巨量信贷环境与地产膨胀发展的经济转型过程中艰难挣扎。

上述中西方宏观政策方面的不同，意味着中国与以美国为首的西方主要发达国家在世界经济管理体系架构中所处的地位不同。在宏观政策层面，国际财阀财团通过优势资本的投入布局，确立了世界主要国家的政治管理架构体系，把控世界主要国家宏观政策规则制定权；中观层面则由美联储等西方央行及各类其他世界经济管理机构制定、修改、实施各类经济政策，尤其是金融货币政策；微观层面通过世界级规模的各大投行和各领域大企业，在虚拟和实体经济领域统一行动、具体实施，从而达到在全球经济竞争博弈中的绝对优势地位。中国政府只是中国经济政策的制定者，在全球各项经济事务管理中只是被动承受者和保护自身经济利益的抵抗者。

只要有资本经济的地方就有资本竞争，21 世纪，中国是西方发达资本主义国家或者西方国际财阀财团的资本经济竞争者，中西博弈，尤其是中西方经济博弈便成为客观自然的现实。目前，中西方竞争博弈主要表现在三个领域：政治口水仗、国防军备赛、经济博弈战，而这一切竞争博弈的根本都在于资本利益的争夺。其中，中西方经济竞争博弈最激烈，具体表现在世界经济发展布局及规则之争、货币布局及定价之争、经济话语权之争、重要大宗商品定价权之争、重要产业科技及影响力之争、常规贸易战等。

比如，在世界经济发展布局及规则方面，中国 20 多年的"三高型"（高污染、高耗能、高排放）粗放式经济发展累积了很多问题，其中之一便是产能过剩。因此，中国近年来提出发展"一带一路"，着眼于亚洲、欧洲、非洲一体化基础设施投资建设和经济发展，着力于国内过剩产能的转移利用，既赢得中国经济转型的回旋余地，又协助沿路国家一起加快经济发展，同时，也体现了"中国与相关国家共同发展"的思路布局。但是，这种思路布局却形成了对此前国际财阀财团奉行的"只注重私有国际财阀财团资本利益增

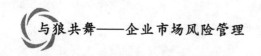

长、只追求少数国家经济体小集团的经济发展、只建设小范围利益集团美好家园"的经济发展布局及规则的挑战，引发了西方主要发达国家代言人的强力反弹，以美国为首的西方发达国家经济体的各种政治、经济、军事工具全部开动，展开全力竞争反击，其中，美联储的议息工作成为目前影响中国甚至全球经济强有力的工具之一。当然，在中西方资本竞争博弈的不同阶段，西方国际财阀财团所使用的手段也不相同。

在 2008 年这波中国经济危机的第一阶段，伴随着国际优势资本家大肆唱多中国、巨量资本大举流入，中国经济在 1993—2001 年启动增长，经过 2002—2005 年的稳步发展后，于 2006—2007 年突然爆发式狂热增长。随后，伴随着国际优势资本在中国经济巅峰处的迅速抽身，中国股市于 2008 年遭遇了短暂而猛烈的暴跌，造成了中国第一波段的经济危机，在这段短暂的经济危机中，国际财阀财团只收获到了股市、期货等金融衍生品资本市场中的盈利，并没有刺破中国地产泡沫，也没有摧垮中国重要实体经济产业链，更没有造成大规模失业、人心恐慌、社会动荡，并没有达到根本的竞争胜利。虽然国际资本继续流出且国际市场持续恶劣动荡，但在中国政府救市政策的作用下，到 2012 年第 4 季度末中国就业率稳定、国民生产总值 GDP 为 7.8%，中国经济总体恢复得不错。但同时面临金融放款积累较多与经济结构不当、低端经济产能过剩之间的根本矛盾。为此，新一届中国政府数度表明"加快经济转型"的决心。随即，国际市场上"中国式金融危机"的言论再度甚嚣尘上，2013 年 4 月中旬，国际财阀更是直接在国际重大场合明确"唱空中国"，甚至明确放言"做空中国"。在散布"危机舆论"的同时，这些国际财阀财团在与中国相关的虚拟资本经济领域发动瞬间猛烈打压，从而使中国股市创出近半年来的低点 2161。2013 年 6 月 21 日前后，国际资本再次借大肆唱空中国地方债务危机等论调，并配以国际虚拟经济领域再次疯狂打压，导致上证指数反弹夭折，跌出经济危机爆发以来的第二低点 1849.65，并较长时间持续徘徊在低位。与此同时，中国经济人气和实体经济的实际经营也大受影响。而西方优势资本家财阀财团再次在世界资本市场领域收获更多盈利。随后，在中西方经济博弈中，2014 年中国又经历了近一年的实体经济下滑和股市低位区徘徊。

这些事例生动地说明，在这一波长达 22 年的 15 年上涨及 7 年下跌的完整经济周期中，国际财阀财团的资本进退一直是中国这个新兴资本经济体经济涨落的根本因素。从打开经济发展开放国门的那一天开始，中国就无可避免地与以美国为首的西方发达资本主义国家成为经济竞争对手。

2016 年 9 月底，中国经济及中国股市能否延续自 2014 年 11 月 10 日以来的艰难复苏，既考验着中国政府能否主动管理好货币超发、产能过剩、地产泡沫这三大危机，也面临着西方国际财阀财团通过美联储议息政策以及其他世界性经济组织、军事组织出台博弈措施的外部压力。

## 6. 宏观经济分析方法小结

综上所述，为了准确分析价格走势、市场走势，就必须很好地分析把握商品所处的宏观经济大环境及其所呈现的经济形势，即准确分析当时的宏观经济大势。

分析把握宏观经济大势，需要结合客观的经济周期阶段和主观的宏观政策制定分析。经济呈周期运行，这从实体经济各项数据的趋势持续可以一目了然地获知，也可以从该国经济体主板股市的涨跌趋势数据得出经济周期运行所处的具体阶段。客观的经济周期比较容易分析，但主观的宏观政策制定则复杂多变，较难分析。

要分析宏观政策制定，首先要确定宏观政策分析的起点和逻辑。分析起点决定着分析方向是否准确；分析逻辑决定着分析结果是否可靠。

分析起点的把握，如同犯罪学中的"动机"分析。要把握世界经济宏观政策制定分析的起点，必须要了解世界政治体系架构、经济架构，以及决定世界政治经济架构的世界经济本质特点。这个本质就是：自 21 世纪以来的世界经济，资本主义社会制度占主流、资本是一切根本、资本逐利是本质特性；特色社会主义中国成为世界经济博弈逐利最有价值的目标。由此可知，在国际财阀财团与中国及其他资本对手进行的世界经济竞争博弈中，"追逐资本盈利"是把握世界经济宏观经济政策制定分析的起点。

宏观政策制定的分析逻辑包括：①"谁"负责制定世界主流经济国家（30个西方发达国家和中国）的宏观政策？在西方是主导 30 个发达资本主义国家资本投资的国际财阀财团及其代理人；在中国是中国共产党中央和全国人大及中央政府；②"为何"要制定这些宏观政策？为了维护自身优势资本利益的安全和增长；③ 这些宏观政策是"如何"被制定、修改、落实的？西方发达国家宏观政策由直接受制于国际财阀财团资本的世界性组织或国内独立金融组织，尤其是经济组织具体组织，在中国则由中国共产党中央和国家政府机构依法组织；④ 宏观政策制定主体之间"发生了什么"？在资本各方经济博弈，尤其是中西方经济博弈过程中，各自的宏观政策制定都对对方产生了一定影响，但西方优势资本家财阀财团的宏观政策影响力比中国的影响力更大，也要注意到，在西方发达国家经济体内部也有优势资本家财阀财团与普通资本家的经济竞争和博弈。

在实际分析工作中，遵循"资本是一切的根本"和"资本只为逐利"的原则，我们也可以按以下逻辑进行直观的宏观经济分析：只要最有利于国际财阀财团资本的政策、措施或言论，就最可能是即将出台的政策、措施或言论。怎么判断是否有利于国际财阀财团的资本逐利？基于全球经济格局和历史形成当前的中西方博弈现状，判断标准是：只要不利于中国经济发展、不利于普通资本家的利益增长，就是有利于国际财阀财团的利益增长。而在中西方竞争博弈中判断中国经济发展与否的指标包括：就业率、国民生产总值、物价指数、采购经理人指数、用电量等主要经济数据及其反映在主板股票指数的位置，还要适当注意西方长期逐利战略与短期逐利战术的阶段性变化。

宏观经济分析工作者需要特别关注的是：在宏观政策制定的实际分析工作中，每天要具体分析的信息工具载体有哪些？

以一个聚乙烯塑料加工企业为例，企业长期采购塑料颗粒用以生产塑料制品，就需要每天跟踪分析塑料商品所处的宏观经济大势。假设近期塑料价格出现异动，则企业宏观经济分析师需要仔细分析宏观经济环境，重点关注以下方面：① 国内外财经新闻，分析最新政治经济信息，关注这些信息的利好利坏；② 近期国内外重要的经济指标是利多还是利空；③ 国内外主板市场股票指数，一般与商品价格变动方向正相关；④ 美元等主要货币的指数变化，一般与商品所处大环境呈反相关关系；⑤ 原油等最重要大宗商品的价格走势，一般与宏观经济走势呈正相关关系。对于专业的经济分析师而言，在宏观经济分析工作中，需要长期跟踪上述必须关注的各方面信息数据并归纳列表，进而进行数据变化比较分析。分析师需要长期归纳整理的有关宏观经济信息数据库实例见附录 A。为了更好地服务于读者实际应用，附录 A 所列的分类数据库表格较多，但因篇幅所限仍未全部列出。这部分数据的跟踪积累非常重要，只有注意到每一个数据细节，专业的宏观经济分析方法才有用武之地。

政治学与经济学犹如一对孪生兄弟。企业运用上述专业方法和专业工具，通过对宏观政策制定的分析阐述，可以让我们系统、全面、深刻地了解世界经济架构及经济现状，了解西方发达国家和中国所处的经济地位，了解中西方在世界经济事务中发挥的作用，并通过了解中西方各自的经济性质、经济目的、经济目标、经济管理方式、经济运转过程，揭示出中西方重要经济政策制定权的主导者，揭示出中西方各自经济政策制定的动机、出发点、出台过程，进而揭示出对世界经济周期的影响力传导和对市场走势变化的因果影响。最终达到分析，甚至是前瞻性分析宏观经济的运行趋势，以便为企业经营避险图利打下坚实的基础。

回顾即将结束的这一波世界性经济危机，从 2007 年 8 月美国的"次贷危机"开始，到 2008 年 8 月蔓延到中国爆发。笔者当时在青岛某集团公司（简称"M 集团"）担任首席经济顾问兼首席风险官。笔者所领导的团队专门从事宏观经济跟踪分析工作，面对 2007 年国际宏观经济政策和国际金融资本市场的剧烈异动，再结合中国经济各方面状况，笔者于 2008 年 4 月底起草完成了风管部宏观经济分析、经营风险提示专业报告《"次贷危机"的目标》。在此专门列出（见表 4-2），以分享企业风管部宏观经济分析工作的成果。

表 4-2　M 集团风管部宏观经济分析专题报告

**"次贷危机"的目标**

毋庸置疑，目前"次贷危机"是影响全球，尤其是美欧经济的主要因素，进而影响到金融市场、利率政策、美元走势，最终将其影响体现在全球经济的各个层面，包括商品价格的定位与走势。

目前，大家普遍以被动、跟踪式思维考虑和分析"次贷危机"，认为"次贷危机"的发生、发展、影响都是被动的，对它下一步的分析及造成的影响也是被动的跟随和接受，经济政策的应对和商界的对策自然也是被动和滞后的，由此思路决定的商业行为，其经济结果多是付出代价而不是获取收益。

那么如何避免这种被动局面呢？我们需要换个角度思考"次贷危机"。

在提出新角度之前，我们需要确定两个理论前提：（1）在经济领域，任何经济行为都有其经济目标指向；（2）在资本社会里，任何经济现象背后都有相应的经济行为和与该行为相应的经济动机。

只要我们承认上述前提，就可以换个角度对"次贷危机"提出两个观点：（1）即使不能全部但也可以在很大程度上说美国"次贷危机"有其很大的人为特点。这可以从次贷的发生、发展和已经产生的影响及作用上一一得到经济事实的验证。或者说"次贷危机"不应被看到一个被动的事件，而应被看作有行为动机、有主观意志的"经济人"；（2）既然"次贷危机"是一个"经济人"，那么它肯定在发生之初就有基本的和潜在的经济目标。为了达到这些目标，"次贷危机"的行为和付诸行为的方式、时间都有基本的设想。"次贷危机"已经达到了一些经济目标，在达到这些目标的过程中有两点需要深思：所谓银行的资产减记只是"拨备"并不是全额损失，其资产和券证的真正价值和收益将在日后重新定价；在此过程中重要国家公布的相关经济数据有多少是不真实的。

有了"次贷危机"是"经济人"和有其既定和潜在可能的目标这两个观点，我们就可以从分析它的目标入手，找到了这些目标并看到这些目标的实现过程和程度，就可以分析"次贷危机"的本质和验证它的结束，也可以由被动跟随转为主动应对，制定经济对策和做出正确的商业决策。

因笔者水平所限，目前能分析到的美国"次贷危机"的目标有以下几个：第一，阻滞全球各经济体的发展势头。近年来，除极少数国家或地区外的全球 190 个左右的国家或地区都取得了明显的经济增长成就，尤其是"金砖四国"更是发展势头惊人，这对全球经济成果分配、旧有经济格局变化、原来经济领先者地位的挑战等都产生了重大影响。此外，在全球没有找到或普遍实施节能降耗利用资源的科学方法前，这种经济普遍增长的态势对地球有限的资源也提出严峻挑战，因此，通过"次贷危机"阻滞这种态势有人为的主观原因也有经济本身的客观要求；第二，以美元为工具左右他国外汇储备的真实价值，为汇率市场获益服务。美元仍然是目前全球经济的计价、交易、结算、储备的主导货币，但美国的经济、政治和军事政策，使大量美元流入其他国家成为流入国的外汇储备，同时，美国对全球金融服务行业的领导地位决定了其大量货币资产长期在全球金融市场博弈，并获得相当可观的资产收益，而"次贷危机"既可以通过美元贬值使他国美元储备贬值，也可以通过贬值的过程获得金融市场上新的收益；第三，影响贸易走向，增加美国经常账户收入。事实上，自去年9月以来，"次贷危机"已经通过导致美元贬值，使美国贸易逆差状况发生了明显的有利变化，而且还将继续发生变化；第四，重新整合主要国家的金融商业格局。诺森罗克银行危机、英国巴克莱银行并购荷兰银行、摩根大通收购其竞争对手贝尔斯登等事例，都证明"次贷危机"使金融界的主导者吞并了对手或扩大了对银行、投行、商品指数基金公司的影响力，也延伸了它们对商界更多领域的涉猎和掌控；第五，扩大金融巨头在美国地产行业的影响力。"次贷危机"使美国第二大次级抵押贷款公司——新世纪金融公司和美国住房抵押贷款投资公司相继向法院申请破产保护，巩固了美国金融巨头及住房抵押贷款领先企业的行业优先地位；第六，影响新兴发展国家，尤其是中国的经济发展和金融汇率改革、资本市场发展的进程，并从中渔利。近十几年来，中国突飞猛进的经济发展势头使中国经济实力、资本市场发展和汇率改革进程被置于全球经济的风口浪尖。误导、抹黑、渔利、摧毁中国经济始终都是外部金融巨头或政治团队梦寐以求的利益目标。

上述目标有些已经实现，有些正在实现的过程中，但对于中国而言，前述第六个目标很现实也很严峻。本质的实现进程应该是：通过美元流动性泛滥（我们国家外汇储备最多正是例证）和能源、食用消费品价格暴涨推动中国通货膨胀恶化→中国被迫出台经济调控政策→大幅升值的人民币和暴涨的原材料商品市场、暴跌的货币及资本市场→多年隐蔽进入中国的大量外资和低价收购的大量优质证券债券地产→对股指期货开出、QFII的加快批设、双紧政策松动的时机等待→上述事件发生后对股市的疯狂拉升→股市疯狂后，将先期吸纳的低价股票巨量疯狂卖出，以及对股指期货的疯狂打压→资本市场最终崩溃、中国经济动荡→中国楼市泡沫被刺破、实体经济低迷、社会动荡、复兴之路遭遇重创。

目前我们正处于"次贷危机"对中国影响的第四个目标过程中。为了防止出现类似20世纪末日本股市和地产业的疯狂与崩溃，建议国家有关经济管理部门在"股指期货开出、QFII的批设、双紧政策松动的时机"把握上做好协调，准备好应对措施。比如，使政策与机构资金配合，以防范股市的非理性下跌；严格管理境外隐蔽进入的热钱，以防范优质资产被误导，在非理性大跌后被超低价收购，避免在境外资金大量收购低价抛售股时推出股指期货，严格管理境外非法进入地产行业的热钱等。

> 时至今日，美国"次贷危机"已经演变为全球"金融危机"，进而初具全球"经济危机"雏形，形势发展不可逆转，我们唯有更深入、更准确地分析美国"次贷危机"要达成的下一步目标和形势，由此提前制定科学正确的政策和对策，才能克敌制胜。

报告起草完成后，结合前述国际、国内金融资本市场数据库资料，笔者率部给集团领导班子及时阐述接下来宏观经济趋势最可能的发展趋向，提示了公司经营决策的风险，提出了集团公司风险应对的举措，从而成功躲过了2008 年下半年宏观经济瞬间剧烈下滑的经营风险。

严格地说，时至今日，全球经济学界仍然没有几位经济学家明确表态"这一波始于 2007 年，演变为全球范围的经济危机已经结束"。其中一个原因正是"危机导致中国地产泡沫被外力刺破"这一状况尚未发生。进而演变至 2012 年年底全球宏观经济政策制定者格局发生巨大变化，导致国际财阀的资本逐利战略意图至今仍未完全得以实现，形成了现今中西方资本利益之争在宏观政策方面更复杂的持续博弈。

当我们看清了世界经济的资本本质、逐利目标、博弈战略和战术时，就能够理解美元为什么会从上涨逆变为转头下跌，为什么工业品会转下跌趋势为大幅上涨，为什么农产品会和工业品一样伴随上证指数一起普涨。

根据商品价格波动、市场走势的表象，先把国际国内宏观经济的本质看清楚，再循着"资本逐利"的分析起点透过市场表象发现经济走势的本质，一直探究到经济政策制定的根源及其制定过程。这样，每个企业就可以结合当时的经济状况、市场现状提前预测国际、国内将要出台的经济政策，进而判断，甚至预测国际、国内经济政策的利好、利坏，以及前瞻性预测随后宏观经济大势的发展趋势。

# 4.4　市场环境分析之产业供需分析

宏观经济分析和产业供需分析是市场环境分析的两个组成部分。在宏观经济形势确定的情况下，商品价格的涨跌、商品市场的交易活跃程度和这种具体商品的供应与需求的状况有直接关系。当宏观经济形势处于上涨周期时，一旦出现供不应求的状况，就会使原本处于上涨趋势的价格涨势更猛，但是，如果宏观经济形势处于下跌经济周期时，即使出现供不应求的状况，也只能使原本处于下跌趋势的价格暂时企稳或反弹，而不会改变价格原本的持续下跌周期。可见，影响价格涨跌的根本因素是宏观经济面的利多、利空变化，产业供需面也会影响价格的走势，但更多影响的是价格涨跌的程度。比如，在 2008—2013 年中国宏观经济萎靡的背景下，供应量的相对减少，并不能改变商品价格的跌势，只会短暂影响商品价格下跌的幅度或进程。因此，认清宏观经济分析与产业供需分析的不同作用很重要。

## 4.4.1　产业供需分析的含义

从产业链、行业端对商品价格走势的分析，就是着重从影响该商品的供应和需求两个方面进行对比分析，分析供求关系的变化，当供应量相对增加或需求量相对减少的时候，价格下跌的可能增大；反之，当供应量相对减少或需求量相对增加的时候，价格上涨的可能性增大。

同时，产业供应与需求也受到诸多因素的影响。比如，国际、国内有关政治因素、经济因素、金融政策、法律法规、自然因素、心理因素、市场价格、生产成本、替代商品状况、农产品生长季节等各种因素在供应和需求两端产生的影响，都会对商品供求状况直接或间接产生影响。再比如，国家间由于政治关系紧张，导致某种原材料商品的限制出口，引发需求国进口数量减少、需求价格上扬；或者由于国家经济低迷，对某些产成品及生产该种商品的原材料商品需求量大幅减少，从而对他国出口量大幅减少；或者由于一国货币汇率大幅贬值，导致进口该种商品的成本价格大幅上涨，使进口意愿下降、进口量减少；或者由于出台相应法律法规，提高了该种商品的生产成本，从而减少该种商品的需求；或者某些农产品商品（天然橡胶）因台风等天气因素产量减少，从而抬高了卖方报价，抑制了需求量增长；或者季节性因素使相关农产品剩余数量减少；或者由于偶发性政治或军事事件发生，导致预期某种商品会变得紧张而增大涨价预期、激发新的需求量；或者因为技术工艺创新，大幅降低了商品的生产成本和生产难度，提高了供应量等。

## 4.4.2　产业供需分析的具体方面

具体来说，供应方面的分析，是指某个分析时段内，商品卖出方愿意以一定的价格提供的商品数量分析，分析期内该商品的供应量主要包括该商品的期初结存量、当期生产量、当期进口量；需求方面的分析，是指某个分析时段内，商品需求方愿意以一定的价格买进的商品数量分析，分析期内该商品的需求量主要包括该商品的当期消费量、当期出口量、当期期末结余量。

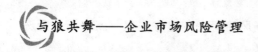

（1）影响商品供应的主要方面包括当地期初结存量、当地当期生产量、当地当期进口量。

① 当地期初结存量，就是指当地上一分析周期的期末结余库存量，是组成当期供给的第一部分，在新生产商品出现之前，结余库存量充足，将制约商品价格上涨；当结余库存量较常年数量偏少，则容易导致商品价格上涨。对于生产周期长、生产难度较大、生产成本较高或者不便长期储藏的农产品而言，期初结存量对商品供应分析有重要的影响。

② 当地当期生产量，是指该分析周期内当地当期的生产数量。工业品的生产数量受生产工艺技术程度、生产成本、企业资金资源状况等因素影响，农产品的生产数量受生产水平、天气因素、季节因素等方面影响。当期生产数量较常年数据偏高或偏低，会影响价格的涨跌。

③ 当地当期进口量，是指该分析周期内当地从国外采购进口的该商品数量。进口量受国际政治因素、金融货币政策、信贷环境、本外币汇率、内外部市场比价、市场需求程度等各方面因素影响，进口量较常年数据增大或减少会直接影响价格涨跌。

（2）影响商品需求的主要方面包括当地当期消费量、当期出口量、当期期末剩余库存量。

① 当地当期消费量，是指该分析期内当地所有消费者的消费需求量。主要受当地消费者收入状况、当地消费政策、消费者价格预期、替代品状况、生产型消费需求等因素影响。

② 当期出口量，是指分析周期内因境内外比价关系、本外币汇率关系、国家间政治及经贸关系、境内外供需状况等因素引起的对商品出口的影响。

③ 当期期末剩余库存量，是指该分析周期内满足正常消费和出口之外，在境内外或替代品的比价关系、销售与库存的盈亏关系、存放货物博取盈利的心理预期等因素影响下的期末结余库存安排。结余库存量对当期价格影响较小，对后期价格影响很大。

## 4.4.3　产业供需分析的方法及具体工作

在企业市场风险管理工作中，对商品价格产业供需方面进行分析的主要方法和要完成的具体工作主要有以下三项。

### 1．供需变化对价格形成的分析

市场供给力量与需求力量的变化是动态的，图 4-6 显示了供需变化与价格变化的关系。在 $P_1$ 处，价格偏高，供应方积极性高、供给量（$S$）大，需求方反应冷淡、需求疲弱，供大于求，供应数量（$G$ 处）大于需求数量（$F$ 处）的数量差额就是过剩数量（超额供给量）。供应过剩将使价格下跌，进而刺激需求量增加。在 $P_2$ 处，价格偏低，需求方积极、需求量大，供应方积极性低、供应疲弱，需求量大于供给量，需求数量（$K$ 处）大于供应数量（$H$ 处）的数量差额就是短缺数量（超额需求量）。短缺刺激价格上涨，从而激发供应方的积极性，供给量随之增加。

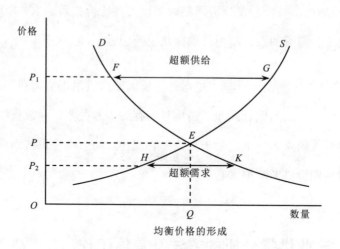

图 4-6　供需变化与价格变化的关系

注：$S$（supply）曲线为供应曲线：供应数量随价格上涨而增大。

　　$D$（demand）曲线为需求曲线：需求数量随价格下跌而增大。

供应量和需求量随价格高低变化而增减的特性会促使均衡价格形成，即供应曲线与需求曲线的交叉点 $E$ 处，供应量和需求量相等（数量位置都在 $Q$ 处）。这时的价格受到供需双方共同欢迎，被称作均衡价格。在均衡价格对应的 $P$ 处，市场不存在过剩和短缺。当然，这种均衡态势是很短暂的。

运用供需变化曲线对价格进行分析，可以形象地体现出在价格分析工作中，对供应或需求因素变化跟踪的分析，从而得出价格变化趋势的分析逻辑。

## 2．商品的生产成本变化分析

无论是工业品还是农产品，经过一定时间段之后，由于各种因素的变化，都会造成生产、储存、运输及进出口条件的变化，进而影响商品生产成本的变化，这种变化会直接影响商品价格的变化。因此，在产业供需分析工作中，要密切关注、跟踪分析一段时间前后商品生产成本的变化。分析时需要调研多家领先生产方，以取得较准确的生产成本变化数据，并进行数据归纳整理，纵向比较得出分析结论。

### 3. 供需数据图表比较分析

收集、整理、归纳供需信息数据是实际分析工作中最基本的工作。将某种商品各个时期的供需数据以统计表格的形式罗列并进行比较，既可以根据当期与前期发生的供需数据的增减变化，清晰分析、判断出该商品价格变动的相关原因和状况，也可以根据影响因素的可能变化，在一定程度上预测出价格将要变动的方向、幅度和时间概况。

具体供需数据统计表如表 4-3 所示。

从表中可以一目了然地看出世界大豆所列年度供需数据和最新月份的数据变化，从而根据供需数量的变化分析价格可能发生的变化。

## 4.4.4 产业供需与宏观经济结合分析案例

工业品和农产品单纯因为商品供需的显著变化也可以引发商品价格的很大动荡，当然，价格动荡的最终方向和幅度仍然受制于宏观经济大趋势。

表4-3 世界大豆供求平衡表

单位：百万吨

| 项目 | 2004/2005 | 2005/2006 | 2006/2007 | 2007/2008 | 2008/2009 | 2009/2010 | 2010/2011 | 2011/2012 | 2012/2013 | 2013/2014 | 2014/2015 12月 | 2014/2015 1月 | 2014/2015 变化 |
|---|---|---|---|---|---|---|---|---|---|---|---|---|---|
| 期初库存 | — | 47.46 | 53.11 | 62.96 | 51.42 | 42.68 | 60.76 | 70.36 | 54.22 | 57.15 | 66.58 | 66.16 | -0.42 |
| 产量 | 215.95 | 220.54 | 237.44 | 221.21 | 211.95 | 260.84 | 263.9 | 239.57 | 268.77 | 283.74 | 312.81 | 314.37 | 1.56 |
| 进口量 | 63.73 | 64.04 | 69.16 | 78.12 | 77.38 | 86.73 | 88.73 | 93.46 | 95.89 | 110.51 | 112.77 | 112.99 | 0.22 |
| 总供给 | 318.28 | 332.04 | 359.71 | 362.29 | 340.75 | 390.25 | 413.39 | 403.39 | 418.88 | 451.4 | 492.16 | 493.52 | 1.36 |
| 压榨量 | 175.74 | 185.21 | 195.9 | 201.87 | 193.22 | 209.54 | 221.36 | 228.16 | 230.19 | 240.32 | 251.87 | 252.53 | 0.66 |
| 国内需求总量 | 205.41 | 215.33 | 225.52 | 229.74 | 221.34 | 238.3 | 251.63 | 257.65 | 261.2 | 272.4 | 286.07 | 286.25 | 0.18 |
| 出口 | 64.65 | 63.93 | 71.5 | 79.59 | 76.84 | 92.59 | 91.66 | 92.16 | 100.53 | 112.83 | 116.22 | 116.49 | 0.27 |
| 总需求 | 270.06 | 279.26 | 297.02 | 309.33 | 298.18 | 330.89 | 343.29 | 349.81 | 361.74 | 285.23 | 402.29 | 402.74 | 0.45 |
| 结转库存 | 48.23 | 52.79 | 62.69 | 52.96 | 42.57 | 59.34 | 70.11 | 54.09 | 57.6 | 66.16 | 89.87 | 90.78 | 0.91 |
| 库存消费比 | 17.86% | 18.90% | 21.11% | 17.12% | 14.28% | 17.93% | 20.42% | 15.46% | 15.92% | 17.17% | 22.34% | 22.54% | 0.20% |

## 1．农产品产业供需及宏观经济结合分析案例

如图 4-7 所示，当世界玉米主要产区进入收割旺季的时候，玉米的新产品集中上市，势必会给玉米的直接下游产品——玉米淀粉形成一段时间内非常集中的供应增量，辅助以近几年来的宏观经济弱势，从而形成了玉米淀粉2016 年度内一波新的跌势。

图 4-7　玉米淀粉（1701 合约）2016 年 6 月 13 日—9 月 28 日价格走势

以玉米期货价格为例，该品种自 2015 年年初上市以后，到 2016 年一季度已经从上市之初的最高点 2800 元/吨左右下跌到了 1700 多元/吨。随后，玉米淀粉的价格又由 2016 年 6 月的 2100 多元/吨，下跌到了 2016 年 9 月的 1600 元/吨。

玉米淀粉 2016 年度价格走势再度说明，当宏观经济处于下行弱势的大背景下，再恰逢农产品生产收获旺季，形成集中的供应压力，那么该商品价格下跌的压力巨大、跌势容易得到确认，即使有反弹也只能是微弱和短暂的。

## 2. 去产能引发的黑色系商品价格暴动案例

如图 4-8 所示，铁矿石期货自 2013 年年底上市后，伴随着 2008 年中国爆发经济危机以来的后危机时代，价格自上市首日的最高点（984 元/吨）一路下跌，历经两年时间，到 2015 年年底跌到了历史最低价（282.5 元/吨）。可见，当经济危机到来，宏观经济疲弱至极的时候，其对传统工业品商品需求的打击及刺激价格下跌的力度之大。

在中国后经济危机阶段，伴随着中国宏观经济转型力度的加大，尤其是 2014 年年底"实体经济去库存、去产能"力度的加大，中国钢铁制造业产能压缩和淘汰兼并效果逐步显现。同时，钢铁产业对铁矿石需求量的持续下降，又激发了铁矿石进口和储存数量的大幅减少。图 4-9 显示的正是钢铁产业产能压缩导致铁矿石需求量持续压缩，铁矿石供应量大幅减少后于 2015 年 12 月底发生的现货铁矿石供应紧张，而导致价格大幅反弹的情况。

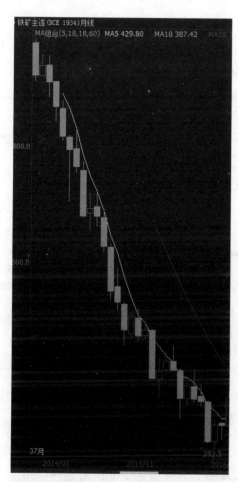

图 4-8　铁矿石（主连）自上市以来至　　　　图 4-9　铁矿石（主连）2015 年
2015 年 12 月初的周线价格　　　　　　　12 月初至 2016 年 4 月底价格

　　2015 年年底，恰逢钢铁产业跨年度铁矿石现货备货的阶段，由于此前钢铁行业去产能，铁矿石现货需求也大幅下降，从而导致铁矿石现货库存大幅减少。当钢铁企业跨年度备货采购铁矿石原材料时猛然发现铁矿石现货较少、供不应求，从而引发了 2015 年 12 月到 2016 年 4 月底铁矿石期货价格的大幅反弹，反弹上涨幅度达到了 78%。

商品价格市场环境分析包括宏观经济形势分析和产业供需分析两个方面，其都侧重于基本面信息分析，多数属于定性分析法的范畴。当然，随着量化投资趋势的发展，对基本面分析进行量化处理也逐渐成为探索领域。

# 4.5  市场力量分析之技术面分析

相对于市场环境分析（包括宏观经济分析和产业供需分析）更倾向于定性分析而言，市场力量分析（也被称为"技术面分析"）则更倾向于定量分析。市场环境分析也被称作"基本面分析"，尤其是其中的宏观经济分析指标大多表达的是定性指标。而市场力量分析完全由期货等金融衍生品工具的技术面分析和资金面分析的量化结果呈现出来。

市场力量分析完全需要借助期货等金融衍生品工具。以保证金方式交易的金融工具都被称作金融衍生品工具，包括期货、期权、掉期、互换等多种金融衍生品工具，这些企业避险工具在西方发达资本主义国家都已应用成熟。但在中国，目前只有商品期货、金融期货和个股期权、场外期权在依法开展交易，其中企业规避商品价格市场风险的主要工具是商品期货和场外期权工具。企业在现实经营工作中为了做到市场风险防范、学会价格波动分析和避险交易，就必须完全了解商品期货这个国内最常用的金融衍生品工具。

要快速完全掌握商品期货，主要需解答"什么是期货？""在哪做期货？""为什么做期货？""怎么做期货？""如何做好期货？"五个问题。此时，需要做好以下三件事：学习并掌握期货基础知识；找到期货公司（中介商）

网站并下载行情交易软件，学会看盘、分析和交易；找到并收藏中国依法设立的四家期货交易所网站，并全面学习掌握各个交易所交易规则、合约知识、品种知识。

## 4.5.1　期货基础

现代意义上的期货交易诞生至今已有 160 多年，但在新中国资本经济领域存续的历史只有 20 多年。所以，几年前，期货行业人士经常会被外行人士问一个问题："期货"是什么"货"？

### 1."期货"不是货

期货并不是某种具体的货品，它是在国家法律监管下，在法定期货交易所，由企业或个人投资者依法自愿交易、达成买卖某种具体商品（金融标的物）的标准化的一纸合约（合同）。这份标准化的合约规定交易双方在未来一段时间内，按达成的交易价格进行某种具体商品的货权与货款的相互转移。当然，交易双方也可以在合约到期前再达成一纸与原来合约的品种、数量相同，但买卖方向相反的对冲交易，以自行了结自己手中此前签订的买卖合约，结束一波完整的生意买卖（期货交易）。

### 2.依法做期货

做期货，就是投资者在法定期货交易所自愿与交易对方达成一单对某种商品拥有"买卖权利"的标准化合同，也称为"做期货买卖""做期货交易"

"期货交易""做交易"。做期货要在合法的期货公司及其分支机构办理开户手续，在国家依法设立的法定期货交易所，进行被依法批准的期货品种的期货交易。

### 3. 完整的期货市场发挥完善的期货功能

新中国的期货市场（见图 4-10）从 1990 年开始起步，1999 年开始初步整顿，2007 年出台正式的《期货交易管理条例》，至今为止，无论是从市场交易规模还是从法律监管的完善度上来说，都已经迈入了成熟发展期。

从法律监管角度来说，《期货交易管理条例》对组成整个期货市场（行业）的微观、中观、宏观层面依法完全覆盖（见图 4-10）。在微观层面上，期货投资者的身份和资金要合法，开户和交易要守法，合法权益受到法律保护，为投资者提供中介通道服务的期货公司、提供信息行情的资讯公司等都必须依法展业。在中观层面上，被用来交易的期货合约由法定交易所依法设计和上报审批，被依法批准的期货合约由法定交易所依法维护进行交易，法定交易所及其工作机构和人员都必须依法展业。在宏观层面上，首先有国家立法机关通过的法规；其次，由法定国家期货市场监管机构依法执法，所有人员和所有执法程序都有法可依。在被国家法规科学高效管控的期货市场，自 1999 年颁布《期货交易管理暂行条例》以来再也没有出现过一笔违约案件。需要注意的是，目前仍较盛行的其他各类非期货"交易所"因监管法律空白和私营公司性质而频生纠纷。建议投资者远离非法期货，依法进行合法期货交易。

图 4-10 期货市场构成图

从期货市场的成交规模来说，近年来，尤其是 2008 年中国爆发经济危机以来，上海期货交易所、大连商品交易所、郑州商品交易所和中国金融期货交易所四家法定期货交易所的成交规模逐年暴增，尤其是 2015 年的股票指数期货合约和 2016 年的铁矿石、焦炭、螺纹钢等黑色系商品期货都受到了市场投资者的狂热追捧，期货交易对投资者企业经营的商品保值避险的作用、对高净值客户资金保值增值的作用和大宗商品国际市场定价权的话语权作用都得到充分发挥，期货市场避险、增值、定价权三大功能都得到充分体现。2016 年春以来持续活跃的商品期货交易也生动地展示了期货这个金融衍生品工具对实体企业防范市场价格波动风险的手段必要性和工具唯一性。

### 4．如何参与期货交易

（1）学习掌握主要的期货术语。

① 期货（期货合约）：期货不是有形的"货物"，而是标准化的合同，是由交易所依法制定的在一定时间、地点交割一定数量、质量货物的标准合

约（商品期货）。每个商品期货合约都由商品品种和交割月份（年月）两部分组成。为了方便起见，在期货交易界面中，每个品种都有品种代码，如"铜"的品种代码是"cu"等。

② 期货交易（做期货、买卖期货合约）：在法定交易场所（国内目前有4 家交易所、149 家期货公司代理中介商）依照法律、法规、规则（办法、交易所规则、公司规则）买卖期货（合约）的活动。

③ 期货保证金：期货交易者买卖期货（合约）时按规定标准缴纳的现金，用于保证履约和结算。

④ 指令：交易者买卖期货（合约）的意思表示，包括品种、合约、开（平、平今）仓、数量。国外可以人工下达指令，国内大多是投资者通过电脑终端自助完成。

⑤ 开仓（交易）：为新订立一份期货合约而开始交易，完成开仓买进（买空、做多）后成为多头；完成开仓卖出（卖空、做空）后成为空头。

⑥ 平仓（对冲）：为了结原来持有的期货合约而进行相反方向的交易，分为买进平仓和卖出平仓。

⑦ 持仓（未平仓合约）：尚未进行相反方向的交易或实物交割而予以了结的期货合约。在整个市场层面统计的总量称为持仓量。

⑧ 止损（砍仓）：当交易损失达到一定程度或者符合事先预定的防范交易风险扩大条件，而进行的了结原来持仓的交易动作。通常，把交易结果为亏损的平仓叫作砍仓，而未亏损了结的交易叫作平仓。

⑨ 交割：商品期货交易双方通过商品现货（仓单标的物）所有权的转移了结各自原有持仓合约的活动；金融期货交易双方通过交割时段内的现金交割方式清算持仓合约。

⑩ 仓单：商品期货合约所对应标的物的书面凭证，相关现货经检验合格后由交割仓库开出并经交易所注册。

⑪ 价格：期货合约标的物的单位报价，包括开盘价、最高价、最低价、收盘价、结算价。

⑫ 停板：一个交易日内允许达到的最高价（最低价）称为涨停板（跌停板）。

⑬ 基差：现货与期货合约、近期期货与远期期货合约之间的价格差，包括正向市场（负基差、升水）和反向市场（正基差、贴水）。

⑭ 贴水（Discount）。

- 现货贴水、期货贴水：在期货市场上，现货的价格低于期货的价格，则基差为负数，远期期货的价格高于近期期货的价格，这种情况叫"现货贴水"，也称"期货升水"，远期期货价格超出近期期货价格的部分称为"期货升水率"；如果远期期货的价格低于近期期货的价格、现货的价格高于期货的价格，则基差为正数，这种情况称为"期货贴水"，或称"现货升水"，远期期货价格低于近期期货价格的部分称为"期货贴水率"。

- 贸易报价升贴水：对 CIF 贸易来说，通常贴水是指运费+管理费+利润。而对 FOB 贸易来说，则不包括运费及随运输过程所发生的管理费。一般贸易商会给其客户报出何时何地交货的贴水。CP+贴水则为实际成本价。由于 CP 仅为一挂牌参考价，而现货价往往因为货源的充裕或紧缺低于或高于 CP，为体现 CP+贴水中 CP 不变，故贴水价经常浮动，在货源充裕时，有时会出现零贴水或负贴水的现象。质量的波动会对贴水产生一定的影响，但主要还是取决于运费、CP 等。

⑮ 市势：由基本面、技术面等复杂因素共同作用形成的价格走势，一般分为牛市、熊市、盘整势。

- 牛市：价格依序出现更高的高点，称为上涨趋势市场，也叫多头市场。
- 熊市：价格依序呈现越来越低趋势的市场，也叫下跌趋势或空头市场。
- 盘整势：是指价格在一段时间内波动幅度较小，无明显的上涨或下降趋势，呈窄幅横向震荡整理，方向不易把握，分为上涨中的盘整、下跌中的盘整、高位区盘整、低位区盘整四种情形。
- 窄幅震荡：是价格分析术语，与之对应的为宽幅震荡，两者都没有具体的量化标准，而是相对于具体品种、惯常波动幅度和趋势状态判定的震荡幅度。

⑯ 监管机构：依法制定规则并实施日常监管的机构，包括中国证监会、各地监管局、证券期货业协会等，属于期货市场宏观层面。

⑰ 期货交易所：依法设立、依法设计合约、依规则监督期货合约交易的组织者，属于中观层面，行使裁判职责。

⑱ 期货公司：依法设立的期货行业中介商和服务商，属于期货市场微观层面。

⑲ 期货公司从业人员：依法注册后在期货公司全职执业的工作人员，属于期货市场微观层面。居间人（曾称为"经纪人"）不是期货公司从业人员。

⑳ 期货交易者：直接参与期货合约买卖的自然人或法人投资者，属于期货市场微观层面。

㉑ 结算：交易所根据当日结算价对交易双方持仓合约交易结果的资金清算。

（2）认真了解学习《期货交易管理条例》和期货交易所依法制定的各项制度。以下是期货交易所主要的交易制度目录，详细的制度内容可以在各大法定期货交易所的官方网站上查看。

① 保证金制度：投资者参与期货交易时所涉及的保证金管理制度。对投资者而言，主要是指备付保证金、交易保证金、追加保证金。

② 当日无负债结算制度：每天收盘后由交易所按当天结算价对所有持仓进行保证金清算划转。

③ 涨跌停板制度：当天内价格单边运行到规定程度时的价格熔断制度，包括涨停板和跌停板。

④ 持仓限额制度：规定投资者在单一期货合约持仓的最大数量。

⑤ 大户报告制度：规定投资者在具体期货合约上达到规定数量后对交易所的具表报告。

⑥ 交割制度：对期货合约交割工作各个方面做出的规定。

⑦ 强行平仓制度：当市场出现与交易所规则相应的市场极端状况时，由交易所对相关投资者的相关持仓合约进行强制了结的规定。

⑧ 风险准备金制度：为化解相关风险而建立的制度。

⑨ 信息披露制度：相关期货市场信息披露的各个方面的规定。

（3）随己所愿选取全国 149 家期货公司（中国期货业协会每年度都会进行监管评级，目前最高级别为 A 类 AA 级，简称"AA 级"）中的某家期货公司办理期货开户手续。在客户经理指导下下载行情软件（一般为赢顺或博易），也可同时免费下载安装手机版期货行情交易软件，并且在期货公司指导下，学会行情看盘（看行情）和下单交易，下单交易软件需要完成期货开户手续后才能进入。

期货开户就是期货投资者与期货公司办理确立期货交易通道服务关系的相关手续，有人工（营业现场或非营业现场都可以）开户、电脑开户、手机开户三种方式。

一般，期货公司官方网站首页都有"电脑开户"、"手机开户"和"行情软件下载"按钮。

电脑开户方式：从电脑上搜索并进入某个期货公司网站（如申银万国

期货）后，双击"电脑开户"按钮（见图4-11），进入后按提示一步步进行操作。

图 4-11 "电脑开户"界面

手机开户方式：投资者在手机上搜索期货公司网站（如申银万国期货"sywgqh.com"）后，点击界面上的"手机开户"，然后按提示一步步进行操作（见图4-12）。

行情（及价格技术分析）软件下载：在电脑上搜索某个期货公司（如申银万国期货）并进入该公司官方网站，找到"行情软件"页面，双击"赢顺期货交易软件"后按提示一步步进行操作（见图4-13）。

单击"软件下载"按钮，双击"赢顺云行情交易软件"按提示成功安装后，打开快捷方式，显示如图4-14所示界面。这个行情界面上显示着国内期货市场上较为活跃的 30 多个品种合约及每个合约的名称、四项价格、相应的瞬间成交量（现手）、对应"买价"的"买量"等行情信息。

图 4-12  "手机开户"界面

图 4-13  赢顺期货交易软件下载页面

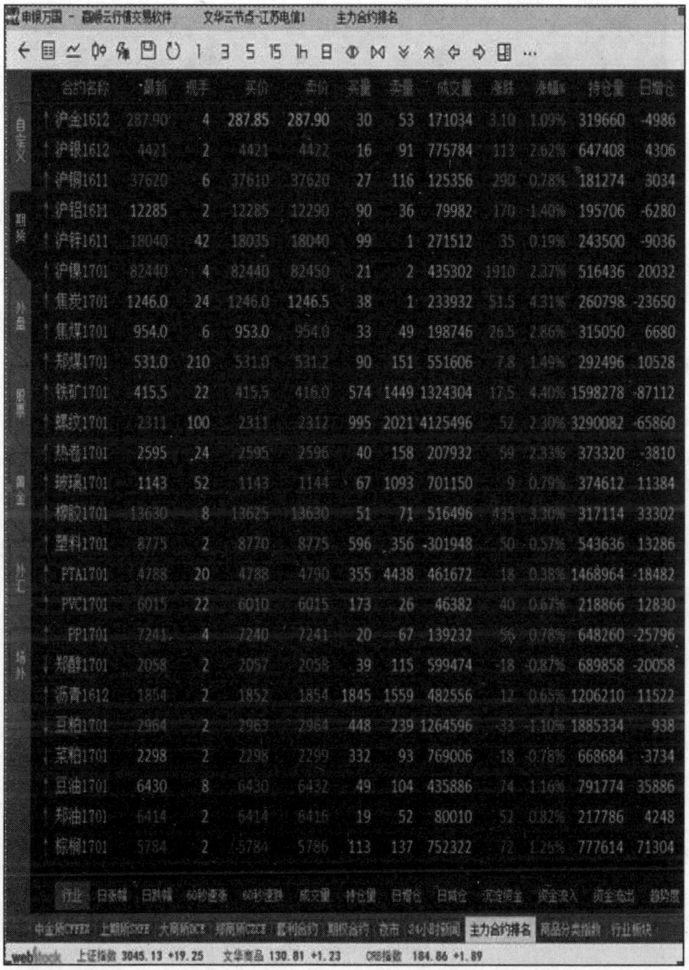

图 4-14　下载安装成功后的赢顺期货行情界面

在行情界面上还可以点击右键选择"抬头格式域调整"选项调整行情界面各个项目的显示顺序。

在下载后的行情软件界面上双击某一行即可打开一个商品期货品种合约的技术分析界面，如图 4-15 所示。

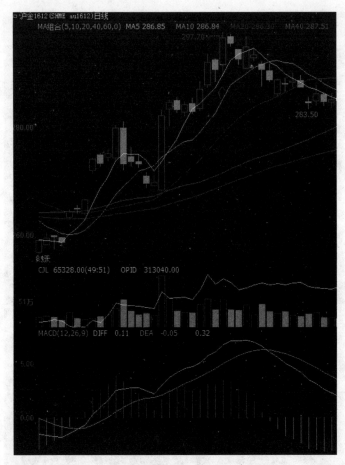

图 4-15　沪金 1612 合约技术分析界面

　　在实际操作中，根据交易品种及相关品种行情观察需要以及技术分析图形需要，可以进行"行情+技术分析"的页面设置（见图 4-16）。

　　（4）期货投资者最好借助四大法定交易所官方网站认真熟悉相关期货合约的商品品种知识，了解相关品种的合约设计、质量标准、交割地点，以及其他交易、结算、交割等交易所的各项规章制度。

图 4-16 "行情+技术分析"显示界面

期货品种合约展示实例，如表 4-4 所示。

表 4-4 玉米淀粉期货合约

| 交易品种 | 玉米淀粉 |
|---|---|
| 交易单位 | 10吨/手 |
| 报价单位 | 元（人民币）/吨 |
| 最小变动价位 | 1元/吨 |
| 涨跌停板幅度 | 上一交易日结算价的4% |
| 合约月份 | 1、3、5、7、9、11月 |
| 交易时间 | 每周一至周五9:00-11:30和13:30-15:00，以及交易所规定的其他时间 |
| 最后交易日 | 合约月份第10个交易日 |

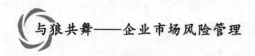
续表

| 最后交割日 | 最后交易日后第3个交易日 |
|---|---|
| 交割等级 | 大连商品交易所玉米淀粉交割质量标准 |
| 交割地点 | 大连商品交易所玉米淀粉指定交割仓库 |
| 最低交易保证金 | 合约价值的5% |
| 交割方式 | 实物交割 |
| 交易代码 | CS |
| 上市交易所 | 大连商品交易所 |

期货品种详细情况介绍实例如表 4-5 所示。

表 4-5　期货品种玉米淀粉的详细情况介绍

**一、我国玉米淀粉概述**

玉米淀粉是将玉米经粗细研磨，分离出胚芽、纤维和蛋白质等副产品后得到的产品，一般来说，约 1.4 吨玉米（含 14%水分）可以提取 1 吨玉米淀粉。

据中国海关数据，2013 年我国玉米淀粉出口量约 9.7 万吨，进口量约 0.15 万吨。玉米淀粉产业集中度较高，前 10 大企业（集团）产量占比达到 59%。玉米淀粉物流流向清晰，华北地区（含山东）和东北地区（含内蒙古）除供应区域内部外，主要流向华东和华南地区。据中国淀粉工业协会数据，2009—2014 年上半年全国玉米淀粉平均出厂价格在 1606～3134 元/吨波动，波动幅度约为 95%。2014 年上半年全国玉米淀粉平均出厂价格在 2608～3095 元/吨波动，波动幅度约为 18.7%，2014 年上半年平均出厂价格均值约为 2800 元/吨。

**二、玉米淀粉生产、贸易与消费概况**

（一）我国玉米淀粉生产概况

20 世纪 90 年代后，我国玉米淀粉产业进入快速发展阶段。1996 年，我国玉米淀粉产量达到 264 万吨，超过日本；1999 年，产量达到 420 万吨，我国成为仅次于美国的第二大生产国；2001 年首次突破 500 万吨，达到 509 万吨；2005 年产量较 2001 年增长一倍，并首次超过 1000 万吨达到 1017 万吨；2007 年首次突破 1500 万吨，达到 1530 万吨，是 2001 年产量的三倍；2011 年首次突破 2000 万吨，达到 2082 万吨，是 2001 年的四倍；2013 年再创新高，达到 2350 万吨。

过去十年我国玉米淀粉产量增长约 170%，年均复合增长率接近 10.4%。

2001 年，我国玉米淀粉产业开工率达到 72%，之后出现回落。2005 年以前，我国玉米淀粉产业开工率一直保持在 69%以上，其后出现大幅下降和剧烈波动，2008 年曾一度下跌至 60%。2010 年在国家四万亿投资需求拉动下反弹至 67%，之后再次回落。2012 年开工率再度跌至历史新低，达到 59%。2013 年开工率回升至 65%左右。

玉米淀粉生产集中于华北和东北玉米产区，据中国淀粉工业协会数据，从地域上看，2013 年前五大生产省份依次为山东（约 1032 万吨，占 43.9%）、吉林（约 417 万吨，占 17.7%）、河北（约 257 万吨，占 10.9%）、黑龙江（约 153 万吨，占 6.5%）和河南（约 144 万吨，占 6.1%），五省合计占比约为 85.3%。玉米淀粉产业集中度较高，据中国淀粉工业协会数据，2013 年产量 10 万吨以上的规模企业达 43 家，总产量近 2262 万吨，占全国总产量的 96%，前 10 大企业（集团）产量占比达到 59%。

玉米淀粉的供需板块格局清晰。从供给看，按生产规模依次为华北（含山东）、东北（含内蒙古）和西北三个产区。从需求看，我国玉米淀粉需求主要分布在华北、华东和华南。华北区是玉米淀粉的主产区也是销区，存在重叠。玉米淀粉的贸易物流走向与玉米原料的贸易流向极为相似，大致分为"华北-黄淮汽运自足区"、"东北-东南沿海铁海联运区"及"西北-西南汽铁结合区"三大物流区域。

华北地区（含山东）和东北地区（含内蒙古）除供应区域内部外，主要流向华东和华南地区。

据中国淀粉工业协会统计，每年从东北（含内蒙古）外运淀粉数量在 400 万吨左右，东北是我国玉米淀粉主要的外运地区。东北玉米淀粉主要流向华南沿海和内陆沿江省市。

从国际贸易看，我国玉米淀粉长期保持净出口状态。2013 年，玉米淀粉进口量约 0.15 万吨，而出口量达到了 9.7 万吨，贸易顺差 9.55 万吨。

（二）我国玉米淀粉消费概况

我国的玉米淀粉下游需求领域较广，包括淀粉糖、啤酒、医药、造纸、化工、食品加工、变性淀粉七大行业，其中淀粉糖是用量最大的行业，约占玉米淀粉消费总量的 55%，其后依次是啤酒（约占 10%），医药（约占 8%），造纸和化工（分别约占 7%）、食品加工（约占 6%）、变性淀粉（约占 5%）。

玉米淀粉消费具有较强的周期性，受季节和假日效应影响显著。一般情况下，玉米淀粉需求量与我国农历年度节奏契合度较高，下半年玉米淀粉需求量要高于上半年；元旦和春节（过年双节）、中秋和十一（国庆双节）等重大节日前后存在较明显的销售淡旺季。

玉米淀粉用途广泛，消费地域分布广，沿海地区几大经济区域占据突出地位，消费量占全国

> 消费总量的一半以上。据中国淀粉工业协会数据，长三角约占17%，珠三角约占14%，胶东半岛约占12%，福建地区约占7%。
>
> ......

期货品种交割仓库展示实例，如表4-6所示。

表4-6 大连商品交易所玉米淀粉指定交割厂库名单（可到大商所官网下载）

| 交割厂库名称 | 地　址 | 铁路装运站 | 电　话 |
|---|---|---|---|
| 中粮生化能源（榆树）有限公司 | 吉林省长春市五棵树开发区东风大街1号 | 五棵树站 | 010-85018543 |
| 诸城兴贸玉米开发有限公司 | 山东省诸城市东环路385号 | 诸城站 | 0536-6060020 |
| ...... | ...... | ...... | ...... |

## 5．如何做好期货

单纯从期货交易（俗称"炒期货"）的角度看，做好期货需要一看、二做。看，就是看盘、分析，分析与品种相关的宏观经济面、产业供需面、技术面、资金面；做，就是下单，完成买卖交易动作。有人说"炒期货太简单了，动动手指头就完成交易了"。但是，要做好交易，绝非仅仅动动手指头，需要付出努力做分析、动脑思考想策略、用心考虑防风险。要做好交易，不仅要分析好技术面、心理面、资金面，还要分析好宏观经济大形势和产业供需具体状况。

从企业防范市场风险的角度看，企业的经营决策者或风控部团队要达到企业规避市场风险的工作意图，更需要客观认真对待期货这个风险管理工具，既要做好宏观经济、产业供需、技术面、资金面的分析，又要在必要时做好相关期货交易。同时做好分析工作和期货交易工作，以使企业达到规避市场风险的目的。

"看透了，做对了"是做好期货交易的完整含义。前者要求投资者、个人、团队以苦行僧的方式每周六天、每天几乎 20 个小时认真全面地做好期货交易前的准备工作。重点是实时搜集、归纳、整理各种财经社会信息，对宏观经济、产业供需、价格技术图形、资金力量表现做出科学分析，得出明确的分析结论，以便指导期货交易工作（或者提供企业经营决策参考）；有了科学坚实的价格分析工作做基础，才能起草期货交易策略、制订交易计划、进入交易过程、预设风控对策，在瞬息万变的市场中自然应对，达到"赚时明明白白、赔时清醒冷静"的交易状态。

因此，期货投资者一要学会掌握宏观经济分析方法和产业供需分析方法；二要学会使用期货工具，掌握技术面和资金面分析方法；三要结合企业经营需要，冷静科学制订交易计划，做到进退有据，避免"冲动、盲目、随意"式的交易行为。

## 4.5.2　期货价格技术分析方法

分析商品期货价格的专业方法也基本适用于金融期货价格分析。常用的技术分析方法主要包括：K 线图及其组合分析、技术指标分析、循环周期理论、波浪理论、江恩理论等。笔者实践使用较多的是前四类分析方法。当然，建议各位读者尽量广泛地通学，然后有选择地使用分析方法。

## 1．K线图及其组合分析

K线图也称为蜡烛图、阴阳图，每根K线由实体部分和影线（上影线、下影线）部分组成，对应着开盘价、收盘价、最高价、最低价四个价格，所以，K线图也可通俗地称为"四价图"。

收盘价比开盘价高，则这根K线被称作阳线或红色蜡烛；收盘价比开盘价低，则这根K线被称作阴线或绿色蜡烛。阳线K线（红色蜡烛）所代表的强势，意味着市场上买进的力量比卖出的力量强大，造成价格趋势向上；阴线K线（绿色蜡烛）所代表的弱势，意味着市场上卖出的力量比买进的力量更大，造成价格下跌。

K线的颜色决定其方向性质（在彩色图上，用红色K线代表强势，用绿色K线代表弱势；在黑白图上，用空心K线代表强势，用实心黑色代表弱势）；K线图实体部分（蜡烛图的烛体部分）的大小、影线长短决定价格上涨或下跌的强度。

### 1）K线图的基本形态

K线图的标准形态如图4-17所示，但在实际状况中，实体部分的大小和上下影线的长度会有很多形态，从而造成K线图的千变万化，这也代表着不同的市场强弱程度。

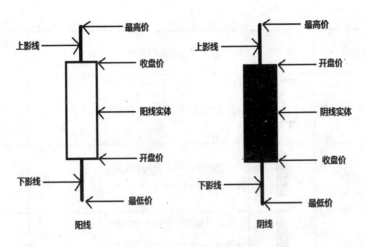

图 4-17　K 线图的标准形态

## 2）K 线图及其组合分析：单枝 K 线（见表 4-7）

表 4-7　K 线图及其组合分析：单枝 K 线

| K 线名称 | 形　态 | 含义、后市指导意义 | 变化<br>（1/0） | 方向<br>（G/B） | K 线数<br>（S/D/T/F/M） |
|---|---|---|---|---|---|
| 标准中阳线或中阴线 | □ 或 ■ | 四价齐现，力度较大；多空双方均势 | 0 | / | S |
| 标准小阳线或小阴线（类似星星） | □ 或 ■ | 四价齐现，力度不大；多空势均力敌 | 0 | / | S |
| 大阳线 | | 强势线；下跌势中且低位区出现则后市更强 | 1 | G | S |
| 光头光脚大阳线 | | 极强线；延续原来涨势或逆转跌势。但涨势持续一段时间后出现时要防止涨势接近尾声 | 0/1 | G/B | S |
| 带上短下长影线 | □ 或 ■ | 强势线 | / | G | S |

171

| K线名称 | 形　态 | 含义、后市指导意义 | 变化 (1/0) | 方向 (G/B) | K线数 (S/D/T/F/M) |
|---|---|---|---|---|---|
| 光头（脚）中阳线 | | 涨势中，出现在高位区强势线 | 0 | G | S |
| 高位区大阴线 | | 涨势末期出现，消耗性上升，拉高出货；后市变盘 | 1 | B | S |
| 谷底区大阴线 | | 跌势末期出现于低位区，恐慌性抛售（配以成交放量，持仓大增更明显）；变盘 | 1 | G | S |
| 光头光脚大阴线 | | 极弱线；上涨末期则后市变盘，下跌过程中则持续，下跌末期为企稳 | / | B | S |
| 带上长下短长阴线 | | 弱势线；根据市况 | / | B | S |
| 光头（脚）中阴线 | | 弱势线；根据市况 | / | B | S |
| 十字星 | | 平衡势；根据市况 | / | / | S |
| 一价线 | | 涨（跌）停板且没有打开过 | / | / | S |
| 射击之星（阴） | 涨势中 | 跳高之后，长上影线，光脚短身；涨势末期可能变盘 | 1 | B | S |
| 垂死十字 | 涨势已久 | 上影线很长，下影线很短或没有 | 1 | B | S |
| 吊颈 | 涨势已久 | 下影线是烛身两倍或更长，上影线极短或没有。阴线烛身更佳 | 1 | B | S |

172

续表

| K 线名称 | 形　态 | 含义、后市指导意义 | 变化<br>(1/0) | 方向<br>(G/B) | K 线数<br>(S/D/T/F/M) |
|---|---|---|---|---|---|
| 锤头 | 底部出现 | 下影线是烛身两倍或更长，上影线极短或没有。阳线烛身更佳 | 1 | G | S |
| 倒转锤头 | 底部 | 上影线是烛身两倍或更长，下影线极短或没有。烛身为阳线 | 1 | G | S |

### 3）K 线图及其组合分析：双枝 K 线（见表 4-8）

表 4-8　K 线图及其组合分析：双枝 K 线

| K 线名称 | 形　态 | 含义、后市指导意义 | 变化<br>(1/0) | 方向<br>(G/B) | K 线数<br>(S/D/T/F/M) |
|---|---|---|---|---|---|
| 穿头破脚 | 跌势中 | 后阳线完全包含前阴线（比例越悬殊，后烛成交越大，不仅覆盖一根阴烛） | 1 | G | D |
| 穿头破脚 | 涨势中 | 后阴线完全包含前阳线 | 1 | B | D |
| 曙光初现 | 跌势中 | 低位阴线阳线相邻，后阳线开低于前收，后收高于前收。（高于50%以上，成交持仓放大） | 1 | G | D |
| 乌云盖顶 | 涨势中 | 高位阳线阴线相邻，后阳线开高于前收，收低于前收 | 1 | B | D |

173

续表

| K线名称 | 形　态 | 含义、后市指导意义 | 变化（1/0） | 方向（G/B） | K线数（S/D/T/F/M） |
|---|---|---|---|---|---|
| 好怀六甲 | 跌势中 | 低位区大阴线之后小阳烛 | 1 | G | D |
| 淡怀六甲 | 涨势中 | 高位区大阳线之后小阴烛 | 1 | B | D |
| 好十字 | 跌势中 | 低位区长阴线之后出现十字 | 1 | G | D |
| 坏十字 | 涨势中 | 高位区长阳线之后出现十字 | 1 | B | D |
| 待入线 | 高位震荡/初跌 | 长阴线与小阳线相邻，后收平于前低 | 0 | / | D |
| 切入线 | 高位震荡/初跌 | 长阴线与小阳线相邻，后收高于前收 | 0 | / | D |
| 插入线 | 高位震荡/初跌 | 长阴线与长阳线相连，后开较低，收于前阴线 1/2 之下 | 0 | B | D |

续表

| K 线名称 | 形 态 | 含义、后市指导意义 | 变化<br>（1/0） | 方向<br>（G/B） | K 线数<br>（S/D/T/F/M） |
|---|---|---|---|---|---|
| 上挽袖线 | 涨势中出现 | 长度接近阳阴长烛，后阴线低开，收低于前低，涨势持续 | 0 | G | D |
| 下挽袖线 | 跌势中出现 | 长度接近阴阳长烛，后阳线高开，收高于前高，跌势持续 | 0 | B | D |
| 接连星星 | 涨势中 | 后市如何需要看第三日 | / | / | D |
| 雨滴 | 跌势中出现 | 后市如何需要看第三日 | / | / | D |
| 约会线 | 跌势中 | 阴线阳线相邻，长度相近，收盘价相近相向 | 1 | G | D |
| 双飞乌鸦 | 涨势中 | 首个阴线裂口高开低收而成，后阴线再高开低收，越长越准 | 1 | B | D |
| 裂口/窗口/缺口 | | 前后高低价不相接，成为阻力/支撑；视所处位置和先后顺序可分为突破、持续和衰竭三种裂口 | / | / | D |

175

| K线名称 | 形　态 | 含义、后市指导意义 | 变化<br>（1/0） | 方向<br>（G/B） | K线数<br>（S/D/T/F/M） |
|---|---|---|---|---|---|
| 平顶 | 涨势中 | 两个或两个以上同价顶部 | 1 | B | D/M |
| 平底 | 跌势中 | 两个或两个以上同价底部 | 1 | G | D/M |

4）K 线图及其组合分析：多枝 K 线（见表 4-9）

表 4-9　K 线图及其组合分析：多枝 K 线

| K线名称 | 形　态 | 含义、后市指导意义 | 变化<br>（1/0） | 方向<br>（G/B） | K线数<br>（S/D/T/F/M） |
|---|---|---|---|---|---|
| 早晨十字星 | 跌势中 | K 线组合顺序依次为低位区阴烛、十字星、阳烛 | 1 | G | T |
| 黄昏十字星 | 涨势中 | K 线组合顺序依次为高位区阳烛、十字星、阴烛 | 1 | B | T |
| 早晨之星 | 跌势中 | 修长阴烛、裂口收小烛，后阳线收高于首收且深入首个 K 线烛身部分 | 1 | G | T |

续表

| K 线名称 | 形　态 | 含义、后市指导意义 | 变化<br>（1/0） | 方向<br>（G/B） | K 线数<br>（S/D/T/F/M） |
|---|---|---|---|---|---|
| 黄昏之星 | 涨势中 | 修长阳烛、裂口收小烛，后阴线收低于首开且深入首身 | 1 | B | T |
| 三颗红星 | 跌势中 | 低位区连续三个星 | 1 | G | T |
| 三飞乌鸦 | 涨势中 | 高位区三连阴，后枝均收于前枝低价区 | 1 | B | T |
| 三阳开泰 | 跌势中 | 低位区连续三根阳线 | 1 | G | T |
| 三阳受阻 | 涨势中 | 三阳之第三根 K 线出现长上影线且蜡烛身体很短小 | / | / | T |
| 三顶 | 涨势中 | 三价高点相同 | 1 | B | T |
| 三底/三川 | 跌势中 | 低位区三低点相近 | 1 | G | T/F |

| K线名称 | 形 态 | 含义、后市指导意义 | 变化<br>（1/0） | 方向<br>（G/B） | K线数<br>（S/D/T/F/M） |
|---|---|---|---|---|---|
| 最后抱线 | 跌势中 | 低位区后枝大阴线全包前枝小阳线，第三日高于前收开盘时买入 | 1 | G | T |
| 衰竭底 | 跌势中 | 第四日收阳时买入 | 1 | G | F |
| 阳孕阴 | 跌势中 | 非低位区出现三枝阴线后一枝大阳线；后市续跌 | 0 | B | F |
| 阴孕阳 | 跌势中（不在低位区） | 一枝大阴线之后三枝小阳线，卖出 | 0 | B | F |

## 5）K 线图及其组合分析：形态分析（见表 4-10）

表 4-10  K 线图及其组合分析：形态分析

| K线名称 | 形 态 | 含义、后市指导意义 | 变化<br>（1/0） | 方向<br>（G/B） | K线数<br>（S/D/T/F/M） |
|---|---|---|---|---|---|
| 双顶（M 头） | 涨势中 | 两顶价位相差 3%以内，成交量呈同形态，后顶成交量可能较小；下破颈线不需量之配合；二顶不高过首顶，破颈 3%以上确认；可测后市幅度。二顶回落幅度 10%~20% | 1 | B | M |

178

续表

| K 线名称 | 形　态 | 含义、后市指导意义 | 变化<br>（1/0） | 方向<br>（G/B） | K 线数<br>（S/D/T/F/M） |
|---|---|---|---|---|---|
| 双底（W 底） | 跌势中 | 两底价位相差 3%以内，后底高于前底，成交量图不必同形态，但上破颈线必须量之配合；破颈 3%以上确认，可测幅度 | 1 | G | M |
| 头肩顶<br>（三重顶） | 升势中 | 成交量上左肩较大，下减小；上头量大但背离，上右肩再减。先破趋势线，后破颈线为突破，反抽机会大，但不可过右肩，可测 | 1 | B | M，可能演变为巩固形态 |
| 头肩底<br>（三重底） | 跌势中 | 成交量左肩减量，下头续减，上头量升，右肩量再升。反抽常见，价幅不大，形成较长，破颈线须大成交量（后市幅度可测） | 1 | G | M，可能演变为巩固形态 |
| 圆顶（扣碟） | 升势中 | 与头肩顶同形态，但波幅小，可有"碟柄" | 1 | B | M，长期市势 |
| 圆底（碟形） | 跌势中 | 与头肩底同形态，但波幅小 | 1 | G | M，长期市势 |
| 连续圆底 | 跌势中 | 后碟均价高于前碟，成交量同形态变化，缓稳上升，后底买入 | 1 | G | M，长期市势 |

179

续表

| K线名称 | 形　态 | 含义、后市指导意义 | 变化<br>（1/0） | 方向<br>（G/B） | K线数<br>（S/D/T/F/M） |
|---|---|---|---|---|---|
| 塔形顶(孤岛反转) | 升势中 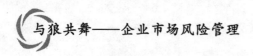 | 一枝长阳/一串阳烛之后出现一枝长阴/一串阴烛（前后裂口） | 1 | B | M |
| 塔形底 | 跌势中 | 一枝长阴/一串阴烛之后出现一枝长阳/一串阳烛（前后裂口） | 1 | G | M |
| 上升三部曲 | 低位盘局 | 一枝长阳，三枝或以上短烛最低价未破首枝低，最后一枝阳，收破首收 | 1 | G | M |
| 下跌三部曲 | 高位盘局 | 一枝长阴，三枝或以上短烛最高价未破首枝高，最后一枝长阴，收破首收 | 1 | B | M |
| 上升楔形 | 升势中 | 价限于两条渐汇直线内，上斜，成交渐小。破支撑后回到起点 | 1 | B | M |
| 下降楔形 | 跌势中 | 价限于两条渐汇直线内，上斜，成交渐小。上破需量，幅度可测 | 1 | G | M |

续表

| K线名称 | 形　态 | 含义、后市指导意义 | 变化<br>（1/0） | 方向<br>（G/B） | K线数<br>（S/D/T/F/M） |
|---|---|---|---|---|---|
| 孤岛反转 | 跌势中/涨势中<br> | 原消耗裂口开始，后突破裂口结束，向上反转必须放量配合 | 1 | G/B | M |
| V形 | 跌势中<br> | 单日转向，成交量呈同形态，突发信息引致较多，上破放量 | 1 | G | M，有时V形延伸演变为巩固型 |
| 倒V形 | 升势中<br> | 单日转向，成交量呈同形态，突发信息引致较多 | 1 | B | M |
| 钻石形<br>（菱形） | 升势中<br> | 顶部成交量大，此后减少 | 1 | B | M |
| 对称三角形 | | 成交渐小，两价对称趋近。多在全程1/2或3/4处突破，可测 | 0 | / | M |
| 上斜三角形 | | 上沿水平，下沿上斜 | 0 | / | M |
| 下斜三角形 | | 下沿水平，上沿下斜 | 0 | / | M |
| 喇叭形 | | 下沿水平，上沿上斜 | 0 | / | M |

181

| K线名称 | 形 态 | 含义、后市指导意义 | 变化<br>(1/0) | 方向<br>(G/B) | K线数<br>(S/D/T/F/M) |
|---|---|---|---|---|---|
| 上斜旗形 | | 急升/急跌后出现，成交量渐小，突破时量放大，运行时间不应超过四周 | 0 | / | M |
| 下斜旗形 | | | 0 | / | M |
| 长方形 | 升势早段 | 平行区间内成交，上破时有量 | 0 | / | M |
| 普通缺口 | 普通缺口 | 出现在整固趋势中，无趋势指导意义，易补上 | / | / | M |
| 突破缺口 | 突破缺口 | 多在头肩顶（底），岛屿转向，在三角形中，突破放量，很难补上 | 1 | G/B | M |
| 持续（量度）缺口 | 持续缺口 | 中长期趋势之中途，可测量余下幅度 | 0 | / | M |
| 衰竭缺口 | 岛形反转顶<br>衰竭缺口　向下突破缺口 | 市势末期 | 1 | B/G | M |

182

续表

| K线名称 | 形 态 | 含义、后市指导意义 | 变化（1/0） | 方向（G/B） | K线数（S/D/T/F/M） |
|---|---|---|---|---|---|
| 转向形态小结 | 图略（见前述相关转向形态图例） | 转向前已存在一种趋势，转向必破此重要趋势线。<br>转向形态大小可测后市幅度。<br>转向前形态空间越大，转向后空间越大。<br>转涨需大成交量配合，转跌则不必。<br>顶部转向时间短，底部转向较艰难。<br>对于转向形态、巩固形态、相对价位区、参照期而言，多数形态既可能成为转向形态，也可能成为巩固形态 | | | |

备注：

（1）"含义、后市指导意义"包括对 K 线图形的描述和后市可能的市场发展趋势。

（2）"变化（1/0）"是指后市价格可能延续原来方向则用数字"0"表示，后市可能改变原来方向则用数字"1"表示，"/"表示无明显意义。

（3）"方向（G/B）"指后市价格可能向好（G——Good）上涨或向坏（B——Bad）下跌。

（4）"K 线数（S/D/T/F/M）"分别代表一枝（Single）、两枝（Double）、三枝（Three）、四枝（Four）、很多枝（Many）K 线。

（5）上述图形含义以及本书所有的各种分析都是可能的一般性规律，并非必然规律。

### 6）K 线图应用补充

（1）常在 K 线图上配以其他分析工具或进行其他理论分析。如 MA、趋势线、平行线、甘氏线、黄金分割率及波浪理论、循环周期理论等。

183

（2）常以价量仓综合分析进行市场资金力量变化的分析。

（3）常与技术指标分析法结合分析。

## 2. 常用技术指标分析

### 1）技术指标 MA（移动平均线）

（1）理论。

① 将某一段时间内的收盘价进行加权平均计算得出的价格作为这段时间的均衡价格。均衡价格连点为线成为移动平均线。

② 若均衡价格在日收盘价之上，则意味着供过于求，卖压重，价格难涨；反之，若均衡价格在日收盘价之下，则意味着供不应求，买力强，价格难跌。

③ 根据选取天数的多少，移动平均线分为短期（SMA：Short MA）、中期（MMA：Middle MA）、长期（LMA：Long MA）三种。

在 K 线图形上，当日线、短线、中线、长线依次从上到下排列时，则市场态势为多头市场。

在 K 线图形上，当日线、短线、中线、长线依次从下到上排列时，则市场态势为空头市场。

（2）计算。

计算出多个平均数 MA，连点为 MA 线。

① 算术移动平均线（Simple Mathematic Moving Average）。

$$MA=(C_1+C_2+C_3+\cdots+C_n)/n$$

其中，

$C_1$——第一日收盘价。

$n$——移动平均数周期。

移动（Moving）：用 $C_n$ 代替 $C_1$，即当新收盘价 $C_n$ 出来后，剔除最前一日的收盘价 $C_1$。

② 加权移动平均线（Weighted Moving Average）。

加权移动平均线考虑了最近一日收盘价对未来价格的更大影响力。

线型移动平均线（Linear-weighted）。

$$MA=(C_1\times1+C_2\times2+C_3\times3+\cdots+C_n\times n)/(1+2+3+\cdots+n)$$

阶梯式移动平均线（Step-weighted）（以二日作一阶为例）。

$$MA=[(C_1+C_2)\times1+(C_2+C_3)\times2+\cdots+(C_{n-1}+C_n)(n-1)]/$$
$$[2\times1+2\times2+\cdots+2\times(n-1)]$$

平方系数移动平均线（Square-factor）：由线型移动平均线演变而来，将每一个权数平方。

$$MA=(C_1\times 1^2+C_2\times 2^2+\cdots+C_n\times n^2)/(1^2+2^2+\cdots+n^2)$$

③ 指数平滑移动平均线（Exponential Smoothing Moving Average）（以五日 EMA 为例）。

先用算术移动平均数算出第一个点：

$$MA=(C_1+C_2+\cdots+C_5)/5$$

则：

$$EMA_6=C_6\times 1/5+EMA_5\times 4/5$$

（3）应用。

① 格兰维尔八大买卖原则。

- 平均线由下跌转为盘升而上，日线从下向上突破平均线：买进信号。

- 日线跌破均线，随后又反弹回到平均线上，而平均线始终保持上升：买进信号。

- 日线运行在均线之上，随后日线下行，但并未向下突破均线且立刻掉头向上：买进信号。

- 均线突然下行，猛烈下破均线，且快速远离均线，则随后有可能发生反弹上涨：短线买进信号。

- 均线由上升渐变为盘局或下行，日线下破均线：卖出信号。

- 日线上破均线但又立刻跌回均线以下，均线一直保持下行态势：卖出信号。

- 日线运行在均线以下，偶然上升，但并未上破均线且很快又反转下行：卖出信号。

- 日线突然上行上破均线且快速远离高于均线，则随后有可能发生反转下跌：卖出信号。

② 应用移动平均线轨道。

当价位在趋势线上下游动时，可在主要的移动平均线上下自设一个轨道，待价格上破轨道则买进；反之，则卖出。轨道的设置比例依投资者的资金实力而定。

③ 长、短期 MA 的应用。

由于选取数据多少决定价格数据反应的灵敏程度，为使 LMA 变动缓慢稳定，而 SMA 变动较迅速，一般，SMA 取 10 日、LMA 取 30 日较好。具体应用如下。

- 日线稳定在 LMA、SMA 之上：买进信号。
- 日线跌破 SMA 则卖出平仓，继续跌破 LMA 则加新空单。
- SMA 跌破 LMA：开仓卖出；SMA 上涨冲破 LMA：开仓买进。
- 封洞：长短线 MA 连续两次交叉穿越后形成一块封闭空间，封洞形成进行相应买卖交易更可靠。

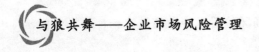

④ MA 的周期确定。

一般认为商品期货以 5 日、10 日、30 日作 SMA、MMA、LMA 线的周期较为可靠。

（4）缺点。

① 市场价格呈现盘整态势时，买卖信号出现频繁，不应作为买卖交易的依据。

② 与其他技术指标或技术分析方法验证使用更可靠。

**2）技术指标 MACD（指数平滑异同平均线）**

（1）理论。

① 运用快速 EMA 与慢速 EMA 聚合与分离的功能加以双重平滑运算，以预测买卖信号。

② 以 EMA 的特性，在一段真正的持续涨势中，快速线在慢速线之上，二者的乖离越来越大，涨势趋缓时，乖离缩小甚至交叉；反之，快速线在慢速线之下，二者乖离渐大。

③ 较好地去掉了移动平均线频繁的虚假信号。

（2）计算。

① 各自计算快速 EMA（取 12 日较好）和慢速 EMA（取 26 日较好）

的值，用快速 EMA 的值减去慢速 EMA 的值，得到的结果即"差离值（DIF）"（DIF 为正为红柱线；反之则为绿柱线）。

② 计算时分别加重最近一日的权数。

$EMA_n =$前一日 $EMA_n \times [n-1/(n+1)] +$今日收盘价 $\times 2/(n+1)$。

注意：第一日的 EMA 值取第一日的收盘价。

例：

12 日 EMA 为 $EMA_{12} =$前一日 $EMA_{12} \times 11/13 +$今日收盘价 $\times 2/13$；

26 日 EMA 为 $EMA_{26} =$前一日 $EMA_{26} \times 25/27 +$今日收盘价 $\times 2/27$

则：$DIF = EMA_{12} - EMA_{26}$

差离平均值（DEA）系 DIF 的平均数，一般取 9 日。

（3）应用。

① DIF 和 DEA 均在 0 轴之上为多头市场；DIF 和 DEA 均在 0 轴之下为空头市场。

② 价格在 K 线图上依序越来越高，在 MACD 图形上却依序越来越低，为顶背离，是比较准确的价格反转信号，预示跌势将要来临。反之，为底背离。

③ 市场价格波动呈盘整局势时，DIF 和 DEA 频繁交错，MACD 对市场

趋势判定缺乏指导意义，可以着重注意 MACD 图形上的扇形乖离程度，跟踪何时出现局势突破。

④ 差离值正负性质发生转化，行情可能反转。

⑤ 0 轴之上，DIF 上穿 DEA，开仓买进；0 轴之下，DIF 上穿 DEA，买进平仓。0 轴之上，DIF 下破 DEA，卖出平仓；0 轴之下，DIF 下破 DEA，卖出开仓。

⑥ 牛市中，DIF 和 DEA 持续上扬，两线间乖离加大时，应将多单逐步卖出平仓了结，激进型投资者可以少量尝试短线做空。

**3）技术指标 BIAS（乖离率）**

（1）理论。

当价格远离平均线时便会重新向平均线靠拢，BIAS 用于测量价格远离平均线的距离。

（2）计算。

计算公式为：

$$BIAS = 100 \times （当日价格 - n 日平均价格）/ n 日平均价格$$

若 $n=10$ 则取 10 日平均价格，所得为 10 日平均线乖离率；

若 $n=30$ 则取 30 日平均价格，所得为 30 日平均线乖离率。

（3）应用（见图 4-18 和图 4-19）。

① 当日价格与平均线相交，则乖离率为 0。当日价格在平均线以上，则为正乖离；正乖离率越大，多头涨势回调的可能性越大。当日价格在平均线以下，则为负乖离；负乖离率越大，空头跌势反弹的可能性越大。

② 10 日平均线乖离率在 8%以上，市况超买，为卖出时机；若在-8%以下则反之。30 日平均线乖离率在 16%以上，市况超买，为卖出时机；若在-16%以下则反之。

③ 大势上升，会出现多次高价，可于先前高价的正乖离点出货；大势下跌，会使负乖离率加大，可于前次低价的负乖离率点买进，这是短线技巧。

④ 大势狂跌，负乖离率加大，达先前低点，空单可获利了结，若遇到趋近于 0 的负乖离率，价格突然反弹，可以抛空。

⑤ 盘局时的乖离率不作为研判指标。

⑥ 价格猛升，正乖离率接近过去的高纪录时，应卖出了结；价格狂跌，负乖离率接近过去的低纪录时则可买进。

⑦ 在上升趋势市场遇负乖离，可趁回跌买进。在下跌趋势市场遇正乖离，可逢回升抛售。

⑧ 结合 MACD 交叉变换分析更佳。

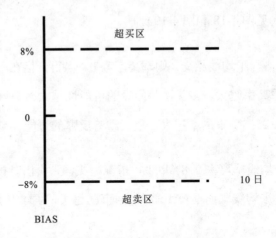

图 4-18　10 日乖离率应用图示

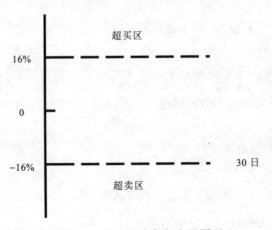

图 4-19　30 日乖离率应用图示

## 4）技术指标 MB（移动平均乖离）

（1）理论。

通过计算两条不同天数的移动平均线间的差距变化来预测价格走向。

（2）计算。

3 日对 6 日乖离线较敏感，多用于测短期波动；6 日对 12 日乖离线用于测中期波动。

3 日对 6 日 MB=100×（3 日平均价–6 日平均价）/6 日平均价

6 日对 12 日 MB=100×（6 日平均价–12 日平均价）/12 日平均价

（3）应用。

① 当发生乖离由正到 0 再到负的变化时，反映 3 日移动平均线从 6 日平均线的上方下行与 6 日平均线交叉，持续下行到 6 日平均线的下方，反映行情正在由涨向跌变化。

② 当正乖离多次未超过前次乖离则应卖出，反之则买进。

③ 当乖离率变为 0 时，常反映短期移动平均线在长期移动平均线上得到支撑或遇到阻力。

### 5）技术指标 BBI（多空指数）

（1）理论。

BBI 是移动平均原理的产物。将不同周期时间单位的移动平均值再平均，以此数值平均价与当日收盘价进行比较分析。

193

（2）计算。

$$BBI=（3 日 MA+6 日 MA+12 日 MA+24MA）/4$$

（3）应用。

① 适用于移动平均线 MA 格兰维尔八大买卖法则。

② 另类特点。

- 在高价区，收盘价跌破多空线，卖出信号。
- 在低价区，收盘线上破多空线，买进信号。
- 多空指数由下向上递增，实时价在多空线上，多头势强，买单继续
  持有。
- 多空指数由上向下递减，实时价在多空线下，空头势强，不宜买入。

6）技术分析指标 KD（随机指数）

（1）理论。

KD 融合移动平均线概念，判断超买超卖概率及买卖信号。

（2）计算。

以 9 日周期 KD 线为例，先计算 9 日未成熟值（RSV）。

RSV=100×（第 9 日收盘价-9 日内最低价）/（9 日内最高价-9 日内最低价）

即 RSV=100×（C9-9L）/（9H-9L）

① 随机快步指数：K 线为 RSV 的三日平滑移动平均线，D 线为 K 线的三日平滑移动平均线（K 线比 D 线快，D 线为慢速移动平均线）。

公式：$K$ 值=当日 RSV×1/3+前一日 $K$ 值×2/3

$\quad$ $D$ 值=当日 $K$ 值×1/3+前一日 $D$ 值×2/3

即，$\%K_t = RSV \times 1/3 + \%K_{t-1} \times 2/3$

$\quad$ $\%D_t = \%K_t \times 1/3 + \%D_{t-1} \times 2/3$

②随机慢步指数：$\%K_i = \%D$

$$\%D_i = (\%D + \%D_{t-1} + \%D_{t-2})/3$$

注：$\%D_i$ 为第 $i$ 天前的 $\%D$ 值。

一般以 3 日为周期计算 $K$ 值。$K$ 值为 RSV 的 3 日平滑移动平均值，$D$ 值为 $K$ 值的 3 日平滑移动平均线，J 值=3K−2D。

（3）应用（见图 4-20）。

① 根据快慢移动平均线原理，K 线上破 D 线为买进信号，K 线下破 D 线为卖出信号。

② $D$ 值＞70 时，市势超买；$D$ 值＜30 时，市势超卖（J 值＞100 或 J 值＜10）。

③ K 线、D 线在 75 以上或 25 以下交叉时，买卖信号较准确。

④ K 线倾斜度趋于平缓时为警告信号。

⑤ 结合日价判断差离信号：当价格出现新高回跌并再次上弹，同时，$D$ 值出现新高后回软，接下来未出现新高，系熊差离走势；当价格出现新低反弹后再创新低时，对应的 $D$ 值没有同步，则为牛差离走势。此时，结合 K 线、D 线交叉更为准确。

⑥ K 线、D 线交叉在 85 以上或 15 以下时，买卖信号准确。

⑦ K 线、D 线在 50 附近交叉为盘整局势，无明显买卖信号。

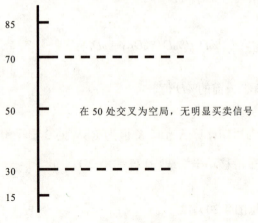

图 4-20　随机指数应用图示

**7）技术分析指标%R（威廉指数）**

（1）理论。

以一个买卖周期的日数的一半，来计算判断市况的超买超卖状态。一般以 10 个或 20 个交易日来计算%R（也可用 5 个交易日）。

（2）计算。

以 10 日%R 为例：

$$\%R = 100 \times （10 日内最高价 - 第 10 日收盘价）\div$$

$$（10 日内最高价 - 10 日内最低价）$$

（3）应用（见图 4-21）。

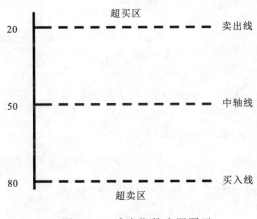

图 4-21　威廉指数应用图示

①　当%R＞80 时，市况超卖，行情可能见底，反弹上穿 80 线时，80 线为买入线。

②　当%R＜20 时，市况超买，行情可能见顶，冲高后下破 20 线时，20 线为卖出线。

③　当%R 由超卖区向上爬升时，行情反转，若突破 50 中轴线，涨势增强，可以追买；反之，可以追卖。

④ %*R* 进入超买区，行情未必立刻下跌，只有%*R* 跌破卖出线，才是卖出信号，反之亦然。

**8）技术指标 PSY（人气指标心理线）**

（1）理论。

PSY 研究一段时间内投资人趋向于买或卖的心理与事实，判断市况，一般取 12 日、24 日为短期、中期指标天数。

（2）计算。

$$PSY=100×（12 日上涨天数÷12）$$

（3）应用（见图 4-22）。

① 一般，PSY 在 25%～75%时为合理变动。

② PSY>75%或 PSY<25%就会出现超买或超卖现象。

③ 主力入市初期，PSY 可调为 83%与 17%，至行情尾声，再调至 75%与 25%。

④ 一般，上升行情出现前，超卖现象的最低点会出现两次；下跌行情出现前，超买现象的最高点会出现两次。

⑤ 高点密集出现两次为卖出时机，低点密集出现两次为买进。

⑥ 当 PSY<10%或 PSY>90%时，是强势超卖或超买现象。

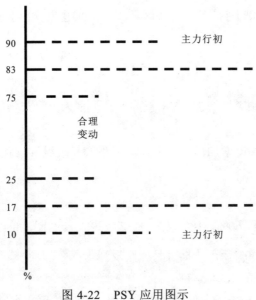

图 4-22 PSY 应用图示

## 9）技术指标 VR（容量比率）

（1）原理。

VR 是某段时期上升日交易总值与下降日交易总值的比值，用于判断市场买卖的气势，以判断趋势。

（2）计算。

VR=100（$n$ 日内上涨日成交总值+ $n$ 日内成交总值/2）/（$n$ 日内下跌日成交总值+$n$ 日内成交总值/2）

（3）应用（见图 4-23）。

① VR 为 80%～150%时，价格波动较小。

② VR＞350%时，进入超买区，应卖出平仓或卖出开仓。

③ 40%＜VR＜60%时，进入超卖区，应买进。

④ 交易金额突然增加，VR 直冲上升，常为上升市势的开始。

⑤ 低档时 VR 增加，价格未升，可买入（短线）；高档时 VR 增加，价格狂升，可逢高卖出。

⑥ VR 升至 160%～180%后，成交量进入衰退期，价格容易转涨为跌。VR 低至 40%～60%后，价格容易探底反弹。

⑦ 一般，VR 指标在低价区比较灵敏，在高价区需参照其他分析方法综合判断。

图 4-23　容量比率应用指标区间

注：人气指标心理线与容量比率配合使用可决定短期买卖点，可找出每一波段的高峰与低谷。

10）技术指标 RSI（相对强弱指标）

（1）理论。

RSI 是基于供求平衡原理，以价格涨跌为基础，评估市场买卖力量强弱。

（2）计算。

以 14 日周期为例（需有 15 日的收盘价）。

求取 14 日内每一日涨幅和每一日跌幅（相对前一日收盘价），则：

RS=14 日内收盘价涨幅平均值/14 日内收盘价跌幅平均值

RSI=100×[14 日内涨幅平均值/（14 日内涨幅平均值+14 日内跌幅平均值）]

计算下一日 RSI：以平滑计算法为佳，计算出当日涨幅平均值或跌幅平均值，代替第一日涨跌值并计算最新的 RSI。

当日涨（跌）幅平均值=前一日涨（跌）幅平均值×13/14+当日涨（跌）幅×1/14

RSI=100×[前一日涨（跌）幅平均值×13/14+当日涨（跌）幅×1/14]

（3）应用（见图 4-24）。

① 当指标在 70 线以上时，意味着市场价格进入超买区；

② 当指标在 30 线以下时，意味着市场价格进入超卖区；

③ 当指标在 50 一线时，意味着市场价格处于盘整区。

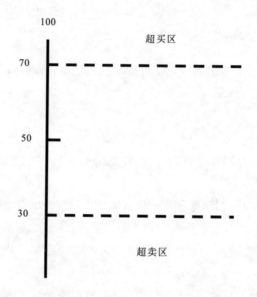

图 4-24　相对强弱指标应用图示

注：指标在 70 以上或在 30 以下较有参考价值。

### 11）技术指标 TAPI

（1）理论。

TAPI 是指每一指数跳动点的成交总值。成交量值的变化会反弹出买卖力量的强弱及对未来的期望。

（2）计算。

$$TAPI=每日成交总值/当日指数数值$$

（3）应用。

① 指数上涨，且成交量递增，TAPI 亦应递增。若发生背离，即指数上涨，且成交量递增，TAPI 下降，则为卖出信号。

② 指数下跌，但 TAPI 上升，则为买进信号（逢低吸纳）。

③ 在 K 线图持续上涨中有明显转折点，若 TAPI 值异常减少为向下反转信号，应逢高卖出。

④ 在 K 线图持续下跌中有明显转折点，若 TAPI 值异常增大为向上反转信号，可分批买进。

### 12）技术指标 DMI（动向指数）

（1）理论。

探寻价格在上升及下跌过程中的均衡点，即买卖双方力量变化的互动关系。由其剧烈的状况通过价格的变动达到逐渐减缓的趋势，再因买卖双方的力量变化而导致价格变动逐渐剧烈，以此价格转换方式循环不息。DMI 指标正是用来反映价格变化动向的。

（2）计算。

① 计算动向变化值（Directional Movement，DM）。+DM：当日最高价比前一日最高价高且当日最低价比前一日最低价高，即为上升动向+DM。上升幅度为当日最高价减去前一日最高价。-DM：当日最高价比前一日最高价

低且当日最低价比前一日最低价低，即为下降动向-DM。下降幅度为前一日最低价减去当日最低价。如果+DM 和-DM 相等，则 DM=0。

② 计算真正波幅（True Range, TR）。当日最高价减去当日最低价（H–L）；当日最高价减去前一日收盘价（H–PC）；当日最低价减去前一日收盘价（L–PC）。计算这三个差的绝对值，并取最大值为 TR。

③ 计算 DI。周期一般定为 10 日或 14 日，此处取 14，则+DI(14)= +DM(14)TR(14)×100%；−DI(14)= −DM(14)TR(14)×100%。

④ 计算动向指数 DX（+DI 与−DI 两者之差的绝对值除以两者之和的百分数）。DX=DI(14) DIF÷DI(14) SUM×100%；DI(14) DIF 是 14 日内上升指标和下降指标价差的绝对值；DI(14) SUM 是 14 日上升指标和下降指标的总和。

⑤ 计算动向平均值 ADX。ADX=DX÷14。

⑥ 计算平均动向指数的评估数，即 ADXR。一般按 21 日计算，计算公式：ADXR=（当日 ADX+前一日 ADX）÷2；其中：当日 ADX 代表第 21 日的 ADX；前一日 ADX 代表第 20 日的 ADX。

（3）应用。

① 适用于长线操作。

② 当+DI 上穿−DI 时为买入信号。若 ADX 上扬则涨势更强。

③ 当–DI 上穿+DI 或+DI 下破–DI 时为卖出信号。若 ADX 下跌则跌势将更盛。

④ ADX 在 70 左右，可能见顶，价格此时可能位于顶端附近。

⑤ +DI 与–DI 交叉时，出现买卖信号，随后 DX 与 ADX 相交便是最后一个买卖机会。

### 13）技术指标 OBV

（1）理论。

把成交量当作价格涨跌的能量潮；静者恒静，动者恒动，越往上升的价格承受越大的下降阻力，唯有不断注入新的能量才能确保原来的方向。

（2）计算。

① 当日收盘价>前一日收盘价，将当日成交量作为正值累加进去。

② 当日收盘价<前一日收盘价，将当日成交量作为负值累加进去。

③ 将每日成交量的总和标注在 OBV 图形中。

（3）应用。

① OBV 下降，价格上升，为卖出信号。

② OBV 上升，价格下降，为买入信号。

③ OBV 缓升，可买进。

④ OBV 急升，成交量增加太快，应卖出平仓。

⑤ 若 K 线图为 M 顶，且在第二顶时 OBV 无力上扬，成交量萎缩，此时易形成 M 顶，价格下跌。

⑥ 若 K 线图为 W 底，且在第二底时 OBV 领先上扬，成交量扩大，此时形成 W 底，价格上扬。

**14）技术指标 MTM（动力指标）**

（1）理论。

根据价格和供需量的关系，价格的涨（跌）幅度日渐缩小，速度力量亦慢慢减缓时，行情可能反转。

（2）计算。

$$OSC=（当日收盘指数／n日前收盘指数）\times100$$

$$MTM=当日收盘指数-n日前收盘指数$$

其中，$n$ 为周期，一般取 10。

（3）应用。

① 当 MTM 处于基数之上且在上升途中，当前价格比 10 周前高，则上升动力仍在增加中。

② 当 MTM 处于基数之上且在下降途中，虽当前价格比 10 周前高，但上升动力在衰减中。

③ 当 MTM 处于基数之下且在下降途中，虽当前价格比 10 周前低，但下跌动力在增加。

④ 当 MTM 处于基数之下且在上升途中，虽当前价格比 10 周前低，但上升动力在衰减。

⑤ 一般动力数值在 100 附近，参数一般设在 8～20，取 10 居多。

### 15）技术指标 AR/BR

（1）理论。

AR 反映市场买卖气势的指标，BR 反映市场买卖意愿的指标。在某一段时期，市场上多空双方的优势是不断交替的，市场上多方力量大，则买方气势就会比较强、卖方气势就会减弱；市场上空方力量大，则卖方气势就会比较强、买方气势就会衰弱。随着力量的消耗，买卖气势会逐渐发生转化、买卖意愿也会随之发生转变，新的市场力量格局再次孕育。

（2）计算。

AR=（当日最高价-当日开盘价）的 $n$ 日和/（当日开盘价-当日最低价）的 $n$ 日和。

BR=（当日最高价-当日收盘价）的 $n$ 日和/（前日收盘价-当日最低价）的 $n$ 日和。

其中，$n$ 一般取 26。

（3）应用。

① AR。

- AR=100 为买卖的平衡状态。

- AR<100，逢低买进。

- AR>200，逢高卖出。

- 价格高位下跌时，AR 跌至 50%时可买入。

- 价格低位上升时，AR 涨至 50%时可卖出。

② BR：结合 AR 使用。

- BR<AR，AR 在 50 左右可买进。

- BR>AR 转而 BR<AR，则可能做底，可买进。

- BR 由高点下降，降至 50%时可买入。

- BR 由低位上升一倍多时可卖出。

- BR<50 时进入低价区，BR>300 时进入高价区。

16）技术指标 CDP（逆势操作指标）

（1）理论。

CDP 适用于当日进出（短线操作）。

（2）应用。

① 短线进出必须当日平仓，如无满意价格平仓，也应在收盘前平仓。

② 此指标适用于价格波动较小的情况。

③ 在价格波动较小的情况下，当开盘价在近高价与近低价之间时，可在近低价买进、近高位平、在近高位卖出后在近低位买进平仓。

**17）技术指标 SAR（停损点转向操作指标）**

（1）理论。

利用抛物线原理，随时调整止损点位置，结合 K 线图分析。

（2）应用。

① SAR 图下破 K 线图转向点为买进信号。

② SAR 图上穿 K 线图转向点为卖出信号。

## 3．神奇数字——费波那契数列

神奇数字是意大利数学家费波那契在 13 世纪时发现的，因此也称为费波那契数列。1，2，3，5，8，13，21，34，…这个数字排列在现实世界的多个方面自然存在着。它看似很简单，但却包含神秘又自然的客观规律：①后面数字总是前面相邻两个数字之和。这体现的是道家思想已经揭示的大自然规律，即"道生一、一生万物，延绵不绝、循环往复"，这种自然规律下的数字排列也被称作神奇数字。② 前面一个数字与相邻后面一个数字的比值基本都接近于 0.618，而这个数字是正常人体躯干的上下身材比例，这是人类在大自然中进化得到的最佳人体自然比例，这个数字也被称作黄金分割率。

费波那契数列虽然没有独立形成一套完整的价格分析理论，但解决了价格分析三要素（方向、幅度、时间）中关于幅度和时间的测算问题，被广泛用于伯恩斯坦循环周期理论、艾略特波浪理论等众多技术分析理论中。

比如，黄金分割率 0.618 及其合二为一的差数 0.382（1−0.618=0.382），以及其黄金分割率的半数 0.5 等，都在波浪理论等各种技术分析的变动幅度上呈规律表现；而费波那契数列的数字本身常常与价格波动周期的时间排列相吻合，构成循环周期理论的时间之窗。另外，费波那契数列也与波浪理论的组成周期的数字相关联，有很高的分析参考价值。

因此，当运用循环周期理论分析预测价格波峰与波谷可能出现的时间时，可以结合已经测定的周期时间长度平均数和具有自然规律特性的神奇数字，取接近的数字值作为最大概率的时间窗口数值，以指导交易进行。同样，在波浪理论的浪形组成数量和幅度发展比例上也可以广泛应用神奇数字和黄金分割率，以追求大概率的成功分析和交易的达成。此外，神奇数字和黄金分割率也广泛应用于江恩理论等其他技术分析方法上。

## 4. 循环周期理论

### 1）理论

注重价格的时间要素分析，通过价格高低点循环出现的时间周期统计测算，以归纳得出价格波动的时间周期规律。

通过假设时间之窗，推测周期高低点，寻找买卖信号，确定入市出市策略。

**2）计算**

（1）量度周期：计算多个周期（循环低点的间距）的平均时间数。

（2）周期确认：需能分辨出四次或四次以上的周期重复数。

（3）通常长周期可以分割为几个低一级的较短周期。

**3）应用**

（1）计算周期，假设时间之窗。

① 找出四次或四次以上周期长度较接近的周期，并计算其平均周期长度。

② 依该长度测出低点出现的可能时间点。

③ 以 15%变动范围计算出未来循环低点可能出现的时间范围，即时间之窗。

（2）在时间之窗内，确认买卖信号。信号出现越多越准确。

① 确认（向上/向下）突破信号：绘图以收市价为准；趋势线以三点以上为准；破线（阻/支）越多，趋势越持久；线（阻力线/支撑线）越长，破线后越可靠。

② 转向信号：只考虑最高价、最低价、收盘价。

- 普通向上转向：低价低于上日低，收价高于上日收。
- 普通向下转向：高价高于上日高，收价低于上日低。

- 特殊向上转向：高价高于上日高，低价低于上日低，收价高于上日收。
- 特殊向下转向：高价高于上日高，低价低于上日低，收价低于上日收。

③ 收市信号。

- 高、低收市，沽出信号。在循环高点时间窗内，只留意沽出信号。
- 低、高收市，买入信号。在循环低点时间窗内，只留意买入信号。

④ 三高或三低信号。

- 在循环低点可能出现时间窗内，第四日收价高于前三日收价，为买入信号。
- 在循环高点可能出现时间窗内，第四日收价低于前三日收价，为沽出信号。

（3）止损盘。

①放于发出买入信号当日之前最低价之下。

②放于两周最低价之下，或两周前高价之上。

③放于买入信号当日最低价下或卖出信号最高价之上。

④买入后以最低价的点为止损，卖出后以最高收盘价收市价为止损点。

（4）买卖策略

① 信号判断及开平仓交易要密切配合时间窗：在循环高点或低点，只考虑卖出或买入信号。

② 前日收盘出信号，次日开盘后买卖。

③ 遇到不明确的买入信号，大幅高开开盘不宜追；裂口上升时也尽量不买。

④ 卖出信号出现时，要敢于做空。

## 5．波浪理论

### 1）含义

顺流/主流5个浪（推动浪），逆流3个浪（调整浪）。主流可向上/向下。

### 2）理论指引

涨跌交替出现；调整浪唯3浪细分；一个循环是更高一级波浪的两个浪；按方法判浪。

### 3）理论应用

将波浪理论（形态、比率、时间）与循环周期理论、动力指标分析（背离信号）、裂口（突破性裂口协助确认第三浪）（消耗性裂口证明五浪完成）、走势通道结合分析，找出最可能成立的浪。同时分析分钟、时、日、周、月不同时间单位周期的波浪。

### 4）意义

学习掌握各种数浪方式，计算、判断浪的运行及目标，测出价格涨跌的风险收益比，进而分别设计不同的入市、设止损、出市交易方案。

**5）数浪规则**

（1）第 3 浪不可以最短。

（2）第 4 浪底不可与第 1 浪顶重叠。

（3）第 2 浪与第 4 浪通常不以相同形态调整。

（4）第 4 浪多在低一级的第 4 浪范围内终结。

**6）浪的形态**（含推动浪、调整浪）

（1）推动浪：一般，1 浪、3 浪、5 浪依次超过，每个推动浪又可分为低一级的 5 个小浪。推动浪变化形态如下。

① 斜三角形：通常只在第 5 浪出现，也有出现在 $a$ 浪或第 1 浪的。

- 第 1 个小浪至第 5 个小浪都包在渐合的两条线内，反向突破。
- 每个小浪只可细分为 3 个小浪。
- 第 4 个小浪可以低于第 1 个小浪顶。
- 低一级小浪可划为 5-3-5-3-5。

② 失败形态：第 5 浪顶（底）低（高）于第 3 浪顶（底）。

- 其低一级小浪可明显再分为 5 个小浪。
- 上升（下跌）时失败形态反映后市的弱（强）势。

③ 延伸浪：3 个推动浪之一走势延伸，有时延伸浪与主浪长度相同，形成九浪。特点如下。

- 通常，只有三推其一延伸。
- 若 1 浪和 3 浪长度相等，5 浪可能延伸，5 浪成交量大可进一步证明。
- 若 3 浪延伸，5 浪将等于 1 浪，运行长度、时间从简。
- 若 5 浪延伸，其后的调整将会出现双重回吐，含两种具体情况。
- 若第 5 浪的高一级波浪为第 1 浪/第 3 浪，第一个回吐将属于第 2 浪/第 4 浪，将价格带回延伸浪开始的地方；然后，第 3 浪/第 5 浪价格将会再创新高。
- 若第 5 浪属于第 5 浪的一个小浪，$a$ 浪将把价格带回延伸浪开始的地方；$b$ 浪随后推创新高，成为第二个回吐；最后 $c$ 浪出现，以 5 浪下跌形态出现。

（2）调整浪：永远不可能以 5 浪形式运行，其变化形态如下。

① 之字形（双重之字形）。

- 可以再分割为 5-3-5 的 13 个小浪。
- 调整浪的浪顶低于调整浪开始的地方。
- 熊市中，以相反方向出现。

② 横行三角形：只在第 4 浪出现，有 4 种变异，牛市、熊市中都可能出现。

- 全部以 3-3-3-3-3 5 个子浪形式运行。

215

- 可以分割为更低一级的 5 个子浪，这有别于正常的调整浪（只可分割为更低一级的 3 个子浪）。

- 属巩固形态，等待突破。

- 5 个子浪的 *a*、*c*、*e* 浪之间及 *b*、*d* 浪之间常受神奇数字的比率影响，如 0.618 等。

- 第 5 个子浪有时会形成对三角形的假突破，然后恢复原向冲刺。

- 牛市中，此形态未必标志后市向好。

- 三角形之后的推动浪将成为主流方向的最后一浪。

- 突破后的升、降距离多为三角形内最大距离。

③ 平势调整浪。

- 其低一级只可分为 3-3-5 11 个小浪。

- *a* 浪欠缺力量，只形成 3 个小浪。

- *b* 浪反弹，回到或超过 *a* 浪开始的地方。

- 牛市、熊市中都可能出现。

- 有普通平势调整、不规则调整浪 *a*、不规则调整浪 *b*、顺势调整浪几种。

④ 双重三、三重三。

- 双重三包含 7 个小浪，三重三包含 11 个小浪。

- 在双数浪中常可以再分为 3 个小浪，在单数小浪中分为 3 个或 5 个低一级小浪。

- 属横行等候，后市常较强劲。

⑤ 调整浪对后市的启示（以牛市主流浪为例）。

- 之字、双重之字形调整后，市势继续上升，力度中等。
- 平势、不规则调整后，后市上升力度较强。
- 顺势调整浪之后，升势较强。
- 双重三、三重三调整之后亦较强。
- 三角形调整之后，后市急速而短暂。

**7）浪的特性**（以牛市推动浪为例）

（1）各浪特性比较。

第 1 浪：约半数属于营造底部形态的部分。（后市 2 浪调整幅度通常较大）另半数在大型下跌调整之后出现，此类 1 浪升幅较为可观。

第 2 浪：如在营造底部完成，发生 1 浪上涨之后下行调整，常以较大波幅下调。成交量减少，抛售减轻，传统转向形态（如头肩底、双底等）出现。

第 3 浪：运行时间及幅度常最长，最具爆炸性，常成为延伸浪。成交量大增，转强信号（出裂口跳升）常出现。

第 4 浪：常以复杂形态（如三角形调整等）出现，常在低一级浪的第 4 浪内终结。浪底不会低于第 1 浪顶。

第 5 浪：期市中延伸机会较大，波幅接近第 3 浪。

a 浪、b 浪：a 浪以平势调整出现，b 浪将以向上之字形出现；a 浪以之字形运行，b 浪多属于平势调整形态；b 浪中常出现牛市陷阱，使人误以为升势未结束，造成成交疏落或大为减少。c 浪全面下跌，破坏性极强。

（2）各浪性格（以牛市推动浪为例）。

① 通常第 1 浪出现在 3 浪调整之后，从而证明跌势结束。第 2 浪的调整不应大于第 1 浪波幅。若第 3 浪成为延伸浪，第 5 浪长度常等于第 1 浪长度。

② 第 2 浪终点常在下列位置出现。

- 调整至第 1 浪的 0.382 幅度处或 0.618 幅度处。有的甚至接近 100%，但绝不可超过 100%。
- 多数以 3 浪调整形态出现，假如 a、b、c 浪调整可判断为平坦形或之字形，则 c 浪通常与 a 浪长度相近。
- 第 2 浪调整有时可至第 1 浪下一级浪的第 4 浪终结处。

当第 2 浪运行至尾声时，动力指标（强弱指数、随机指数、动力指数等）常出现过分抛售情况。

③ 第 3 浪永远不可以成为最短的一条浪，且伴随成交量大增。

- 常可再分为低一级 5 个浪。
- 第 3 浪若等长于第 1 浪，第 5 浪常成为延伸浪。
- 裂口上升常见。
- 第 3 浪长度常是第 1 浪的 1.618 或 2.618 及其他倍数。

④ 第 4 浪变幻莫测，一般不可以低于第 1 浪的顶。除非第 5 浪以 5 浪形态成为推动浪的延伸浪时，该延伸浪以上斜三角形运行，其中的第 5 浪底可以低于第 1 浪顶。

第 4 浪常在以下位置终结：第 3 浪的 0.382 处；第 3 浪低一级浪的第 4 浪终点；如以平坦形或三角形三浪调整出现，低一级浪的 c 浪与 a 浪等长；可能与第 2 浪长度相同；常以三角形形态运行，包括上升、下跌、对称及喇叭形三角形；如第 2 浪属平坦调整，则第 4 浪会以三角形或之字形展开调整；如第 2 浪以之字形调整，则第 4 浪可能以平坦形或三角形展开调整。

第 4 浪运行至尾声时，动力指标指示极度抛售（超卖）。

⑤ 第 5 浪力度较弱。

- 若第 3 浪延伸，第 5 浪将与第 1 浪等长；
- 第 5 浪长度常是第 1 浪至第 3 浪长度的 0.618 倍或其他倍数；
- 常可再分低一级 5 浪；
- 有失败形态（关键是第 5 浪下一级 5 浪完整）；
- 上升力度、成交量远逊于第 3 浪；
- 价格上升，动力指标减弱；
- 有时会形成斜三角形（上升楔形的消耗性走势）：下一级第 4 浪将与第 1 浪重叠；三角形走完后，市势急转直下，击穿三角形开始的地方；
- 市场心理极为乐观，与成交量下降成为第二个背离信号。

⑥ a 浪、b 浪。

*a* 浪可以分为低一级的 3 个或 5 个浪；*b* 浪只可再分为低一级的 3 个浪。

假如 *a* 浪划分为低一级 3 个波浪，反映 *a* 浪调整较弱，*b* 浪可能以不规则形态回调至 *a* 浪的起点之上（如 *a* 浪的 1.236 或 1.382 倍），预示 *a*、*b*、*c* 浪整个调整可能以平坦形态出现。

假如 *a* 浪划分为低一级的 5 个浪，整个调整市势也可能以之字形（5-3-5）运行，*b* 浪回吐可能为 *a* 浪的 0.382、0.5、0.618。

由于 *a* 浪可分为低一级的 3 个浪，也可能代表 *a*、*b*、*c* 浪的整个三浪调整。因此，后市可能出现 *b* 浪的不规则平坦形继续调整，也可能结束调整，新的推动浪即将开始。

⑦ *c* 浪与 *x* 浪。

*c* 浪可划分为低一级的 5 个浪，代表调整市势结束。

在平坦形及之字形调整市势中，*c* 浪多低于 *a* 浪低点，且长度大概相等；在不规则调整市势中，*c* 浪必低于 *a* 浪低点，且长度可为 *a* 浪的 1.618 倍。

*x* 浪（*c* 浪以 *x* 形出现：*c* 浪以两个或两个以上低一级 3 个浪经类似于 *b* 浪方向调整并连接而成，此连接浪只可再分为低一级的 3 个浪）也可能以上斜三角形形态出现。

⑧ 波浪形态中的三角形。

● 斜线三角形只在第 5 浪或 *a* 浪出现。

- 横行三角形出现在第 4 浪、b 浪、x 浪。

- 横行三角形可分为对称、上升、下跌、喇叭三角形。

- 对称三角形内 5 个波浪常与 0.618 相关。

- 各低一级浪只可分为 3 个浪。

- 三角形属整固形态，之后有一段强势主流，然后亦会大转变。

**8）浪的比率**

（1）如推动浪中之一成为延伸浪，则另外两个推动浪运行幅度倾向于一致或与 0.618 相关。

（2）第 5 浪幅度测算常常与第 1 浪或第 3 浪幅度的神奇数字相关，如幅度为第 1 浪或第 3 浪的 1 倍、1.382 倍、1.5 倍等。

（3）一般，c 浪长度是 a 浪长度的 1.618 倍。

（4）在对称三角形内，各浪长与 0.618 相关。

（5）当第 3 浪特别强劲时，第 3 浪常为第 1 浪长的 1.618、2.618、4.236 倍。

（6）如第 3 浪与第 1 浪等长，第 5 浪可能成为延伸浪。

（7）第 4 浪及部分第 2 浪回吐常为 0.382；幅度超过 45%时，0.382 失去参考作用。

（8）大部分第 2 浪调整、b 浪调整、第 5 浪预期、对称三角形内浪与浪比率 0.618 幅度超过 70%时，0.618 失去参考作用。

（9）b 浪以 abc 浪之字运行时的调幅多为 0.5。

（10）较少见的 2 浪/4 浪的回吐比率为 0.236。

（11）abc 浪以不规则形态调整时，b 浪可能的调整目标为 1.236 和 1.382。

（12）超过 0.45 时 0.382 失效，超过 0.7 时 0.618 失效，结合动力指标分析更准确。

## 9）浪的时间

每一波浪运行的时间是组成波浪形态的重要要素。主流浪和调整浪的持续运行都有一定的时间规律。例如，主流浪一般会运行 5 个波段，调整浪一般是 3 个波段，一个完整的波浪周期由 8 个波段组成。每一浪的下一级别波浪组成基本还是这种数字规律。

5、3、8 这些数字组合规律恰巧和费波那契数列 1、2、3、5、8、13、21……相吻合，费波那契数列在波浪理论上有很多应用。不同波浪的具体运行时间在浪的形态上有直接体现。

## 10）波浪理论应用

以主流五浪上升为例进行讲解。

① 第 4 浪底深入。

前提：正确数浪。

- 第 3 浪成立（以裂口上升，比第 1 浪长或与第 1 浪长度相等）。
- 第 4 浪向下调底部运行，终点有四种可能，相互验证比较找出最可靠点（相近）。

入市买入：根据 4 浪结束的方式决定是一次入市还是分次入市买入。

获利目标：第 5 浪的上升过程，最低应超过第 3 浪顶点。可能等同于第 1 浪的 100%/62%。

止损位置：第 1 浪浪顶。

② 第 2 浪买入。

前提：第 1 浪上升之后，市势出现 abc 形式调整浪；分时图（60'）上出现下一级上升 5 浪。

入市买入：调整浪可能已经终结，在 2 浪回调结束末端（第 1 浪的 0.682 或 0.328 处）买入（或以 c 浪与 a 浪等长去度量）。

获利目标：第 3 浪，至少不低于第 1 浪的行程。

止损位置：下一级上升 5 浪的底点之下，或 2 浪回调幅度的 70%。

③ 第 3 浪的买卖策略。

前提：第 3 浪雏形初具。下一级小浪 5 浪上升，之后 3 浪回调，然后 3 浪的下一级（下下一级）第 1 浪、第 2 浪运行完毕，市势回升至下下一级第 1 浪的顶点收盘。次日，裂口上升确立涨势。

入市买入：次日开盘买入计划仓位的 1/3～1/2。

获利目标：第 3 浪的过程（不应短于第 1 浪；下一级走 5 浪，则 5 浪顶为目标）。

止损位置：第 1 浪顶点之下，比上日高价低。

注：裂口补上，数浪可能错误。

④ 第 5 浪顶做空。

前提：第 5 浪将结束，价格已经高于第 3 浪顶（上升目标计算方法有两种）。

理论走势：第 5 浪上升中出现裂口，而后裂口又被补回，第 5 浪顶高于第 3 浪，而动力指标未创新高（顶背离）。

入市做空：裂口回补过程中做空。

目标位：5 浪涨幅跌回（第 5 浪涨幅的 100%、38%、低一级的第 4 浪幅内），如 5 浪是上一级 5 浪的一分子，跌幅会较大（可能出现两组下行推动浪 $a$ 和浪 $c$）。

止损位置：第 1 浪至第 3 浪升幅的 70%，与第 3 浪同等长度的位置。

⑤ 主流熊市后出现，3 浪调整中的 $b$ 浪买入策略。

a. $a$ 浪以 5 浪上行，3 浪调整多以之字形出现。

前提：$b$ 浪回调目标位为 $a$ 浪的 38%、50%、62%，不应跌破 $a$ 浪起点（否则，之字形不成立）。

入市做多：$b$ 浪调整到位后买入。

获利目标：$c$ 浪运程（$c$ 浪最低点超越 $a$ 浪终点，长度多与 $a$ 浪相等）。

止损位置：$a$ 浪起点的下一个价位。

b. $a$ 浪以 3 浪上升，3 浪调整多以平坦形出现。

前提：$b$ 浪可能跌破 $a$ 浪起点，多是 $a$ 浪的 1.236 或 1.382 倍。

入市做多：$b$ 浪调整到位（三个可能目标）后买入；但 $a$ 浪常成为调整浪的全部，之后下跌推动浪出现，代替了调整 $b$ 浪。

买入策略：在 $a$ 浪的起点买入 1/3，跌破 $a$ 浪的 1.382 长度时再买入 1/3。

获利目标：3 浪调整形态未破，$c$ 浪波幅（多为 $a$ 浪的 1.618）。

止损位置：下破 $a$ 浪升幅的 1.382 以下。

⑥ 主流牛市、3 浪调整终了时的买入策略。

前提：主流牛市后 3 浪之字形调整，之字形调整浪又常成为上一级的第 2 浪或第 4 浪。$c$ 浪已跌破 $a$ 浪终点，$c$ 浪下一级 5 浪运行完毕，动力指标过度抛售，第 4 浪运行幅度按高一级浪的 1 倍或 1.618 倍幅度测算。

入市做多：上述测位相近处入市做多。

获利目标：下一组推动浪升幅，最低处为之字形调整浪的起点。

止损位置：$c$ 浪按更低一级别 5 浪形态运行的 5 浪浪底。

⑦ 主流牛市的第 2 浪，第 4 浪以平坦形调整浪出现时的买入策略。

前提：主流上升的第 2 浪、第 4 浪以平坦形 $abc$ 调整浪：$b$ 浪终点未升破 $a$ 浪起点，$c$ 浪可能跌破 $a$ 浪终点，大致与 $a$ 浪等长。$b$ 浪升越 $a$ 浪起点，则构成不规则调整浪，$c$ 浪一般较 $a$ 浪长，约为 1.618 倍。用 $c$ 浪的下一级 5 小浪，以及高一级 5 浪测算确定 $c$ 浪调整低位。

入市做多：确定相近调整终点后入市做多。

获利目标：3 浪、5 浪涨幅，最低点为调整的起点。

止损位置：超越 $a$ 浪 1.618 倍以下的价位。

⑧ 主流熊市之后 $abc$ 调整浪中的 $b$ 浪调整或主流牛市中第 4 浪调整属于三角形调整到位后的买入策略。

前提：市势以 3 浪为周期、0.682 为比率，缩短成三角形运行。

入市做多：后市如上突破，买入。

获利目标：突破处+最阔处幅度。

止损位置：前一下调浪周期中的最后一个低点之下。

⑨ 主流熊市中第 3 浪、第 5 浪裂口下跌时（主流上升中第 3 浪、第 5

浪裂口上升时，反之）。

裂口下跌，并跌穿原升幅的 38%、62%，市势续跌可能较大。开盘（第 3 浪的下一级第 4 浪回弹）即沽出。止损位置为上日收盘价之上或第 1 浪低点。

裂口未回补前，以此位置为优先止损位置。一旦裂口被补回，可买入。止损位置为该日低位之下。

⑩ 升破上日高位而非裂口式（如主流熊市的第 2 浪、第 4 浪或主流上升的第 5 浪及 $abc$ 调整浪中的 $b$ 浪顶点处）。

入市做多：按黄金分割率测预期高点（阻力位），此处开空。

## 6. 江恩理论概述

江恩理论是投资大师威廉·江恩（Willian D.Gann），结合自己在股票和期货市场上的骄人成绩和宝贵经验，通过对数学、几何学、宗教、天文学的综合运用，建立的独特分析方法和测市理论，包括江恩时间法则、江恩价格法则和江恩线等。价格分析主要具体应用如下。

（1）传统形态分析法。

（2）历史高位价位。

（3）阻力、支持位转换。

（4）回吐百分比：0.5、0.375、0.625。

（5）正方形图预测阻力、支撑位。

（6）几何角度分析，时间与价位，在任一高/低点起画某角度的一条线，45°最准确。

（7）六角形图。

（8）买卖策略。

## 7．亚当理论概述

亚当理论是威尔德（J.W.Wilder）所创立的投资理论。威尔德于1978年发明了著名的强弱指数 RSI，还发明了其他分析工具，如 PAR、抛物线、动力指标、摇摆指数、市价波幅等。亚当理论的核心是适应市势，顺势而为。

（1）一定要分析市场趋势后再运作，认清市势，否则绝对不可交易；

（2）入市买卖时，应在开仓交易时立即订下止损位置；

（3）一旦到达止损价位即要执行，不可以随便更改止损位；

（4）入市看错趋势，不可一错再错，手风不顺者要离场冷静分析检讨；

（5）入市看错趋势，只可止损，绝不可一路同方向加注平均价位，否则可能越赔越多；

（6）切勿看错趋势而不肯认输，越错越深；

（7）每一种分析工具都不是完美神器，都会有出错概率；

（8）上涨趋势做多，下跌趋势做空，顺势而为；

（9）切勿妄自推测涨跌的顶点或谷底，浪顶浪底最难测，不如顺势而为；

（10）看错趋势，亏损 10%时就一定要斩立断，不要让亏损超过 10%，否则很难再翻本。

## 8．许沂光好友指数

香港资本投资分析家许沂光先生将"物极必反"的自然规律应用于市场投资者投资意向统计对比上，提出"好友指数"理论，即当绝大多数投资者看涨时，市场可能就要止涨转跌了；当绝大多数投资者继续看跌市场时，价格可能正处于止跌转涨孕育阶段。依此理论统计看涨（好友）、看跌（淡友）人数比例，制作好友指数。

（1）指数＞90，未平仓下降，价格将转跌。

（2）大家都看涨，则会跌；反之亦然。

## 9．自然理论

所有的技术分析理论及方法都是分析"人"的，而"人"是大自然的一分子，所以人也要遵循自然法则。

自然法则就是自然界存在的客观规律性。自然法则是大自然的所有组成部分，为达到自身生存发展需要而主动适应自然环境的作用的结果，具有客观性、普遍性、公理性和规律性。

人类受自然法则所作用，人类也发现和运用带有自然界客观规律性的一些理论和方法。比如，费波那契数列体现出来的"道生一、一生万物"的规律在波浪理论和循环周期理论中的应用；适应自然界法则而形成的人体黄金分割率的相关数字，在价格运行过程中停顿的位置；白昼黑夜交替、海浪潮汐涨落规律在价格行情高低摆动、涨跌转换的循环体现；价格转涨的艰难和转跌的瞬变所体现的地球引力规律；价格图形走势，如"头肩底""双头"等体现人类审美观的自然规律等，都说明许多有用的技术分析方法中包含着受制于自然法则的自然规律，为人类所运用。但是，反过来，这些包含自然规律的分析技术方法也作用于人类。由于这些分析技术方法并不全都符合自然规律，这就造成了人与方法相结合的难度和变数。

经过 150 多年的发展，金融衍生品工具领域的先驱们发现或归纳创造了上述众多技术分析方法及理论。但在实践应用中，由于个体差异，各个技术方法的使用方法各不相同。

# 4.6　市场力量分析之资金面分析

## 4.6.1　资金面分析的含义

从传统价格分析理论来讲，资金面分析属于技术面分析的组成部分，但从"价格球"理论分析法来看，价格发生波动的传导影响首先是资金面直接独立作用于价格。可见，无论多少因素经过如何复杂的演绎，最终都会以资金进退的手段，在做多、做空、持仓、加仓、减仓、平仓等交易行为上体现出来，而这一切交易行为的本质体现的正是投资者在交易层面对资金具体使用的安排。

## 4.6.2 资金面在交易行为上的体现

期货交易开盘期间（盘中），资金面变化具体体现在成交量、买卖方向、仓差变化上。

期货交易收盘后，资金面变化具体体现在全市场总的持仓量变化和多空阵营持仓排行榜变化上。

## 4.6.3 分析应用

### 1. 盘中分析

按盘中内外盘统计或分时 K 线图价量变化，分析多空力量变化，从而分析价格走势，如图 4-25 所示。

由图 4-25 可以看出：全天的"内盘，即挂卖出意愿的总量"大于"外盘，即挂买单意愿的总量"。理论上，这意味着当天的卖压较大，下跌的可能性较大，实际上当天也确实是（微幅）下跌势。而且，11 点多分时价格上涨、下方子图所对应的持仓量也在增大的时候，按"价格上涨、持仓量上涨，则后续价格继续上涨的概率较大"的一般规律判断，后续价格也是如期反弹上涨的。

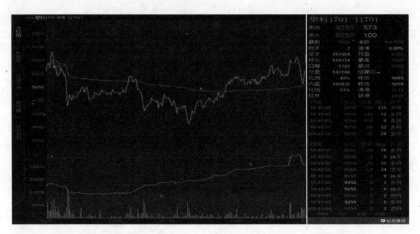

图 4-25　塑料期货 1701 合约 2016 年 10 月 14 日分时价格走势图

## 2. 盘后分析

每天收盘后将交易所发布的相关品种的未平仓合约（持仓量）排行榜上的主力持仓进行制表、跟踪分析主力持仓的增减，结合当时价格涨跌的状况，分析预测后市价格的可能走势，如表 4-11 和表 4-12 所示。

表 4-11　期货交易所每日收盘后持仓排行榜

期货公司会员

| 名次 | 会员简称 | 成交量 | 增减 | 名次 | 会员简称 | 持买单量 | 增减 | 名次 | 会员简称 | 持卖单量 | 增减 |
|---|---|---|---|---|---|---|---|---|---|---|---|
| 1 | 国投安信 | 87,702 | -99,320 | 1 | 永安期货 | 77,285 | -324 | 1 | 国投安信 | 54,493 | -7,956 |
| 2 | 冠通期货 | 76,807 | 48,122 | 2 | 银河期货 | 52,919 | 4,160 | 2 | 永安期货 | 48,246 | -631 |
| 3 | 东证期货 | 69,461 | -15,337 | 3 | 中信期货 | 42,236 | -2,791 | 3 | 中信期货 | 38,511 | -238 |
| 4 | 安粮期货 | 66,044 | 4,622 | 4 | 国投安信 | 41,139 | -11,286 | 4 | 东证期货 | 35,538 | -1,526 |
| 5 | 迈科期货 | 46,095 | -1,634 | 5 | 东证期货 | 38,406 | 1,195 | 5 | 海通期货 | 32,894 | 1,978 |
| 6 | 永安期货 | 40,045 | -18,506 | 6 | 国富期货 | 30,790 | 539 | 6 | 大地期货 | 31,692 | -504 |
| 7 | 招商期货 | 34,128 | 10,005 | 7 | 冠通期货 | 30,719 | 16,265 | 7 | 银河期货 | 29,853 | -1,352 |
| 8 | 海通期货 | 31,838 | -23,102 | 8 | 华泰期货 | 24,751 | 1,935 | 8 | 一德期货 | 29,680 | 100 |
| 9 | 银河期货 | 29,596 | -16,369 | 9 | 方正中期 | 23,973 | 132 | 9 | 冠通期货 | 27,623 | 16,200 |
| 10 | 大地期货 | 25,095 | -9,131 | 10 | 申银万国 | 22,195 | 34 | 10 | 大地期货 | 26,684 | -601 |
| 11 | 中信期货 | 25,005 | -5,935 | 11 | 国泰君安 | 19,664 | -339 | 11 | 迈科期货 | 22,181 | -181 |
| 12 | 申银万国 | 22,197 | -13,411 | 12 | 海通期货 | 19,661 | -1,838 | 12 | 混沌天成 | 21,855 | 40 |
| 13 | 徽商期货 | 21,128 | -29,613 | 13 | 安粮期货 | 17,804 | -2,764 | 13 | 中信建投 | 20,069 | 415 |
| 14 | 国海良时 | 20,617 | -2,053 | 14 | 广发期货 | 17,379 | -1,075 | 14 | 光大期货 | 19,584 | -3,381 |
| 15 | 光大期货 | 18,933 | -4,990 | 15 | 徽商期货 | 17,175 | 1,472 | 15 | 国贸期货 | 18,192 | 62 |
| 16 | 广发期货 | 16,708 | -8,612 | 16 | 长江期货 | 15,842 | 850 | 16 | 瑞达期货 | 17,489 | 122 |
| 17 | 中辉期货 | 16,375 | -2,698 | 17 | 招商期货 | 13,328 | 669 | 17 | 安粮期货 | 17,244 | -1,844 |
| 18 | 浙商期货 | 14,957 | -124 | 18 | 中投期货 | 13,067 | -155 | 18 | 中钢期货 | 16,110 | 22 |
| 19 | 英大期货 | 14,769 | -1,410 | 19 | 迈科期货 | 12,735 | 350 | 19 | 方正中期 | 15,685 | -155 |
| 20 | 国泰君安 | 14,401 | -16,598 | 20 | 大地期货 | 10,833 | 117 | 20 | 国泰君安 | 14,428 | 638 |

表 4-12　某期货品种主力持仓变动跟踪分析表

| 日期 | 期货公司席位 | 持买单量 | 统计日期以来增减 | | 持卖单量 | 统计日期以来增减 | |
|---|---|---|---|---|---|---|---|
| | | | 环比 | 累计 | | 环比 | 累计 |
| | | | | | | | |
| | | | | | | | |
| | | | | | | | |

## 3. 价格与持仓量变化组合研判的一般规律

技术释义一：如表 4-13 所示。

表 4-13　价量组合判断市场状况及后市变化（一般规律）

| 价　格 | 持仓量 | 市场内部变化 | 预期后市 |
|---|---|---|---|
| 上升 | 增加 | 买盘主动，双方增仓 | 上升 |
| 下降 | 减少 | 卖方主动，双方平仓 | 上升 |
| 上升 | 减少 | 买方主动，力度不够 | 下降 |
| 下降 | 增加 | 空头加抛，空头强力 | 下降 |

技术释义二：如表 4-14 所示。

表 4-14　价量组合判断市场状况及后市变化（补充规律）

| 价　格 | 持仓量 | 市场内部变化 | 预期后市 |
|---|---|---|---|
| 低位区盘整 | 减少 | 看好，会突破阻力线 | 上涨 |
| 高位区盘整 | 增加 | 卖方主动 | 下跌 |

# 4.7 综合因素全量化价格动态分析系统

在企业市场风险管理工作实践中，笔者创立并尝试将前述价格分析方法加以综合应用，即运用综合因素全量化价格动态分析系统。

## 4.7.1 系统概述

### 1．概念

综合因素全量化价格动态分析系统（The Price Dynamic Analysis System of Entire Quantization Comprehensive Factors）简称安全系统或 Safety。它综合基本面分析和技术面分析两种方法，对宏观经济和产业供需因素信息进行与技术面分析方法相似的量化分析，对宏观经济和产业供需、技术面和资金面等全部因素进行比较分析后赋予权重数值（随着时间变化、因素效能变化调整权重数值），进行实时计算，根据全量化计算结果得出价格动态变化的结论。

### 2．理论依据

（1）安全系统属于综合分析派，将传统的基本面分析方法和技术面分析方法进行综合量化分析。

（2）突破宏观经济因素只能用于定性而难以被量化利用的限制，对经济数据的比较结果赋权、置分及调权。

（3）因素置分、权数设置和调整基于分析师的专业水平和丰富经验，是为了更有利于分析最有可能的价格变动趋势，而不是为了验证理论科学结果。

（4）期货价格的形成和变化属于行为科学，价格变动有其"惯性"特点。

（5）把此前发生容易被遗忘但实际仍起作用的因素继续置效，并赋予新的数值及权数，将即将发生的因素同样赋值计算。

（6）根据因素的数据所显示的力度考量因素作用的时间段长度和效力。

（7）可以根据分析需要分别分析当天、隔夜、中长期趋势。

## 3．构建方法

（1）以 Excel 逻辑计算表格为工具，依次构建宏观经济、产业供需、突发事件、技术资金图表四个方面的逻辑分析子系统。

（2）对每个系统的各个分析因素进行赋值：确定影响因素—跟踪实时数据—权衡因素特点—确定因素权数—确定因素分数—权数、分数调整。

（3）分别计算出各个子系统的数值，然后再确定各个子系统数值的分析权重，最后进行综合计算，得出最终的数值结果，并根据计算结果推断价格涨跌趋势。

（4）关键工作：各因素权数的追踪管理，包括赋权、置分、权数调整、分数调整。

（5）从表格化到程序化：初级使用者可采用人工 Excel 表格逻辑计算，高级使用者可以将此分析模型编写成程序，再进行电算化管理。

### 4．应用

（1）现货实体企业可用来对经济形势或市场价格等进行实时量化分析，用以指导企业现货经营决策。

（2）个人或金融单位投资者可以运用程序化计算得到的量化分析结果，为后续量化投资交易的策略和计划制订提供量化分析依据。

## 4.7.2　安全系统模型

### 1．基本面之宏观经济因素量化计算（见表 4-15）

表 4-15　宏观经济因素量化计算

| $X_{1i}Y_1$ 时间 | 道琼斯指数 | 上证指数 | 生产指数 | 贸易指数 | 就业指数 | 消费指数 | 信贷变化 | GDP | CPI | PMI | PPI | 地产指数 | 投资指标 | 景气指数 | 合计 | 参考结论 |
|---|---|---|---|---|---|---|---|---|---|---|---|---|---|---|---|---|
| 1017 | 7 | 7 | | | | | | | | | | | | | $H_1$ | 横盘 |
| 1018 | 6 | 8 | | | | | | | | | | | | | $H_1$ | 涨 |

计算公式：$H_1 = \sum_1^n X_{1i} Y_1$

式中：$X_1$——各项因素所占权数比值，权数比值范围为 [1%，100%]，权数比值总和为 100%。

$i$——权数的数量，从第 1 项到第 $n$ 项。

$Y_1$——各项因素赋予的分值。分值范围为 [1，10]（$Y_1 \geq 7$：涨；$Y_1 \leq 3$：跌；$3 < Y_1 < 7$：横盘）。

$H_1$——宏观经济因素量化计算所得的比值，不同日期的 $H_1$ 等于各项因素权数与分数值的乘积之和（$H_1 \geq 7$：涨；$H_1 \leq 3$：跌；$3 < H_1 < 7$：横盘）。

## 2. 基本面之相关品种产业供需因素量化计算（见表 4-16）

表 4-16　相关品种产业供需因素量化计算

| 时间＼$X_{2i}Y_2$ | 产量 | 进口 | 出口 | 库存 | 消费 | 运输 | 天气 | 合计 | 结论 |
|---|---|---|---|---|---|---|---|---|---|
| 1016 | | | | | | | | $H_2$ | |

计算公式：$H_2 = \sum_1^n X_{2i}Y_2$

式中：$X_2$——各项供需因素所占权数比值，权数比值范围为 [1%，100%]，权数比值总和为 100%。

$i$——权数的数量，从第 1 项到第 $n$ 项。

$Y_2$——各项供需因素赋予的分值。分值范围为 [1，10]（$Y \geq 7$：涨；$Y \leq 3$：跌；$3 < Y < 7$：横盘）。

$H_2$——产业供需因素量化计算所得的比值，不同日期的 $H_2$ 等于各项因素权数与分数值的乘积之和（$H_2 \geq 7$：涨；$H_2 \leq 3$：跌；$3 < H_2 < 7$：横盘）。

### 3. 基本面之临时突发因素量化计算（见表 4-17）

表 4-17　临时突发因素量化计算

| 时间 ＼ $X_{3i}Y_3$ | 冲突 | 地震 | 罢工 | …… | 合计 | 结论 |
|---|---|---|---|---|---|---|
| 1018 | | | | | $H_3$ | |

计算公式：$H_3 = \sum_1^n X_{3i}Y_3$

式中：$X_3$——各项突发因素所占权数比值，权数比值范围为 [1%，100%]，权数比值总和为 100%。

$i$——权数的数量，从第 1 项到第 $n$ 项。

$Y_3$——各项突发因素赋予的分值。分值范围为 [1，10]（$Y \geqslant 7$：涨；$Y \leqslant 3$：跌；$3 < Y < 7$：横盘）。

$H_3$——临时突发因素量化计算所得的比值，不同日期的 $H_3$ 等于各项因素权数与分数值的乘积之和（$H_3 \geqslant 7$：涨；$H_3 \leqslant 3$：跌；$3 < H_3 < 7$：横盘）。

### 4. 技术图形分析和资金面分析量化计算（见表 4-18）

表 4-18　技术图形分析和资金面分析量化计算

| 时间 ＼ $X_{4i}Y_4$ | K 形态 | MACD | KDJ | 量价 | 自然论 | 人性论 | 完美论 | 形态 | 方向 | 幅度 | 时间 | 合计 | 结论 |
|---|---|---|---|---|---|---|---|---|---|---|---|---|---|
| 1018 | | | | | | | | | | | | $H_4$ | |

计算公式：$H_4 = \sum_1^n X_{4i} Y_4$

式中：$X_4$——各项技术及资金因素所占权数比值，权数比值范围为 [1%，100%]，权数比值总和为 100%。

$i$——权数的数量，从第 1 项到第 $n$ 项。

$Y_4$——各项技术和资金面因素赋予的分值。分值范围为 [1，10]（$Y \geq 7$：涨；$Y \leq 3$：跌；$3 < Y < 7$：横盘）。

$H_4$——技术分析和资金因素量化计算所得的比值，不同日期的 $H_4$ 等于各项因素权数与分数值的乘积之和（$H_4 \geq 7$：涨；$H_4 \leq 3$：跌；$3 < H_4 < 7$：横盘）。

## 5. 综合因素全量化计算（见表 4-19）

表 4-19　综合因素全量化计算

| $X_i H_i$ 时间 | 基本面因素 | | | 技术面和资金面因素计算 | 心理预期因素计算 | 分数结果 | 结论及后市预测 |
|---|---|---|---|---|---|---|---|
| | 根本因素 | 直接因素 | 间接因素 | | | | |
| | 宏观经济 | 产业供需 | 临时突发 | | | | |
| | $X_1$ | $X_2$ | $X_3$ | $X_4$ | $X_5$ | | |
| 1018 | $H_1 \times X_1$ | $H_2 \times X_2$ | $H_3 \times X_3$ | $H_4 \times X_4$ | $H_5 \times X_5$ | $H$ | |

计算公式：$H = \sum_1^5 X_i H_i$

式中：$X_i$——计算当时新赋予各项因素所占权数的比值，权数比值范围为 [1%，100%]，权数比值总和为 100%。

$H_i$——按当时前述表格中计算所得的各项分值。分值范围为 [1，10]。

239

$i$——权数的数量，从第 1 项到第 5 项。

$H$——综合因素全量化计算所得的比值，不同日期的 $H$ 值等于各项因素权数与前述计算所得分数值的乘积之和（$H \geqslant 7$：涨；$H \leqslant 3$：跌；$3 < H < 7$：横盘）。

# 4.8 市场分析法化解企业市场风险工作实例

在现实工作中，尤其是自 2008 年经济危机以来，我们经常听到一些民营企业主的自嘲"辛辛苦苦十几年，一夜回到解放前"。这句话形象地反映出当一个企业没有市场风险意识，缺乏市场风险应对机制，也没有风险防范部门人员和预备举措时，市场风险对其造成的伤害。

一个转型升级的企业建立了市场风险防范机制后，大部分时候并不一定需要开展期货等金融衍生品工具的交易，通过价格分析（宏观经济分析、产业供需分析、技术面分析、资金面分析）基本就能把握市场价格的运行节奏，进而做出相应的企业经营决策，达到企业化解风险、赚取经营盈利和持续健康发展的目的。

## 进口铁矿石经营案例

伴随着中国经济的快速发展，自 2004 年后中国铁矿石进口逐年增多，到 2008 年中国出台危机救市措施后更是大幅增加进口数量。自 2011 年 1 月 2 日起，笔者有幸担任山东省日照市某大型铁矿石贸易集团公司（简称"A

集团"）的董事长经济顾问，负责指导该集团风管部的设立和运作。该集团已经多年在中国民营外贸 500 强中名列前茅。

笔者应邀列席了该集团 2011 年新年首日举办的集团年度经营决策会议，并率先对 2011 年全年的经济形势和市场走势特点进行了详细分析、预测，提出了跨 2010/2011 年度经济走势将呈现"倒影对勾"（将"对勾"按水中倒影方式呈现）形态走势的结论（见图 4-26）。

图 4-26 "倒影对勾"呈现图

基于此分析预测，提出了 A 集团 2011 年全年应该采取"波段式采购销售"经营策略（在防范市场下跌风险的基础上，采取"不长期囤货，先高价位销售卖出，后低价位采购买进)，以替代此前年度"长抱式采购销售"的经营策略（先大量采购买进，并期待上涨而长期囤货不卖；逢下跌继续买进囤货，长时间持有大量甚至巨量现货的经营方式）的建议。

由于市场承接 2009 年年初中国政府的危机救市措施，并持续大涨后，铁矿石价格于 2010 年下半年再次经历了一轮狂热上涨（见图 4-27）。2011 年年初，铁矿石贸易商们普遍对市场继续保持乐观。但笔者却对 2007 年以来的"国际经济危机尚未结束"保持了充分警惕，结合铁矿石及各行业各工业品种的上涨狂热和国内政府政策的应对进行了系统分析，在 A 集团年度经营决策分析会上正式提出了"2011 年经济走势的新特点"的分析结论，建议 A 集团在新年度的铁矿石经营中保持高度警惕。

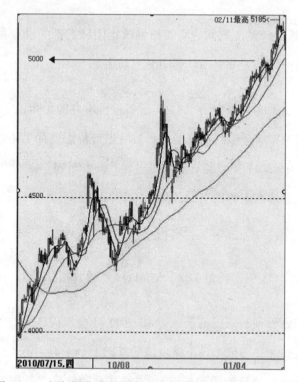

图 4-27　上海期货交易所螺纹钢期货 2010 年 7 月 15 日—
2011 年 2 月 16 日价格走势图

　　由于国际国内期货市场当时还没有成熟的铁矿石期货合约，笔者就指导
集团风管部用上海期货交易所螺纹钢期货代替铁矿石的价格进行行情分析。

　　在 2009 年危机救市措施推出后，螺纹钢期货价格在 2010 年 7 月 15 日
确立涨势。此后，螺纹钢期货价格一直持续上涨到了 2011 年 2 月 11 日的历
史最高点 5185 元/吨，同期，铁矿石现货进口价格也涨到了历史最高点。

　　在此期间，A 集团的铁矿石现货经营保持正常采购、销售状态，风管部
全员按品种分工组队，始终全程密切跟踪分析国际国内经济等各类信息，持
续收集整理各个重要大宗商品的各类信息，指导风管部定期提交与 A 集团经

营品种，尤其是铁矿石品种的分析日志和分析周报，为 A 集团铁矿石现货经营起到至关重要的信息化制导作用。

2011 年 2 月 11 日是当年春节后的第一个工作日，由于当天螺纹钢期货价格创出新高后回落，立即引起了风管部警觉。此后两天，螺纹钢期货价格继续保持弱势下跌，基本符合风管部年初的风险分析。

2011 年 2 月 16 日上午，笔者果断指导风管部向集团领导层明确发出了铁矿石价格下跌警示，并强烈建议铁矿石现货项目公司至少卖出已采购铁矿石货量（包括船货）的三分之一（结合当时研判的下跌风险程度）。

集团领导迅速会商，果断采纳了笔者的建议，在该周迅速卖出了集团30%的铁矿石现货，有效避免了铁矿石现货此后一个月接近 10%的下跌风险。

当螺纹钢期货价格在 3 月中旬企稳后，风管部发挥信息化制导作用，继续本着年初"波段式经营"的策略，建议集团对铁矿石现货逢低大胆采购补库，A 集团铁矿石现货库存又逢低采购，恢复到了此前库存水平，并且持续正常经营。

到 5 月 5 日，风管部综合分析各方面信息，向 A 集团领导层发出了第二次建议销售的警报，建议顺利被集团经营决策层采纳，集团再次销售现货，达到了避险求利的经营目的。

在风管部结合各类基本面信息分析和利用螺纹钢期货技术分析（见图 4-28）的信息化制导下，A 集团科学决策，在集团主业铁矿石现货品种上切实执行了"波段式采购销售"的现货经营策略，在铁矿石价格转跌时坚决销售（而不硬抱硬扛），在价格企稳时果断补库（因为货量此前已减轻，所以逢低敢买）。这样做既规避了市场两次波段性下跌的风险，又实现了当年度两次难得的经营盈利。与此同时，行业内其他绝大多数铁矿石贸易商都仍然受 2010 年市场大涨的影响，坚守着"长抱式采购销售"的经营策略。尽管经历了 2 月、5 月开始的两次下跌，但他们都坚持认为市场没有大风险，还可能如 2010 年下半年一样大涨。因此，他们对年初采购的高价铁矿石现货坚决死抱硬抗，非但没有卖过货，甚至在 7 月之前还采购了不少现货，还保持着"终于扛过来了"的乐观情绪。

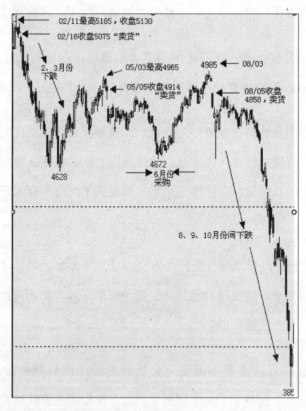

图 4-28　螺纹钢期货 2011 年 2 月 11 日至 2011 年 10 月 20 日走势图

2011 年 8 月 5 日，受国际市场重要指标下挫等各种不利因素的影响，螺纹钢期货市场再次确认下跌，风管部立即向集团经营决策层发出了 2011 年度内第三次卖出铁矿石现货的警示。集团紧急会商，动员所有公司和现货销售人员加大出货力度。铁矿石现货库存实现了在第一时间以比较好的价位区间快速、最大幅度地减少。8 月中旬，A 集团的铁矿石现货库存基本所剩无几。

从 2011 年 8 月下旬开始，铁矿石现货价格和螺纹钢期货价格及其他传统工业品期货价格一样迎来了一轮持续下跌。由于螺纹钢期货价格和铁矿石现货价格一直没有企稳迹象，没有符合 A 集团铁矿石补库的市场环境条件，A 集团基本没有再进行规模补库。2011 年 9 月中旬，铁矿石现货价格和螺纹钢期货价格及所有传统工业品价格一样，在经历了短暂的停顿之后突然开始破位下跌，并且越跌越快、越跌越猛。10 月下旬的价格比 8 月初的价格下跌了 20% 多、比 2 月初的价格下跌了 26%，而且没有上涨的明显迹象。铁矿石现货市场一片哀鸿。

2011 年年底至 2012 年年初，全国港口积压铁矿石库存首次突破一亿吨，并且，高价铁矿石货源占据主要比重。

A 集团风管部对企业铁矿石现货经营充分发挥了信息化制导职能，准确分析到全年经济走势、实时发出年度内历次价格转跌时的抛货警示，同时，风管部的现货经营参谋职能也得到了体现。A 集团采纳了风管部年初对全年经济走势的结论性预测，全年坚决贯彻了风管部年初提出的"波段式采购销售"的铁矿石现货经营策略，抓住了当年三次波段高点销售现货的时机，也适量尝试运用了国际市场铁矿石掉期和国内期货市场螺纹钢期货卖出保值工具手段，从而不仅彻底规避了当年 9 月铁矿石价格大跌的风险，而且比前一年扩大了进口贸易量，并实现了可观盈利。到 2011 年年底，国内港口等各种形式的高价铁矿石现货中都没有 A 集团的。2011 年年底，A 集团持有的是 10 月底市场一片恐慌时采购的大量低价货源，等待迎接 2012 年的到来。

后来，A 集团公司借 2011 年年底奠定的低价铁矿石货源基础，趁着市场反弹之势，又在 2012 年一季度赢得了经营开门红。

# 本章结语

市场分析法属于市场风险管理工作的核心工艺之一，只有分析准确，才能保证交易方向正确。

通过分析宏观经济，力争提前预测美欧、中国等宏观经济政策、经济走势、市场变化方向，把握价格根本走势；通过分析产业供需，把握价格变化的直接影响力和涨跌幅度；通过技术面和资金面的分析，直接把握市场力量对价格影响的力度和具体表现形式。由此，投资者既能把握价格涨跌的市场环境状况（趋势的方向），又能找到具体交易的优质进场、出场点位，为顺畅交易打下坚实基础。

# 第 **5** 章 企业市场风险管理专业方法之二：交易法

## 5.1 交易法概述

当企业经营面临市场剧烈波动可能带来的市场风险的时候，企业可以单纯运用市场分析法或金融工具交易法，也可以综合使用两种方法达到企业避险逐利、健康发展的目的。相对于市场分析法而言，金融工具交易法的顺利运用需要以高质量的市场分析工作为基础，同时，金融工具交易法也更容易派生出新的交易风险。因为金融工具交易法更复杂，不仅涉及经济、金融、数理、统计、计算机编程等专业，而且涉及交易者的理念、心态、作风、纪律，甚至是交易者的为人。

本书所说的交易法，是指当实体企业在经营过程中遇到市场价格剧烈波动可能带来的市场风险的时候，由专业部门、专业人才运用相关商品期货、期权、掉期等金融衍生品工具，通过参与国内或国际期货衍生品工具交易，达到企业避险逐利、健康发展目的的方法总称。

相对于期货市场而言，相关商品的现货市场交易的参与者人数和信息量有限，一旦遇到市场剧烈波动，原本看似活跃的交易、众多的交易者瞬间减少，随即现货交易活跃性近乎消失，使意图实现避险保值交易的企业在现货市场上难以达成目的。而在期货市场上，交易参与者众多且没有限制，市场信息量集中、丰富、巨大且解读结果各不相同，连续活跃交易使市场交易力量不会转瞬间消失，这就为市场剧烈波动时为企业避险交易提供了具备充分活跃性、流动性的交易市场。由此，商品期货成为新中国商品市场上最早面市也最成熟的金融衍生品工具。

目前，中国市场上依法开出的金融衍生品工具包括商品期货、金融期货、国债期货和个股期权、股票指数期权、大宗商品场外期权。其中，挂牌交易的商品期货有 46 个商品品种，30 多个品种的参与沉淀资金在 1 亿元以上，属于较活跃品种。这些商品期货品种与实体企业的经营避险工作密不可分。其他已开出的股票指数期货、国债期货、个股期权、指数期权与企业现货经营不直接相关，主要用于企业经营后端资产的保值增值方面。本书讲解主要以商品期货为主，其他金融衍生品工具的交易与商品期货交易有很多相似之处，本书不再赘述。

目前，国内期货交易所开出的期货品种如表 5-1 所示。

表 5-1　国内期货交易所开出的期货品种

| 法定交易所 | 期货种类 | 法定期货品种 | 活跃程度 |
|---|---|---|---|
| 上海期货交易所 | 有色金属 | 铜 | 很活跃 |
| | | 镍 | 很活跃 |
| | | 锌 | 很活跃 |
| | | 铝 | 较活跃 |
| | | 铅 | 较活跃 |
| | | 锡 | 欠活跃 |
| | 贵金属 | 黄金 | 很活跃 |
| | | 白银 | 很活跃 |
| | 黑色金属 | 螺纹钢 | 很活跃 |
| | | 线材 | 无交易 |
| | | 热卷板 | 较活跃 |
| | 经济作物 | 天然橡胶 | 很活跃 |
| | 能化产品 | 沥青 | 较活跃 |
| | | 燃料油 | 欠活跃 |
| 大连商品交易所 | 农产品 | 豆粕 | 很活跃 |
| | | 豆油 | 很活跃 |
| | | 一号（进口）大豆 | 较活跃 |
| | | 二号（国产）大豆 | 无交易 |
| | | 棕榈油 | 很活跃 |
| | | 玉米 | 很活跃 |
| | | 玉米淀粉 | 较活跃 |
| | | 鸡蛋 | 较活跃 |
| | 能化产品 | LLDPE | 较活跃 |
| | | PP | 较活跃 |
| | | PVC | 较活跃 |
| | 矿产品 | 铁矿石 | 很活跃 |
| | | 焦炭 | 很活跃 |
| | | 焦煤 | 较活跃 |
| | 建筑产品 | 胶板 | 无交易 |
| | | 纤板 | 无交易 |

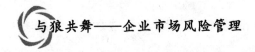
续表

| 法定交易所 | 期货种类 | 法定期货品种 | 活跃程度 |
|---|---|---|---|
| 郑州商品交易所 | 农产品 | 白糖 | 很活跃 |
| | | 棉花 | 很活跃 |
| | | 菜籽油 | 较活跃 |
| | | 菜粕 | 较活跃 |
| | | 菜籽 | 无交易 |
| | | 优质麦 | 欠活跃 |
| | | 普麦 | 无交易 |
| | | 早稻 | 无交易 |
| | | 晚稻 | 无交易 |
| | | 粳稻 | 无交易 |
| | 能化产品 | PTA | 较活跃 |
| | | 郑州甲醇 | 较活跃 |
| | | 玻璃 | 较活跃 |
| | 矿产品 | 郑煤 | 较活跃 |
| | 金属产品 | 硅铁 | 欠活跃 |
| | | 锰硅 | 欠活跃 |

经过近 30 年的发展，国内期货市场上的期货品种，尤其是上述较为活跃的期货品种，在众多相关商品现货市场上的走势引导力、定价话语权、国际影响力都产生着无法回避的显著效果。即使因现金流欠缺无法参与期货交易的小微企业，也完全习惯了随时跟踪分析相关商品的期货价格走势，而有色金属、农产品压榨等成熟现货市场行业，已经完全形成了基于"期货价格+升贴水"的现货买卖议价方式。

当然，由于新中国国内期货市场起步较晚、发展较慢，在交易管理历史、经验教训、体制机制创新、品种设计等方面还远远不能和国际期货市场相提并论。而且，企业所需要的一些重要商品品种，如原油期货，尚未在国内开出，给国内企业参与期货交易进行避险保值造成很大不便。于是，不少民营企业想方设法在境外办理期货开户手续，直接参与境外原油期货的交易。

在期货交易的模式方面，因为期货交易目的不同，会有期货交易投机和套期保值的区别。本书讨论的属于企业为防范市场风险而参与的套期保值交易。当然，为了达成规避风险、套期保值的目的，在具体的期货交易方式上企业可以以套利交易为主，以依托现货的主观趋势交易为辅。

套利交易，是指交易者利用商品因不同时间、不同品种、不同形式、不同市场等原因而出现利润机会时所做的方向相反的交易。具体对应的是跨月套利、跨品种套利、期现货套利和跨市场套利。跨月套利就是利用同一个品种前后两个期货合约价格变动超出正常基差后进行的方向相反的期货交易。跨市场套利是指投资交易者利用相同或相关产品在不同期货市场出现非正常基差时所做的交易方向相反的期货交易。跨品种套利，是指交易者利用相关品种出现非正常基差时所做的方向相反的期货交易。具体例子如下。

## 菜籽油和豆油套利交易报告

2011.03.22

在我国，油菜种植主要分为冬油菜和春油菜两大产区。冬油菜面积和产量均占 90% 以上，主要集中于长江流域。春油菜集中于东北三省、内蒙古海拉尔和西北青海、甘肃等地。一般情况下，冬油菜在每年的 9 月底种植，在来年的 5 月收割。三月早春时节，冬油菜正从蕾薹期转向花期，若此阶段气温回暖过快则容易造成开花时间提前、结实不良等状况，不利于后期结荚、结实，并影响灌浆；若在 5—6 月收获期间遭遇多雨天气，会造成收获、晾晒困难，也很可能导致品质下降。因此，目前，油菜开始进入比较关键的生长环节，天气因素很可能再次成为影响油菜籽及菜籽油价格预期的最重要因素。

### 减产预期提振菜籽油价格

2008—2009 年，我国油菜籽总产量为 1300 万吨；2009—2010 年，我国油菜籽总产量为 1100 万～1150 万吨，至少减产 12%；2010—2011 年，我国油菜受到播种初期的低温冻害及生长期的干旱天气影响，市场预计本年度油菜籽产量仅为 990 万吨，预计减产幅度近 14%。此外，油菜生产种植成本也在逐年上升，以主产区之一的安徽省芜湖县为例，2008—2009 年、2009—2010 年和 2010—2011 年的油菜种植成本分别为 498 元/亩、565 元/亩和 707 元/亩，最近两年度同比分别上涨 13%和 25%。

前年和去年国产油菜籽的收购价分别是 1.85 元/市斤和 1.95 元/市斤。因此，在本年度我国油菜籽总产量预期减少，以及生产种植成本大幅上涨的影响下，农户的惜售心理或有所加重，市场预期 2011 年国产油菜籽的收购价会较去年再上一个台阶（油菜籽收储政策通常在 4—6 月公布，大豆收储政策通常在第四季度公布）。

另外，油菜籽国储补库的需求也将利好后市。自 2010 年下半年以来，国储拍卖菜籽油累计成交 140 万吨左右，预计菜籽油储备库存仅剩 100 万～110 万吨。因此，2011 年我国储菜籽油存在强烈补库需求，市场预期 2011 年度国储菜籽油政府补库需求可能达到 400 万吨。在减产预期的情况下，菜籽油国储补库将加重本年度油菜籽供应。

## 产量改善令大豆价格承压

我国大豆对外依赖度非常高，2009—2010 年度进口大豆的数量约占国内总供应量的 67%。由于我国大豆进口数量庞大，国内大豆价格走势受到国际大豆价格，尤其是美国大豆价格走势的影响比较大。从去年 7 月开始，美国大豆期价在强劲的中国需求，以及拉尼娜气候导致南美大豆减产预期的共同推动下，拉起一波涨幅达 60% 的牛市行情，而在今年上冲至两年多以来的高位后，受到价格过高抑制部分需求，以及南美大豆产区出现有利降雨使产量改善的影响，期价一度回调超过 10%。国内大豆期价走势大部分与美国大豆走势趋同，但在同样的时期内涨幅仅为外盘的一半，而目前国内主产区的国产大豆收购价仅比去年 10 月上涨 6% 左右，走势明显偏弱。国内大豆期货和现货价格偏弱的主要原因是大量进口导致国内供应量整体充足，以及国内物价上涨过快后，国家采取多种措施进行宏观调控维持稳定。

美国农业部 3 月公布的供需平衡报告并未如市场预测那样上调美国大豆期末库存，这或多或少有点出人意料，由此看来，美国农业部对本国大豆的紧张格局是一步也不肯退让。不过，正如市场预测的一样，南美大豆产量有所上调，主要是巴西大豆产量增加了 150 万吨，已增至 7000 万吨；而近来一直被市场看好的阿根廷产量却仍为 4950 万吨。从这份报告来看，美国农业部对全球，尤其是南美的大豆产量的看法还是相对谨慎的，在以后几个月很可能还会做出许多小调整，但预计对本年度大豆作物继续释放重大利好的可能性将减少，陈豆期价短期内将难以重返前期高点，而市场焦点将在 3 月 31 日《美国种植面积展望报告》出炉后逐渐转移至 2011—2012 年的新大豆。

### 菜籽油和豆油价差偏低

从历史数据（见图 5-1）可以发现，每年大概在 3—8 月，菜籽油与豆油的现货价差以及期货价差均会出现较大的波动。仔细看这些波动，不难看出两者的现货价差和期货价差除了走势高度趋同之外，还往往伴随一次探底回升的过程。也就是说，在这段时间内，不论市场是处于牛市、熊市，还是处于振荡市中，菜籽油的价格走势会逐渐强于豆油的价格走势，导致两者的价差扩大，并在 7—11 月达到年内相对高位。

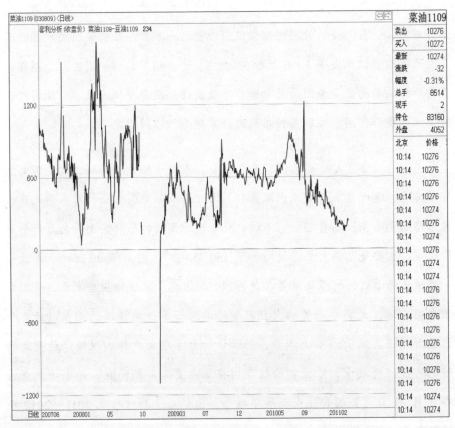

图 5-1　菜油 1109 合约与豆油 1109 合约的价差图

从 2003 年至今，菜籽油与豆油现货价差最大值为 3000 元/吨，最小值为-600 元/吨，而且菜籽油现货价格往往高于豆油现货价格，即便出现菜籽油价格对豆油价格贴水的情况也会很快出现扭转。目前，国内菜籽油现货价格大概仅比豆油现货价格高出 100 元/吨，后市菜籽油价格相对豆油走势偏强的可能性较大。在期价方面，2007 年以来菜籽油与豆油期货主力价差最大值为 1760 元/吨，最小值为-70 元/吨，菜籽油期货价格往往要高于豆油期货价格 100 元/吨。因此，目前菜籽油和豆油在 1109 合约上 200 元/吨左右的价差已处于偏低水平，后市有望逐渐向 650 元/吨左右的价差均值回归。菜油 1109 合约与豆油 1109 合约的价差自 2007 年中期以来基本运行于 200～1200 元/吨的区间内，价差在价差下限 200 元/吨附近震荡，此时入场风险较小。

### 投资建议：买菜籽油、抛豆油

综上所述，考虑到本年度我国油菜籽减产预期较强，且生长阶段很快进入关键时期，天气因素和国家政策性收储等炒作因素或再次受到资金的青睐，从而提振菜籽油价格。短期内国内外大豆价格受到全球大豆产量改善的压力，大豆价格难有上涨。因此，建议投资者可趁菜籽油与豆油期货价格处于相对低位的机会，建立买菜籽油、抛豆油的套利仓位，等待两者期货价差稳步回升。

### 1. 套利交易计划

投资品种：菜油 1109 合约、豆油 1109 合约。

计划资金：1000 万元。

交易策略：于价差 200/吨左右，等合约价值卖出豆油 1109 合约，买入菜油 1109 合约。

资金分配：约 800 万元，占总资金的 80%。

保证金比例：豆油 13%、菜籽油 13%。

投资周期：预计约两个月。

目标点位：500-200=300（点）

## 2. 具体操作方案

1）建仓计划

于价差 200 元/吨附近卖出 300 手（3000 吨）豆油，买入 600 手（3000 吨）菜籽油，按照 13% 的保证金计算，总资金约为 800 万元。

2）止损计划

若建仓后价差持续缩小，跌破 100 元/吨，则止损离场。

3）获利出场计划

若建仓后价差扩大，可于价差 500 元/吨左右获利离场。

4）预期风险与收益评估

风险：（200-100）×3000=300 000（元）

风险率：300 000/10 000 000=3%

收益：（500-200）×3000=900 000（元）

收益率：900 000/10 000 000=9%

预期风险收益比：3%∶9%=1∶3

预期年化收益率：54%

再来看一个期现套利的例子，它体现的是交易者利用商品的期货与现货之间出现非正常基差时所做的交易相反的套利动作，方案如下。

## 豆粕期现套利交易方案

截至 2011 年 3 月 18 日，广东地区豆粕现货价格为 3100 元/吨，而在期货市场上，1105 合约价格为 3144 元/吨，1109 合约为 3273 元/吨，1201 合约为 3305 元/吨。豆粕现货价格相对所有期货合约价格都贴水，近月合约价格对远月合约价格贴水。另外，目前北方地区，如大连和山东，豆粕现货价格为 3000 元/吨，比南方更低，比 1109 合约豆粕期价贴水 273 元/吨，期现价差巨大，更适合北方的豆粕贸易商和饲料企业操作。下面是南方某豆粕贸易型企业期现套利（不交割）操作。

3 月 21 日以 3100 元/吨的价格买现货 1000 吨，以 3273 元/吨的价格抛空 1109 合约 100 手，价差为 173 元/吨。4 月 20 日以 3500 元/吨的价格卖出现货 1000 吨，盈利（3500-3100）×10×1000=400（万元）；同时在期货市场上以 3480 元/吨的价格买入平仓，亏损（3273-3480）×10×1000=-207（万元）；

257

现货和期货市场盈亏相抵后盈利：400-207=193（万元），如表5-2所示。

表 5-2　豆粕期现套利交易流程

|  | 现　货 | 1109 期货 | 升贴水 | 总　计 |
|---|---|---|---|---|
| 3 月 21 日 | 以 3100 元/吨买入 | 以 3273 元/吨卖出 | -173 |  |
| 4 月 20 日涨 | 3500 | 以 3480 元/吨买入平仓 | +20 |  |
| 盈亏 | +400 | -207 |  | +193 |
| 4 月 20 日跌 | 2900 | 以 3000 元/吨买入平仓 | -100 |  |
| 盈亏 | -200 | +273 |  | +73 |

某企业以交割为目的的期现套利如下。

2011 年 3 月 21 日以 3144 元/吨的价格在期货市场上抛空 100 手 1105 合约豆粕，在山东以现货价格 3000 元/吨买入 1000 吨豆粕，储存在大连商品交易所在山东的指定交割厂库，最晚在 5 月 4 日之前完成标准仓单的申请注册（豆粕标准仓单申请注册日期需要离豆粕的生产日期小于 45 天），并将仓单交到大连商品交易所，在最后交割日 5 月 19 日完成交割，抑或换成企业需求所在地的标准仓单。具体成本费用见表5-3。

表 5-3　期现套利成本费用计算

| 期现套利成本 | 标　准 | 1000 吨的费用（元） |
|---|---|---|
| 资金利息成本 | 5.6%年利率 | 31 815 |
| 仓单注册检验费 | 3 元/吨 | 3000 |
| 交易费用 | 1 元/吨 | 1000 |
| 交割费用 | 1 元/吨 | 1000 |
| 现货仓储费 | 0.5 元/吨·天 | 30 000 |
| 期货仓储费 | 0.5 元/吨·天 | 7500 |
| 增值税 | 13% | 16 566 |
| 总计 |  | 90 881 |

258

资金利息成本=现货占用+期货占用=3000×1000×5.6%×2/12+3144×10×

100×13%×5.6%×2/12=31 814.72≈31 815（元）

仓单注册检验费=3×1000=3000（元）

交易费用=1×1000=1000（元）

交割费用=1×1000=1000（元）

现货仓储费=0.5×60×1000=30 000（元）（按 60 天取整计算）

期货仓储费=0.5×15×1000=7500（元）

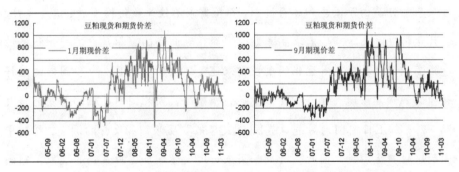

（a）截至 3 月 18 日，现货价格对            （b）现货价格对 1109 合约
　　　1201 合约贴水 205 元/吨                        贴水 173 元/吨

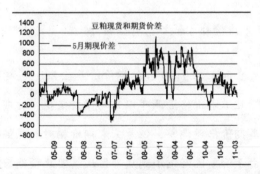

（c）截至 3 月 18 日，现货价格对 1105 合约贴水 44 元/吨

图 5-2　豆粕现货和期货价差图

增值税=（3144-3000）×1000×13%/（1+13%）=16 566（元）

期现套利理论利润=（3144-3000-90.881）×1000=53.119×1000=53 119（元）

从图 5-2 的豆粕期现价差历史走势对比可以得出，豆粕现货价格贴水的时候，通常就是现货市场最弱的时候，一旦价格企稳反弹，现货价格比期货价格反弹快，且会回归现货升水。预计豆粕价格后期将易涨难跌。分析如下。

### 1. 后期豆粕需求增加的预期抑制价格下行空间

尽管目前由于供应和库存过剩，养殖需求不佳导致价格下跌，但是 4 月、5 月豆粕将迎来季节性需求高峰期，因养殖利润尚高，养殖户的补栏积极性也较高，国内养殖业对豆粕的刚性需求还是不错的。而且，今年国内油菜籽种植面积预期出现大幅减少，产量也大幅下降，因此国内菜粕的产量也将大幅下降。加上目前国内对进口美国 DDGS 采取反倾销和反补贴调查，将对中国的进口产生影响。因此，后期如果未出现大量增加进口菜粕的现象，则国内豆粕替代需求必将相应增加。

### 2. 豆粕和玉米比价处于低谷，有望回升

目前，国内大豆和玉米 1109 合约期价价差在 860 元/吨，处于相对底部区域（见图 5-3），且玉米价格近两年以来均保持坚挺，近期整体商品市场波动幅度加大，豆类期价出现调整，但是玉米期价相对表现偏强，二者价差进一步缩小。不过由于价差已经缩小到底部区域，因此预期后期价差继续缩小空间有限，且玉米价格表现偏强，后期豆粕期价补涨的概率和潜在空间较大。

另外,目前 CBOT 大豆和玉米期价比价也处于 1.95 的偏低区域,远低于 2.2～2.5 的均衡比价。3 月 31 日，美国农业部将发布作物种植意向报告，若大豆价格相对玉米价格偏低，则 2011—2012 年度种植面积可能被调低，造成大豆供应相对偏紧的局面，这势必对豆类价格构成支撑。

图 5-3　豆粕和玉米 1109 期价价差在 860 元/吨

综上所述：饲料企业或豆粕贸易型企业可以选择以上的期现套利方案进行套利操作，风险相对较小，收益相对稳定。

（注意：此期现套利需严格按照计划和结合现货市场操作，此时不建议在期货市场上单边做空豆粕）

除了套利交易模式外，也可以根据企业实际情况，依托与企业经营相关的现货状况进行理论套保期货交易，包括建立虚拟库存和虚拟卖出套保的交易方式，从而实现期货现货结合经营的模式。建立虚拟库存就是当企业分析预测商品价格可能上涨会给企业后续采购造成成本抬高的风险、意图提前采购一定数量的商品，但又受限于现货储存、损耗和占用资金等，转而在期货市场上买进相应数量的期货，以"虚拟库存"的方式完成商品的提前采购。然后，一旦价格如期上涨到一定幅度，就可以先行卖出平仓，以此盈利弥补未来实际采购原材料商品价格上涨造成的损失。当然，假如在实际采购原材料时价格没有上涨，则此次建立虚拟库存所获得的期货交易盈利将成为企业的净收入。反之，如果所建立的期货交易多头部位持仓遇到下跌风险，企业可以持有这些虚拟库存部位，待到交割期进行现货交割，而不必砍仓卖出。举例如下。

### 铁矿石虚拟采购交易预案

#### 一、分析

#### 1. 基本面

① 宏观经济：近期银行对钢铁行业贷款收紧，加之去年年底很多钢厂做的"融资矿"已经到港，将逐步流入市场，对期货价格冲击较大。两会政策处于真空阶段，市场情绪比较失望，导致股指周一大幅下挫，带动工业品期货价格加速下跌。周二期货铁矿石价格在橡胶涨停和股指反弹的带动下反弹，收盘在 740 元/吨。考虑到近期的利空因素已被期货价格大幅下跌消化，短期期货价格底部震荡后反弹可能性较大。

② 产业供需：上周（3月3日至7日）我国港口铁矿石库存继续上涨，

41 个港口达到 1.09 亿吨，环比增加 256 万吨。同时，海外三大矿山每周的发货数据也显示，在未来半个月至一个半月的时间内，主流矿的到港量仍会稳步增多。与之相反的是，终端需求（钢厂）难见起色，在环保减产等因素的压制下，2 月中旬，钢厂日均粗钢产量已从前期的 200 万吨以上降至 196 万吨。

## 2. 技术面

① 技术图形：普氏 62%铁矿石指数周一最低跌至每吨 105 美元，创 2012 年 9 月 24 日以来新低，同时创历史最大单日跌幅；期货主力 1409 合约周一最低跌至 728 元/吨，连续两个交易日跌停，但周二期货价格最低跌到 707 元/吨后，在橡胶涨停和股指上涨的带动下大幅反弹收盘在 740 元/吨，收出底部中阳线 K 线，考虑到近期铁矿石价格跌幅较大，短期技术上如果站稳 750 元/吨有继续向上反弹的可能。

② 量仓情况：周二铁矿石主力合约 1409 成交 531 682 手，大连商品交易所仓单日报为 0。

## 二、交易

以企业需进口 5 万吨铁矿石为例，结合目前行情可按 60%的比例建立虚拟库存，需参与铁矿石期货手数为 300 手。

交易安排：铁矿石期货 1409 合约周二收盘点位在 740 元/吨，假如今天低开在 740～750 元/吨震荡，震荡收稳后连续两个 60 分钟站稳 750 元/吨。可动用 30%仓位第一次买入，止损 700 元/吨。若盘中或后面交易日连续两个

60 分钟站稳 790 元/吨，可再动用 30%仓位买入，目标价格为 820 元/吨。

（1）市况（1）：铁矿石期货价格延续昨日走势低开在 740～750 元/吨震荡。

交易（1）：有效站稳 750 元/吨（连续两个 60 分钟站稳），30%仓位（90手）买入。

（2）市况（2）A（1）：铁矿石价格经过震荡上涨后，有效突破 790 元/吨（连续两个 60 分钟站稳）。

市况（2）A（2）：铁矿石价格经过震荡上涨后，没有达到或有效突破790 元/吨。价格遇到阻力后向下跌破 750 元/吨。

交易（2）A（1）：价格在 790～795 元/吨，期货继续加仓，50%仓位（150手）买入。

交易（2）A（2）：价格在 750 元/吨，30%仓位全部平仓，盈亏大致平衡，交易结束。

交易（2）B：不再加仓操作，30%仓位（90 手）止损出局，亏损约 45万元/吨，交易结束。

（3）市况（3）A：期货价格后期按预期上涨到 820 元/吨。

交易（3）A：达到目标点位，80%仓位（240 手）建立的虚拟库存全部卖出平仓。合计盈利约 108 万元。

市况（3）B：期货价格经过震荡后没有反弹到 820 元/吨，跌破 790 元/吨。

交易（3）B：80%仓位（240 手）平仓出局，盈利 36 万元，交易结束。

## 三、结果

以上建立虚拟库存的买保交易最大盈利为 108 万元，最大亏损为 45 万元，第一次交易需要保证金 68 万元左右，第二次交易需要保证金 119 万元左右，合计最高需要保证金 187 万元左右。

在这个建立铁矿石虚拟库存方案的基础上，企业可以结合市场后续价格趋势与企业采购、销售情况，设计出"从开仓买进期货建立虚拟库存再到买进现货、卖出期货保值、卖出现货"完整的期货与现货紧密结合的经营方法，如图 5-4 所示。

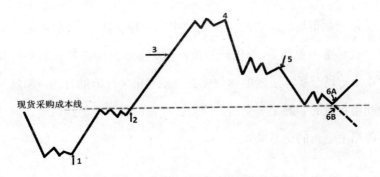

图 5-4 现货企业"期现结合经营法"

说明：1 处——价格持续横盘整理，有止跌可能，设置止损，买开期货。

2 处——期货价格上涨，现货转好，持有期货，采购现货。

3 处——期货价格继续上涨，卖平期货，继续采购现货。

4 处——期货价格高位横盘，有止涨可能，卖开期货，销售现货。

5处——期货价格横盘后继续下跌，提高套保比例，加量卖出期货。

6A处——期货价格止跌上涨，期货空单买进平仓，现货持有待涨。

6B处——期货价格横盘后续跌，期货空单和现货都持有不动待涨。

当然，无论是套利交易，还是主观交易，都需要做好市场分析工作和期货交易工作，最终的避险工作结果与期货交易方法直接相关，稳定的期货交易成功率成为核心。为此，期货交易的深层次研究成为目前的大趋势，比如量化投资交易、程序化交易。当然，不管是设计量化投资模型，还是用计算机自动进行程序化交易，都离不开分析模型设计、交易策略设计、交易计划布局、风控措施预置等交易方法的基本构成要素，这些要素共同构成严谨细密的交易系统。

# 5.2 期货交易系统

在实体企业市场风险管理工作实践中有一种说法："假如用眼神就能打败对方，就尽量不要动手。"也就是说：假如企业风险防控管理部门及其专业人才运用市场分析方法就能达到使企业规避市场风险的目的，那就不要动用资金利用实质的金融工具交易。因为做交易的目的是防控风险，但稍有不慎就可能派生出新的交易风险。

1993年，我作为青岛某集团天津期货部的负责人外派天津钢材市场从事钢材（准）期货自营交易，我和我的交易员（市代表、红马甲）一起进场，依据管理制度，交易员执行我的交易指令。很多时候，交易员会自行开仓平仓，做交易。我严厉地批评了他，指出"交易动作必须按部门制订的计划进行"。但是，当我坐在交易柜台（场内交易柜台有两个工作位置，但是只有一个键盘）的键盘前的时候，我也时常违背我主导制订的部门交易计划，很随意地做交易。这种期货行为就是期货行业最常见的"随意性交易行为"。

做过期货交易的朋友都知道，期货交易行为是如此简单：只是一念之间、只用一根手指头、只需几秒钟就可以做完一单期货交易，而且这单交易很可能让你暴赚，当然，也可能让你赔得很惨。

"成功的期货交易者，一定要有自己的期货交易系统"，这个系统是由分析和交易严谨结合而成的期货交易套路和方法。并且，交易者需要严格按照系统执行，才能确保交易顺利。

"兵者，诡道矣，国之大器，用之，须慎之又慎"。资金犹如企业商战的兵马，商战、期货交易如同参与战争，战事发展变幻莫测，企业参与期货交易和现货买卖，都要如同投入战争一样，要谨慎再谨慎，周密计划、精心准备、有备而战、战之有道（方法），以确保达到化解现货经营风险的期货交易目的。

如前所述，工厂要想有稳定质量的产品，就一定要按工序、工艺进行。同理，所有事情都需要按套路、守方法地去进行。

在期货交易领域，按套路就是把贯穿期货交易整个过程需要做的准备工作，按时间先后认真去完成；守方法就是要认真学习、掌握并使用好价格分析方法和期货交易方法。

以下是按照"顺势而为，看图交易"的原则，运用"市场环境、市场力量结合"分析法，以"把握战略趋势、选准战术进场点"为关键设计的一个期货交易系统的例子，如表5-4所示。这个商品期货交易系统框架基本也适用于股指期货、期权等各种金融衍生品工具。

表5-4 商品期货交易系统（适用于中国期货市场）

| 全天时间段 | 准备工作 | 交易工作 |
|---|---|---|
| 开盘前<br>（07:00—08:55） | 分析①→判断②→预测③；测定止盈或止损位置④ | 确定当天交易策略⑤（做多、做空、观望）、交易方案（处理此前仓位；新交易价位、仓量、布局、出场⑥）；注意实时修正交易策略、调整方案，争取"人随市势、人势合一" |
| 开盘前<br>（08:55—08:58） | 核实有无隔夜仓位需要处理，是否参与开盘时间段集合竞价交易 | 按会商决定挂预备单处理隔夜仓；没有把握的不建议挂预备单开新仓 |
| 商品期货盘中<br>（09:00—09:15） | 以3分钟或5分钟为周期观察K线图趋势，选进出场点；按1分钟或3分钟周期行动 | 建议在9:09后新开仓（股指期货建议在9:18以后新开仓） |
| 商品、股指期货盘中<br>（09:15—09:30）<br><br>盘中<br>（09:30—11:00）<br><br>盘中<br>（11:00—11:30）<br><br>中午<br>（11:30—13:00）<br><br>盘中<br>（13:00—14:30） | 团队按分工跟踪盯盘。关注相同时间单位的沪深300和上证图形、外盘及其他品种环境；关注仓差和多空力量对比。<br>随时关注，尤其是在市场异动时关注实时《华尔街见闻》、路透资讯等。<br>密切观察方案执行的市场态势条件是否符合预测 | 严格按照期货交易流程⑩执行交易计划，做多进场仓位可分两三次完成，耐心买开2或3，果断卖平1次头；做空与之相反⑦，给主力波段足够的完成时间和空间。<br>完成交易计划或延迟到下午执行 |

续表

| 全天时间段 | 准备工作 | 交易工作 |
|---|---|---|
| 盘中<br>（14:30—15:00） | 预测当晚外盘及次日市势，开始商定是否留隔夜仓位（以经济政策、外盘等关键因素为依据）⑧ | 按策略师指令处理当天仓位或持仓过夜；尾盘时间段尽量不开新仓，除非当天交易计划仍有交易需要 |
| 盘中<br>（15:00—15:15） | 休息片刻 | |
| 收盘后<br>（15:15—16:00） | 当天总结⑨ | |
| 晚间（19:00） | 查看新闻联播、网络新闻、其他资讯 | |
| 晚间（19:00 后） | 关注信息，确保每天 21:00 前休息，周五、周六晚间可以除外 | |
| 每周五下午 | 形成《次周交易预案》，包含当周简结、次周预测、次周初步交易计划等内容 | |

备注：此表以没有夜间交易的品种为例；有夜间交易的品种的交易系统可依据同样的道理另行归纳设计。

① 分析：阅读、搜集、归纳、整理、会商，以分析国内外最新宏观政策、经济政策等各类信息；分析前夜外盘（美元指数、道琼斯等国际重要股票指数、商品期货指数、原油期货、铜期货、贵金属期货等）最新收盘后态势；结合分析所交易的国内期货品种前日收盘后技术图形（涨跌态势、价位所处位置、全市场持仓资金变动状况）等。实际上，该环节要求全体相关人员必须不晚于 7:00 到达工作台位。

② 判断：经团队共同努力，最终对相关交易品种目前市场态势做出上涨、下跌、盘整的结论，并确定造成目前市场态势的关键因素和主要因素的排序。

③ 预测：团队集体预测当天（主要是上午盘）及其后最可能发展趋势

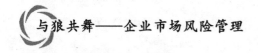

是上涨、下跌还是盘整，并预测变动级别和完成时间。测量价格走势的阻力、支撑位置。

④ 止损位置的设置：要使用技术法设置，具体应符合下面的条件。以震荡区间内做多为例，从此刻时间向前寻找最近的下跌绿色 K 线（阴烛）中最低的阴烛，选取收盘价格，数字靠近 0 或 5 向下修正。以震荡区间内做空为例，从此刻时间向前寻找最近的上涨最高收盘价格，靠近 0 或 5 向上修正。以趋势行情做多为例：从此刻时间向前寻找最近的上涨最高的收盘价格，靠近 0 或 5 向上修正。以趋势行情做空为例：从此刻时间向前寻找最近的下跌最低的收盘价格，靠近 0 或 5 向下修正。交易方案预留团队会商，调整或终止交易计划的出口。

⑤ 交易策略：依据预测，策略师结合企业现货经营情况确定交易思路（是套期保值以规避风险，还是依托现货经营建立虚拟库存或理论保值以达套利目的），依据价格态势制订具体交易策略（趋势市则随势做多/空，震荡市则高空低多），并形成书面具体的交易方案（方案里至少包括此前持仓的处置安排；新开仓的计划总量，开仓顺序和布局，开仓、中止、停止的前提条件，风险出现时的对策预置和止损离场预案等）。

⑥ 出场：获利平仓或者止损砍仓。止赢和止损都要提前测位，止赢位可以设置多个，一般在第二个位置开始平仓；止损位只能设置一个，必须在连续两次击穿后严格执行。

⑦ 开仓买卖技巧：如果交易计划是买进，执行交易指令时可以将买进数量分成两次或三次完成，因为上涨启动阶段多有回调反复。这样，可以增

加底部判断时间，也可以拉低进场价格。但是，若是卖出开仓的做空方案，则高价顶部确立后转而下跌的时间会很快，因此，做空指令尽量一次完成，最多不超过两次。

⑧ 14:30 过后，团队需要集体会商，得出隔夜市场预测结论并决定隔夜交易方案，由策略师主笔确定，并据此下达相应交易指令。

⑨ 盘后总结：集体会商、书面记录当天成功的经验和被动的教训，整改意见，以强化正确的交易系统，完善分析及交易技巧。

⑩ 期货交易流程如图 5-5 所示。

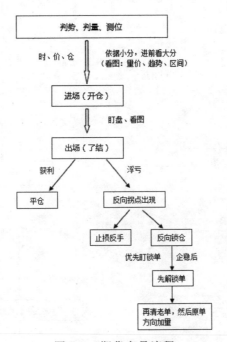

图 5-5　期货交易流程

备注："依据小分、进前看大分"是指下单的依据是小单位时间的分时 K 线图，下单之前以更大时间单位的分时 K 线图为参考。

图式交易方案如图 5-6 所示。

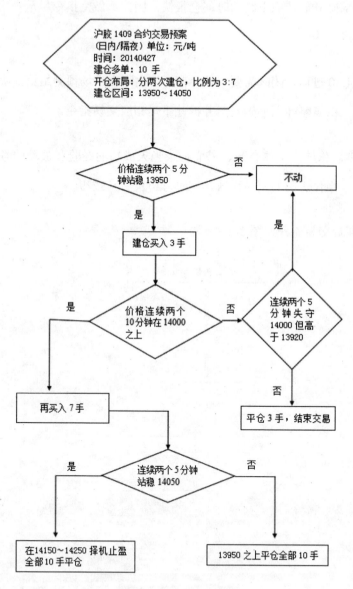

图 5-6　图式交易方案

表格式交易方案如表5-5所示。

**表 5-5　XX 品种交易预案 X 年 X 月 X 日（日内/隔夜）**

| 一、分析 | | | |
|---|---|---|---|
| 1．基本面 | ①宏观经济： | | |
| | ②产业供需： | | |
| 2．技术面 | ①技术图形： | | |
| | ②量仓情况： | | |
| 二、交易 | | | |
| 交易安排 | | | |
| 第一步 | 市况（1）： | | |
| | 交易（1）： | | |
| 第二步 | 市况（2）A： | 市况（2）B： | |
| | 交易（2）A： | 交易（2）B： | |
| 第三步 | 市况（3）A： | 市况（3）B： | |
| | 交易（3）A： | 交易（3）B： | |
| 结果 | A 方案： | | |
| | B 方案： | | |

注：此表仅供参考，风险自负

　　在使用期货交易工具时，大家时不时会有"投机"与"保值"有何区别的困惑。这两者的区别在于从事期货以及其他金融衍生品工具交易的投资者的性质是自然人还是企业，投资目的是投机图利还是避险套利，进而形成了交易理念和交易策略的区别。但不得不承认的是，两者的目的达成都需要期货交易指令的完成。对于"期货交易指令"本身而言，其共性是相同的，即结果未知，都带有同样的不确定性，或者叫作投机性、赌博性。正是为了尽量减少这种交易结果不确定性所新派生出来的交易风险（相对地，企业期货交易的目的是避免市场价格波动对现货经营产生的风险），才有必要研究和使用专业的期货交易方法。在具体期货交易过程中，"右侧交易法"受到推崇。以下是笔者工作期间为所服务企业提供的论述，供读者参考使用。

## 对右侧交易法和止损动作的思考

　　笔者最近几天在日照市、青岛市分别和众多农产品贸易商和橡胶贸易商进行了沟通和交流，大家普遍反映九月中旬以来的大跌真是出乎意料，进口大豆从成本价 4500 元/吨左右一路跌到 3500 元/吨左右，做一条船就赔 3000 万～5000 万元；进口美元天然橡胶从 4700 美元/吨左右跌到了 3000 多美元/吨，一吨天然橡胶亏损人民币 6000 多元，还销售不旺，而且从目前态势看还没有转涨的明显迹象，手里有货的人长吁短叹，实在是压力巨大。

　　现货市场有句话叫"买涨不买跌"，这句话放在商品价格在阶段性低位区从跌势转为涨势的时候就是非常明智、非常科学的做法，这就像价格从下跌趋势转为上涨趋势，走出 V 形轨迹的时候采取购买运作，后面的价格走势总体向上，那么这单买卖盈利是确定的。现货这种"买涨不买跌"的购买方式在期货运作上就是"价格 V 形走势时的右侧交易法"，这就如某企业铜期货项目部负责人说的"期货和现货都是同等的企业经营方式"，现货期货只要都遵循同等道理的"V 形右侧交易"原则，经营肯定是盈利的。但在实际经营中，经营者常常因为某种原因处于"V 形走势左侧交易"的状态中，也就是价格一路走低，大家不断买进、不断形成浮动亏损越积越高的局面，最后因承受不了巨赔而清结，伤到了元气。

在形成"V 形走势左侧交易"经营状态的原因中，大家的反应各种各样，如维持企业经营正常运转、追求贸易量、缺乏市场大势研判巨量进场、从小量判断失误演变成持续加买、不愿看到亏损发生抱有侥幸心理等，接触的商人中有手里货不多却经营状况良好的，但现实中每一个规模企业在每经营年度前半段时间的开始都是需要有一定数量存货的，那么最近那些现货库存量少的企业是怎么做到的呢？方法很简单，就是他们在市场下跌趋势中先行认赔、果断甩卖，用承担有限幅度的亏损的方式换取企业不伤元气、企业持续经营的主动权和最终盈利的资格。

"大做大赔、小做小赔、不做不赔"是大家对今年市场特点的总结，一年将过，大家才能看到最终的市场现实，而对于大多数企业而言，"总不能什么都不做吧？上游的合作企业、下游的客户、明年的授信都需要维护，怎么办？"市场有风险，但企业还得经营。2008 年出现一次危机，2011 年又出现一次金融危机，以后全球经济领域出现的危机也不会少，而且波动将更大、更频繁、更复杂。这就给每个企业主和项目负责人提出了严肃的课题——怎么应对？

近期通过和粮油企业、橡胶企业经营人士的交流，笔者梳理出以下三条经验教训，供大家借鉴吸收。

一是经营者要努力把握市场的总体大势。随着全球基础货币的逐年大幅投入，全球经济波动更加诡异复杂，但是全球的财政、货币政策最终导致的是金融衍生化或去衍生化、信贷的扩张或收缩、商品的库存化和去库存化。据此，我们可以得出所经营的具体商品价格的基本走势是高位震荡（V字上沿、左上角）、自高位下跌（V字左侧、左上右下方向直线段）、低位震荡（V字左侧末端、寻找市场底部）、自低位转涨（V字右侧向上起点、底部找到开始转势向上）中的哪一种，从而制定相应的经营策略和具体的经营计划。

二是坚持"相对低位区V字形价格走势右侧采购"的经营策略。自9月中旬至今严重被套的粮油和橡胶企业，都是在V字形价格走势左侧大跌过程中果断采购，不断加量才造成被动局面的，"总觉得价格低，没想到价格还会更低"，市场的绝大多数经营者都不能完全掌握价格下跌时的最低点，但下跌趋势是否结束还是有判断标准的。"价格难掌握，经营由自己"，所以，项目经营负责人需要耐得住性子，等待"V字形价格走势右侧"机遇的出现。

三是确立坚决止损的经营理念，形成止损制度，执行止损纪律。在交流中，货物量大的经营者都羡慕货物量小的经营者，但货物量小的经营者也是经过止损且耐心观望后才达到目前境界的。"止损"是期货上的经营术语、称呼，但实际上它更是一种非常科学的现货经营手段，即"商场有赚有赔"，进货价格高了，过了一段时间还不能赚钱，就需要有壮士断臂的勇气果断卖出，这样，赔的是有限的，赚到的是科学的经营理念、持续经营的主动权和赚取未来的资格。因此，在开始制定每个项目现货的经营计划时需要有一个部分明确注明：这笔买卖预计何时完成（一般一单买卖的完成周期为 3 个月）？在预定时间内浮动亏损到什么比例应该甩卖（一般在10%以内，各品种可承受亏损幅度稍有不同）？企业主要有止损的经营理念，就是企业对项目负责人一定程度亏损的认可；止损制度是企业应该设立的，是要求每单贸易计划中都注明的；止损纪律是项目负责人要坚决执行的，执行时不犹豫、执行后不后悔，只要留住元气、遵守"相对低位区 V 字形价格走势右侧采购"的经营策略，一定会等到并抓住优势机遇，实现总体盈利。

"有时候也考虑甩出去，但真要这么做又舍不得"，舍得小损失，得到大盈利。凡事能"想到"有点困难，能"说到"比较容易，真正要"做到"耐心等待、坚决止损，也不是一件容易的事情。但是，恰恰"做到"止损才是具体经营者对企业和股东最大的负责，所以，企业要有"科学经营、赚赔都正常"的经营理念，培育实施"止损制度"的环境氛围，而各项目经营者要坚决履行职责、执行止损纪律、扎实提高经营水平，才有资格和主动权去赢得经营的成功。

谨以此思考与全体同事共勉。

2011 年 9 月 27 日—2011 年 11 月 11 日

## 5.3 期货交易实践心得

### 5.3.1 期货交易概述

（1）选择活跃品种交易：市场参与不充分的期货合约承载力有限、价格容易失真扭曲，起不到规避风险的作用。

277

（2）长看短做：看盘分析用"天时（时间单位为'天'）"，交易做单用"分时（时间单位为'分'）"。分析工作时，最短的时间单位以天为主，以周时间段为辅助；交易时，商品期货时间段以 3 分钟或 5 分钟为主。

（3）长短线单：长线交易的持仓由有浮动盈利的短线交易持仓隔夜放置逐渐形成。

（4）品性：期货品种不同、价格波动特点不同、不同期间不同品种的各自表现不同，相关性程度也有变化。

（5）保持平和心态、把握交易主动：冷静、客观、理性地分析市场，才能严谨、睿智地完成交易。

（6）破咒：买急进、卖犹豫。比较多的投资者都是"买进的时候急躁冒进，卖出的时候犹豫不决"，结果进得仓促，逃跑拖沓。

（7）用方法、弃想法：在完成交易的过程中，一定要依靠系统方法，而不是盲目地凭自己的猜测。

（8）市场永远是对的：先无我后有我，发现市势如影随形。首先放弃自己盲目的猜测，客观科学地冷静观察分析市场。

## 5.3.2　行情判断技巧

（1）大多数人都看跌（涨）时，行情有可能到底（顶）了。有看跌有看涨时，只是行情趋势中期。

（2）昨卖（买）今买（卖），说明跌（涨）势在继续中，但价位已很脆弱，风险可能已大于利润。

（3）行情下跌迅猛且幅度大，而回升缓慢、时间长且要有转势时的成交量放大。

（4）大跌之后的盘整末期，可能出现牛市开端。

（5）出现超卖（买）时，跌（涨）势可能结束。

（6）价格在一天里突破过趋势线，但收盘价并未超出趋势线，原来趋势一般不改变。

（7）对各种信息要仔细分析，勿轻信，要有客观分析。

（8）价位新高处，出现大成交量，市场趋势可能反转。

（9）出现带长下影线的长阴线时，可能意味着跌幅过大。

（10）利多信号的出现。

① 慢慢下跌较长一段时间后，又发生持续几天的急剧下跌之后；

② 价格不寻常地急剧下跌一个时期后出现走平现象时；

③ 一段时间内（比如一个月）出现任何大跌（>20%）后；

④ 以前波形的一个低点再次出现时。

（11）利空信号的出现与利多信号出现的情况相反。

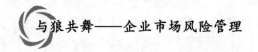

### 5.3.3 交易策略与技巧

交易策略与技巧是交易规律与经验的结合和升华，有其内在科学性与艺术性。

（1）盯市策略（准）：要全力以赴做足入市前的准备工作，包括开盘前后的大量分析工作，追求准确。

① 交易理念：制订交易策略计划前要有承受适当亏损的心理准备，明确从事期货交易的定性是服务于企业的实体经营，而不是为赌博而来。

② 高度重视、做足功课：全力全面收集整理信息，持续连贯做好分析，冷静客观判断市场，睿智坚定市场判断。

③ 充分掌握信息，分析利多利空因素（政策基本面、产业图表），把握大趋势；参考图表、提前测位、找准进出场点。

④ 明确入市理由，并预设市况相反时的风控措施。

（2）入市策略（稳）：设置入市指令单（月份+方向+价位+数量），坚守套保理念，坚定冷静对待交易计划和市场波动，追求稳妥。

① 月份选择。

- 选择活跃月份（成交大、持仓多、参与多、风险低）、效率高的市场。
- 不要同时做多个月份的交易，因为交易精力和资金财力有限。
- 不是企业交易账户选交割月（资金少、无权交割）。

② 方向选择：跟着大势走，顺势而为，别站错队。

- 以"天"为时间单位，单边趋势，分时选点、做多为主；反之，做空为主。
- 以"天"为时间单位，横盘趋势，分时测位、高抛低买。
- 以"天"为时间单位，窄幅横盘，市场迷茫，无方向可选。

③ 时机选择：何时、何价入市。

- 忌信谣传、盲目随意入市。
- 循价入市：逆势而为，阻力线处卖，支撑线处买，注意紧急事件的发生。
- 循势入市：顺势而为，突破上方压力线后买进，跌破支撑线后卖出。
  - ➤ 跌势末期反转向上（金字塔买入）。
  - ➤ 涨势末期反转向下（倒三角卖出）。

④ 数量选择：从资金管理及风险控制上安排开仓资金总量占所有资金的总量比例，一般不超过 1/2，在累积持仓属于显著盈利的前提下，开仓比例可以达到 2/3 之上。

- 资金较少时，一次完成下单。
- 首次投入的资金量在 1/5 以内，以掌握主动权。
- 资金较多，逐次完成，一般分两三次完成计划量。
  - ➤ 不符合止损条件，则根据市场强度按"2∶8"、"2∶5∶3"、"2∶4∶4"的比例布局增加第二笔或第三笔同向单。
  - ➤ 提前测位、设置止损，不可轻易更改。

（3）出市策略（快）：按照计划坚决果断不犹豫。

① 达到盈利目标时。

- 短线严格按计划目标平仓。
- 长线交易在关键价位出现不利迹象时全部平仓了结。为保护既有利润，逐步平仓。在较高浮盈时反向开仓锁住浮盈，设置止损。

② 遇到不利情况时。

- 短线交易按分时单位时间连续两次击穿止损位置，坚决执行止损，当日处理，决不过夜。
- 长线交易在所设止损点坚决执行；决不在亏损方向加仓；错过止损则备足资金、彻底等待，等趋势彻底稳定时再加仓，集中所有力量打反击。

（4）退市策略（平和）：在没有交易价值时或者持续一段交易后，应该完全罢手，坚决休息。

- 人需要休息：分析、决策、操作时身心紧张、极辛苦、极疲劳，反应更迟钝。
- 成功、厄运有周期：连续作战，思维定式，主观思维没有改变，但客观市场环境可能正在加速改变，容易遭遇盈利与亏损的转换。
- 旁观者清：受挫时休息，勿在困惑中周旋、赌气、赌博，彻底休息更有利于冷静、清晰地看待市场。
- 利于再战：当进则进，会进会退，修心养性（控制力），养精蓄锐。

## 5.3.4 期货交易制胜之道

追求"享受期货"而不是"为期货所累"的境界。

（1）自控力很重要：严格执行交易计划，不随意下单。

（2）纪律观念强：坚决设置止损并严格执行。

（3）提高看盘能力，选对进场点。

（4）心态是基础，技术是关键。

（5）行情不明，需要耐心；行情明朗，需要决心。

（6）行情是一段一段的，不必追求一段赚到底。

（7）画趋势线要从最近日开始向前选起点，取收盘价画线。收盘价是主力用钱买出来的，上下影线不可靠。

（8）箱体形态要用收盘价画上下线。

（9）交易要有预判，必须有计划，克服随意性。

（10）交易策略要和行情趋势相吻合：行情转涨势，做多为主，不做白不做；行情转跌势，做空为主，可做可不做；盘整势，切忌追涨杀跌，做了也白做。

（11）偏低位出现"封洞"时坚决做多。

（12）突破必须经二次确认。一般，大幅度的突破第二天大多有回调。突破当天不要在偏高位追多，要在第二天确认回落的低点买入，一般是在前一日红柱的一半处，要耐心等待。

（13）分析以日线为主，以周线为辅；做单以 5 分钟为主，以 1 分钟和 60 分钟为辅。

（14）持仓留单：短单变长单必须是盈利单，留住有利单，砍掉亏损单。

（15）设置止损只能有一个价位，设置止盈可以有多个价位。

（16）进场机会选择：尽量把开仓交易的冲动往后推迟。

（17）分析工作中最重要的三种指数：美元指数、道琼斯工业指数、商品指数（CRB）。

（18）资金布局分次进入，首笔资金被套可以加仓，但以协助突围为首要目的。尽全力控制进场冲动而把加仓时机延后，否则，逆势不撤离且轻易均价加仓则成为"加死码"式交易，很可能造成大困局。

（19）不要自负、自大，要兼收并蓄，学习别人优秀有效的技巧和观点。

（20）与强者为伍，分享大品牌期货公司的研究所提供的分析服务，随时与专业人士交流，完善自己的看盘结论和交易计划，借强者之力提升自身的盈利概率。

（21）小聪明不要用在大势上，可在短线上小作文章，抢帽子需有认输的准备，如果当天错了，放到次日一般会是大错。

（22）资金少者应集中力量一次出击，保持资金、头寸量上的主动，滚动进攻。

（23）大势逆转初期，大胆跟上：开始时小试头寸，若方向正确，则果断加单。获利平仓从最不利价位开始。

（24）大势末期，寻一个低（高）点开始金字塔（倒金字塔）形买进（卖出）。

① 买进点（卖出点）选在下跌（上涨）持续很长一段时间（原来趋势接近尾声）后开始。

② 要有大量足够的资金。

（25）大势对己不利，要果断承认错误，加倍转向，不怕错，就怕拖。

（26）上涨大势中，价位回落进多单；下跌大势中，价位反弹进空单。

（27）切忌盲动，要有耐心，有计划入市；既要坚持原则，又要适度灵活。

（28）追加盈利头寸，决不追加亏损头寸。

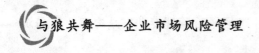

### 5.3.5　期货交易者应具备的素质

#### 1．行情分析与研判能力

期货交易者应具备经济学理论基础，把握国际国内经济形势，深刻理解经济政策、经济信息和各种事件；对期市及相关市场各品种有长、中、短期走势的准确判断。

#### 2．理性的操作策略

正确的交易理念，顺势而为，合理地分配使用资金，严格的风险控制措施。

#### 3．成熟的交易手法

套路清晰，方法严谨，如对各种行情的出市、入市选择，对交易中可能出现的异常情况的处理能力及各种操作技巧的灵活运用，有备而为。

#### 4．良好的心理素质

（1）和气生财，不要和市场作对。

（2）冷静：时刻保持冷静的头脑和理性的思维方法，有较强的"定力"。

（3）沉着（忌追涨杀低，消息得到验证后再行动）。

（4）轻装上阵，忌想盈怕赔。

（5）追求中庸，克服人性弱点。

**5．对市场规律及实战经验进行及时反思和总结，高度重视，认真努力**

## 5.3.6　期货市场风险

### 1．客观风险

（1）非系统风险：与期货市场不相关的方面出现重大突发状况，而对期货市场本身造成意外影响所产生的风险，如战争等天灾人祸。

（2）系统风险：与期货市场相关的各个方面发生的风险，如政策变动、天气变化、供需变化、市场力量变化等引起的市场波动带来的交易风险。

### 2．主观风险

（1）理念、策略风险：追求暴富、对赌市场。

（2）判市风险：轻视市场、功课不足、主观臆断、拿真金白银测试自己的想法、理论。

（3）操作性风险：盲目满仓、抗亏、加死码、赌博猜顶或猜底等。

### 3．对策

规避系统风险、克服主观风险的对策是严格按套路、严谨用方法。

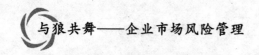

### 5.3.7  期货戒律：抑制人性弱点

看跌看涨、做多做空在成为事实前似乎都有道理，但是要注意人性弱点在期货交易中导致的错误行为。人性的弱点与生俱来，不可消灭，在期货市场中要时刻注意减少这些弱点造成的副作用。

#### 1．惰性

惰性可能是人性最常见的缺点，如贪图省事、寻找捷径，不想吃苦、不愿学习、不愿接受新事物。但价格分析和避险交易都需要全面做好准备工作，投机取巧会让风险管理工作更加危险。

#### 2．不认错

有错不认，狡辩、千方百计替自己找借口、推脱责任这种不负责任的态度不利于冷静、科学地反思和总结经验教训，无法在经验积累中升华，必然会重复以前的错误。

#### 3．贪婪

心存贪欲，只想盈利最多，不考虑亏损也不预想应对亏损的前置举措，结果只能是一场空；理念决定策略，贪婪让人失去理智，交易切勿盲目和随意。

#### 4．固执

自大、坚持己见、自以为是必然导致偏听、寡闻。胸怀狭隘、思想闭

288

塞、目光短浅，不能广见博闻、兼收并蓄，就不能完善方案、规避风险、险中取胜。

### 5．心存侥幸

不愿意客观看待自身错误，不理智科学地采取措施加以应对，而是一味图省事、抱幻想，期待奇迹。

## 5.3.8 期货交易失败案例

经过 20 余年的期货实践，笔者认为单纯的期货（掉期、期权等其他任何金融衍生品工具）投机交易亏损的风险很大。不遵守期货分析、交易方法的投机，几乎是百战百败、有去无回。

传统意义的商品期货因实体企业需要而诞生，现在，仍可以完全达到防范实体企业经营风险的作用。只是，对企业使用期货（等金融工具）的纪律性和专业性要求很高。

期货（等金融工具）的专业性可以经过专业人士辅导和企业招收、培训专业人才来实现，解决如何科学掌握和使用的专业方法，正是本书想要达到的效果。

但是，企业决策者能否坚持"期（货）现（货）结合经营"策略，能否坚守住"金融工具为现货实体经营服务，不把期货当赌博工具"的理念，更成为决定企业运用期货工具成败的关键所在。

在实证中，凡是能够守住这个关键（我们称为"按套路经营"）的企业大都获得了规避风险、经营顺利、盈利丰厚的美好结局，即取得避险、求利"双赢"效果；而不按套路经营或者没有坚持科学使用期货方法（我们称为"不按方法"）的企业，则无一例外地遭受了市场重创，得到了造险（非但没有规避现货经营风险，反而利用期货金融工具制造出新的风险）、亏损的"双输"结果。

以下是几个不按套路经营或不按方法使用期货工具的案例，望大家引以为戒。

## 1. 不按套路经营，现（货）期（货）双赌，结果"双输"

2008 年年初，笔者应邀成为青岛保税区某美元胶国际贸易公司（简称"金得国际"）兼职经济顾问，负责经济分析和期货交易工作。金得国际经营美元胶采购、销售贸易多年，邀请笔者辅导该企业人员学习掌握天然橡胶的期货交易方法。

笔者对金得国际的领导层进行了较长时间的期货辅导教学，并且反复强调：一定要把期货当作公司现货经营的风险管理工具，不要进行单纯投机；掌握和熟练应用期货需要时间，千万不要过早脱离辅导，独立交易；一定要慎重交易，交易前充分研究分析，不要盲目交易、赌行情，更不要盲听盲信。

遗憾的是，金得国际几乎违背了上述所有戒条。

在经历了 2008 年年初的平稳、二季度上涨（2008 年 6 月 27 日天然橡胶期货价格涨到了两年以来的最高点 28 450 元/吨，带动了美元现货天然橡胶价格的大幅上涨）之后，现货市场对价格上涨普遍乐观。

接下来，天然橡胶期货、现货价格于 2008 年 7 月 3 日拉开了第一段下跌的大幕；在 8 月 1 日、9 月 12 日经过第二段、第三段下跌后，在 10 月 27 日，跌到了 12 480 元/吨，下跌了 15 970 元/吨，下跌一半还要多，较 6 月 27 日最高点的跌幅为 56%。

期间，金得国际领导在持有美元胶现货库存（万幸的是，在全年下跌过程中，采纳了笔者"采购观望"的建议，现货采购量较少）的时候，没有采用"天然橡胶期货卖出交易，以保护现货库存价格下跌风险"的经营策略，总是有"猜底"心理，认为价格够低了，没有进行认真的价格分析，盲听盲信，背着笔者悄悄进场抄底买进，无形中把期货当成了投机工具。价格的连续大跌，使其形成了巨大的浮动亏损局面，而且，其对行情抱有侥幸心理，不止损、不认输。

10 月 27 日，金得国际的现货在采纳笔者建议后先期已经销售完毕，只是在手持有的天然橡胶期货买进合同浮动亏损已经过半（600 万元资金的浮动亏损已经超过 300 万元）。就在公司领导怀着侥幸和期盼心理觉得"价格跌得差不多"的时候，11 月 20 日，天然橡胶期货跌停，开始了第四段大跌，一下跌到了 12 月 8 日的 8650 元/吨，几乎是 6 月 27 日价格的零头，合计跌幅达到了 69.6%（当时价格走势见图 5-7）。

至此，金得国际在现货买进、亏损卖出后，由于没有进行期货卖出保值，反而进行同向买进赌行情上涨，于是，在期货交易上又造成了更大的（浮动）亏损局面，账面权益剩余 98 万元。这个"双输"的教训非常深刻。

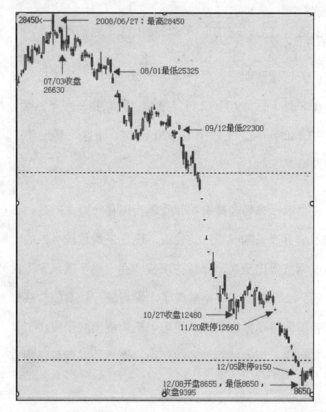

图 5-7　上海天然橡胶期货 0903 合约 2008 年 6 月 4 日—12 月 12 日期货价格

## 金得国际公司天然橡胶期货风险事故后续发展和结果

2008 年 12 月 5 日（星期五）下午收盘后，在与金得国际公司领导通过电话反复沟通中，双方同意：自当时刻起，后续交易交由笔者负责。笔者于次日携有 10 年期货经验的宋总赶往青岛保税区，并立即与相关人员开始反复分析论证，经过两天两夜的持续分析、论证，得出了"价格可能见底但首先要防范续跌"的结论，鉴于公司已经不再投入资金、后续无援的境况，拿出了"先行止损、减少续跌风险、释放基础保证金、准备打反击"的交易计划。

2008 年 12 月 8 日（星期一），开盘再次低开 495 元/吨（比前个交易日价格 9150 元/吨下跌了 495 元/吨）于 8655 元/吨，随后价格在 8900 元/吨左右弱势整理，鉴于死报不平仓，即使日后下跌风险增大而上涨时也没有新买资金的考虑，笔者坚决果断执行卖出平仓，减少了一半左右的持仓，大幅释放出有生力量资金。尽管当天收盘收涨于 9395 元/吨，但基于"仅一天上涨、涨势未确立"的期货方法，笔者坚决没有加仓，而是拿着剩余一半持仓和用实际亏损 200 多万元释放出的近 200 万元现金按兵不动。

12 月 9 日，价格再次下跌 5.11%收盘于 8915 元/吨，我们继续观望。因为当日再次下跌，涨势更不能确立，所以不能买进，尤其不能贪图比前日价格便宜而赌涨去买进；尽管当日下跌，但因为没有跌破前日低点 8655 元/吨，且前日上涨放量有止跌迹象，公司账户也释放了 50%风险，所以也不能卖出做空。

12 月 10 日，开盘 9025 元/吨，而且当时"中国全球救市"如火如荼，宏观经济环境转好的可能性大大提高，原油等相关品种普遍开始转涨或已经确立转涨势头，笔者果断开始试探性买进做多，11 日再次做多买进，12 日把能够使用的资金全部买进做多。此后，笔者交还期货交易权，并嘱咐金得国际公司领导：后续时间，尽量不用卖出平仓，而且只要浮动亏损释放出保证金，就继续买进。

图 5-8 是 2008 年 12 月 3 日—2009 年 2 月 10 日天然橡胶期货 1403 的价格。

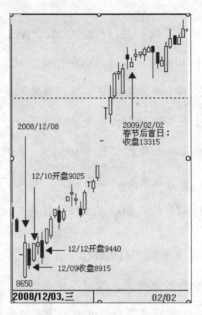

图 5-8　2008 年 12 月 3 日—2009 年 2 月 10 日天然橡胶期货 1403 的价格

2009 年 1 月 31 日，笔者接到金得国际领导的电话，听到了"账户资金已经回到 588 万元了"的喜讯（此时我已经回到期货公司任职）。

笔者讲述这件事情，并没有贬损和抬高任何个人品德的意思，旨在强调"谁也不是神仙，按套路、按方法"的重要性。

## 2. 按套路坚守期现结合经营策略，但不按方法进行期货交易

2013 年 2 月 18 日，上海期货交易所螺纹钢期货 1401 合约创出近一年中的最高价 4335 元/吨，当日即快速转跌，大跌 2.5%，随后一路下跌，一直跌到 6 月 27 日的 3442 元/吨，下跌了 893 元/吨，跌幅 20.6%，如图 5-9 所示。

图 5-9　上海期货交易所螺纹钢期货 1401 合约 2013 年 2 月 18 日—6 月 27 日走势

现货钢材市场从年初的突兀下跌开始，到 3 月底时对下跌的迷惑，再到 5 月初的上涨期盼，最后落到了 6 月初对下跌的恐惧和失望。

2013 年 6 月 13 日前后，笔者应邀为山东某大型钢材贸易集团（简称"钢贸集团"）做期货风险管理辅导和技术分析讲座，笔者细致回答了钢贸集团总经理（称其为"D 总"）所有"期（货）现（货）结合经营"方面的问题，并且对当时的宏观经济面、产业供需面、技术走势面、期货市场资金增减面进行了全程分析、沟通，提出了"①预先设置好止损，先买螺纹钢期货→②现货市场稳定后，加买期货、现货→③价格上涨，停买期货、加买现货→④价格上涨、高位横盘时，卖出期货、留置现货观望→⑤期货价格下跌，卖出现货和同等剩余数量的期货→⑥期货价格下跌趋稳，有止跌迹象时，保值卖出的期货空单买回平仓"的具体期货现货结合"六步经营法"。经过长期分析后，建议具体开始买进期货螺纹钢的时间是 6 月 14 日。

自此，钢贸集团在 D 总指挥下，以笔者的经济、市场分析为参考，开始了上述经营路线图的期（货）现（货）结合经营之路。D 总与笔者一直保持密切沟通交流，笔者为钢贸集团提供项目时承诺过"全程跟踪分析咨询服务"。钢贸集团从 6 月下旬到 8 月中旬也收获了 35%以上的期（货）现（货）经营盈利，达到了期（货）现（货）双赢的目标。

8 月 14 日，螺纹钢期货价格达到 4 个月以来的最高点 3848 元/吨后回落收低（见图 5-10），这就符合了"六步经营法"的第⑤步，企业应该开始卖出现货，并对不愿意卖或不好卖的现货，以同等数量在期货市场上做卖出期货交易，防范价格下跌风险。当然，如果还有期货多单，更应该全部卖出平仓。

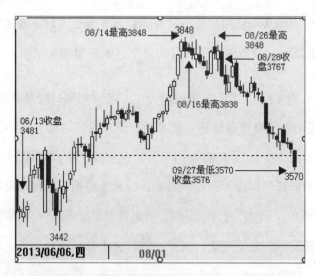

图 5-10  螺纹钢期货 1401 合约价格走势

但是，由于当时现货市场一片涨势，市场人气非常乐观，现货商很自然地受到现货氛围和各地朋友的信息看法的影响，盲目乐观而放弃了系统、科学、严谨的期货分析法，同时，受前期经营连续作战、连续胜利的影响，看涨思维已经定式，主观思维没有变，还是抱着"还可能涨"的侥幸心理，并没有在 8 月 15 日—23 日平掉剩余期货多单，但客观市场已经悄然反转。

2013 年 8 月 26 日，螺纹钢期货价格出现了第二次冲高回落收盘下跌的技术图形，再次符合第⑤步经营动作的先决条件，但钢贸集团仍有出脱剩余期货多单。在此期间，笔者都及时提醒过 D 总平仓，但 D 总一直没有在意我的提醒，市场也在 16 日和 27 日的盘中出现了比前日收盘价稍高的价格，这也在很大程度上迷惑了企业、市场，诱导了企业"等等看，能多赚"的犹豫和贪念，导致企业放弃了"宁肯舍弃部分盈利，也要按方法"交易的原则，错过了最佳出脱时机。

2013 年 8 月 28 日 14:20，螺纹钢期货价格放量下行，收盘时基本确立了跌势。收盘前笔者建议钢贸集团全部平仓，并在收盘后特别强调"如果次日收盘价格不能回到 3760 元/吨以上，则坚决不能开仓新买，尽管公司目前现货已经不多，但要建立虚拟库存也要等待更好的进场点"，并再次建议出脱所有剩余多单。

但是，钢贸集团再次用"主观想法"代替了本应坚持的"期货交易方法"，固执地一味看涨，于几日内以较高的价格急急火火地完成了大批量买单。

随后几日，价格震荡下跌，企业因临时摒弃了期货分析、交易方法而陷入相当被动的境地。

尽管这种被动是暂时的，后续应对之策已经准备好。但是，凭多年成功与失败的期（货）现（货）结合经营经验，笔者还是真心希望类似的实体企业经营者们，不仅要"按套路"把期货工具和现货工具结合起来经营，而且要严格做到"按方法"把期货工具使用好。

### 3. 不设置止损，蚁穴溃堤

2015 年年底，山东省一家大型能化企业（简称"蒙集团"）参与期货交易组建专业期货团队，经过专业面试和实际交易测试后，蒙集团招聘到施先生作为该期货项目负责人。据悉，施先生此前有过六年左右的期货实战经历，曾屡战屡败，用损失 20 万元的代价摸索出一套自己的期货交易系统。

施先生负责蒙集团期货项目之初，项目进展顺利，达到月度平均收益 30%以上的骄人业绩。施先生的期货交易系统中最大的价值点是短线进场点和出场点的选择，在多数交易过程中，施先生都能以短时间单位的分时图为工具，提前测算出价格后市到达的大致位置。由此，施先生提前预埋指令单，完成进出场交易。

但是，由于施先生期货历史经验尚不充足、专业思维自我封闭、交易理念欠缺责任和稳妥、在宏观大势分析上重视不够、在交易策略上盲目无畏，最根本的是在交易方案上没有认真设置止损，更没有主动严格执行过止损，从而造成了蒙集团该项目后期期货交易数度碰到客户资金预警线或强平线，而被动砍仓中止交易。

2016 年 3 月中旬至 7 月底，在郑州商品交易所的甲醇期货品种上，施先生数次在高点进场时被套，最后被强制平仓退出交易。而且，这些失败的交易都有共同的错误。

一是没有隔夜长线持仓的交易计划，都是把原本打算当日进出的交易，因为初始交易盈利不理想或者加仓被套而继续原方向加仓，造成被套持仓巨大，舍不得止损而被动放到隔夜变成长线。

二是没有认真做好宏观经济大势和中长线走势分析，被套之后心存侥幸，被动等待，主观忽略多空博弈对手方对自己的研究。

三是进场前没有设置止损，没有完整交易计划，在持仓管理上盲目随意，在遇到不利情况时没有坚决果断止损，总是盲目坚持，希望市场信息出现利于自己的奇迹，祈盼对手方消灭己方阵营其他交易者后行情反转，却又忽略了自己早已是对手方最在意的一个猎物。因此，施先生的浮亏坚持总是在他认为的"就差一点点就反转"之前资金殆尽（既是施先生资金管理不善，也是交易双方认为"对手不死，行情不止"的必然结果）。

2016 年 4 月下旬（趋势图见图 5-11），当时，施先生短线看涨，于 4 月 27 日买进开仓 111 手，盘中价格冲高回落，手中持仓浮亏几个点。但由于持仓太大、账户内资金较大、交易计划中只有盈利想法没有止损概念，故导致施先生非但没有严肃面对浮亏，反而继续逢回落以相同手数加仓，力图拉低成本，也短暂出现过整体浮盈但比例很低的情况。因为没有提前设置止损，一闪念之间放弃平仓，最后导致收盘后持仓达到交易所多头排行榜第二名，但持仓平均价格却高于结算价，形成浮亏。次日，甲醇价格稍微高开（但仍低于施先生持仓均价，卖出平仓仍有亏损），就在施先生犹豫是否平仓撤退时，价格很快转跌，加大浮亏数额，还是因为没有止损理念，也没有设置止损位置，施先生持有重仓开始坚守。随后就是持续的下跌，由于浮动亏损越来越大，施先生完全没有了止损的概念，直到账面资金碰到强制平仓线的时候，在各方巨大的压力下，施先生才全部平仓，造成巨大亏损而了结了交易。

施先生期货交易时间不够长，在期货交易方法上有一定优势，比如看技术选点位方面，但总体的期货交易结果应该是亏损的，因为施先生的期货交易系统不但没有成型成熟，而且有很多漏洞，最关键的是没有风险观念、不设置止损位置。缺失风险设置的期货交易，失败是完全无法避免的，正所谓"千里之堤，溃于蚁穴"。

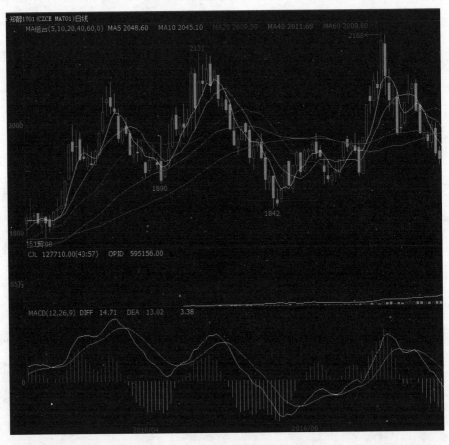

图 5-11    郑州甲醇价格走势

## 4．企业领导把期货完全当成赌博工具

2004 年年初，笔者到青岛某大型国际贸易公司（简称"青岛国际"）任职，负责企业经济分析和期货保值工作，重点对母公司某大型轮胎企业集团所用天然橡胶采购和贸易进行套期保值工作。在实际工作中，母公司集团任命的青岛国际总公司的常务副总（简称"C 总"）直接领导风管部工作，笔者对该领导负责。

自 2004 年 8 月开始，在青岛国际 C 总指挥下，风管部脱离天然橡胶套期保值工作，进入上海期货交易所沪铜期货投机交易领域。

沪铜期货价格在经历 2004 年上半年的单边下跌后，做多恐惧心理影响着 6 月后的投机心理。价格一直在 24 500～26 500 元/吨波动。C 总当时一直看跌沪铜，固执地认为价格涨到 26 000 元/吨以上就是很好的卖出做空机会，而对风管部系统、全面、深刻的专业分析置之不理。风管部在长期的据理力争未果后，只能被动执行 C 总的投机交易指令，C 总先后调动资金 7800 多万元，强令风管部在 26 000 元/吨附近做了大量沪铜期货卖出交易空单。此后，随着价格一步步涨过 35 000 元/吨（见图 5-12），给公司形成了巨大浮动亏损。

到 2005 年 9 月 8 日，母公司集团总经理直接介入，指示青岛国际另一名副总（简称"H 总"）接手该项工作，H 总认真倾听风管部意见并经过公司会商，采纳了风管部"清结此项与公司现货经营无关的投机交易"的建议，在 35 000 元/吨的时候果断止损买回平仓，最终形成了 1700 多万元的投机亏损。此后，沪铜期货价格一路狂涨，到 2006 年 5 月 15 日，沪铜期货价格涨到了历史最高点 85 000 元/吨左右（见图 5-13）。

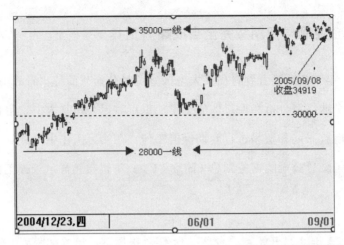

图 5-12　2004 年 12 月 23 日—2005 年 9 月 9 日上海期货交易所精铜期货价格

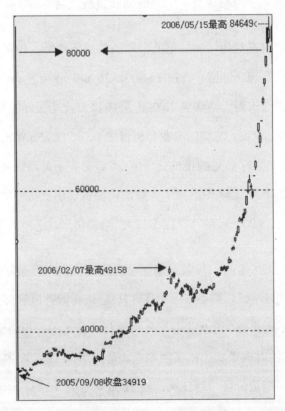

图 5-13　砍仓前后沪铜期货价格

望着手中的巨额亏损，想想后来的巨大涨幅，所有人都震惊于期货投机交易的巨大风险。

90 年前，华尔街最成功的投机交易大王杰西·利弗莫尔（Livermore）就在他破产自杀后的遗书中写到："纯粹投机交易的归宿只有一个，那就是死"。同期，因为期货及其他金融工具投机交易而破产死亡的远不止杰西·利弗莫尔一人。

1923 年，世界上最伟大的八位金融家相聚芝加哥。这群人中包括最大的汽油公司的总裁、最大的小麦投机商、华尔街上最大的空头、世界上最大的垄断组织的首脑以及国际清算银行的总裁。后来，他们投机生涯的结局是：

最大的私人钢铁公司的总裁查尔斯·施瓦布去世时已沦为乞丐，他在生命的最后几年里一直靠借钱维持生计。

最大的汽油公司的总裁霍华德·霍布森精神失常。

最了不起的小麦投机商阿瑟·科尔顿客死他乡时已完全破产。

华尔街上最大的空头杰西·利弗莫尔自杀身亡。

世界上最大的垄断组织首脑、火柴大王艾弗·克鲁格自杀身亡……

列举这些投机商的结局，是因为现在的中国正如当初的美国一样，有着太多的把期货当作投机工具的企业主，并告诫现在仍然动用企业大笔资金参与期货投机赌博交易的企业领导。善意地提醒大家：在中国经历资本社会 20 年后的今天，面对中国经济转型升级大时代，面临企业经营转型提质关键机遇期，应转"依仗资本+拍脑袋决策"的投机思维为"科学体系+睿智决策"的期现结合经营思维，以确保企业能够持续、健康发展。

# 本章结语

期货（金融工具）交易法是市场风险管理工作的核心工艺之一。确立交易理念和交易策略，制定交易方案，设立止损位置，严格按交易方法进行期货交易是确保交易顺畅的关键。

# 知狼道 图发展

对于企业而言，期现结合经营的结果决定着企业期货交易的性质：结果为盈利，即为保值；结果为亏损，即为投机。

因为当企业严格按期货经营与现货经营相结合的理念，按期货分析、交易方法进行操作时，期现结合经营的结果一定是盈利的；如果企业将期货交易与现货经营脱离（把期货或现货中的一方做成投机），或者没有严格按期货分析、交易方法进行操作（把期货交易变成随意交易的投机行为），经营结果一定是亏损的。

当企业面对一次次盈利时，千万不要被保值与投机的相似表象所迷惑，因为两者有本质的差别：对期现结合经营理念的坚守和对期现经营方法的坚定。

在全球经济一体化的背景下，在中西经济博弈中，中国企业的对手远在天边，但激烈的竞争却近在眼前。西方经济体为进退有据、所向披靡的虎狼之师；中国经济由全力阻击的国家队和晕头转向、疲于保命的民企羔羊组成。

羔羊若想不被虎狼吃掉，唯有认真研究对手、学习对手的长处、具备狼智慧、懂狼道，转变经营模式、完善经营体系、打造自己的狼性之师，才能提前探究国际国内经济政策走向，让企业的经营决策与市场变化走势同步，并以期货工具作为实体经营的保护手段，从而靠近狼群并用企业更佳的督智和团结去战胜狼。

在当代资本主义环境下，唯有与狼共舞，才能避险求利，求得生存和发展。

# 附录 A 宏观经济分析指标数据统计表格实例

在宏观经济分析工作中，需要长期跟踪、搜集、归纳、整理反映宏观经济状况的相关经济指标，按生产、贸易、消费、金融、经济景气分类，重点对中国和其他主要国家信息数据进行列表建档，具体如下。

**特别说明：**以下各类表格的数据准确，但因篇幅限制而不具备完整性，目的仅是举例展示宏观经济分析工作中如何分类归纳、建立数据库。

## 1. 中国国民经济运行数据：工业增加值

| 时间 | 国有 | 集体 | 股份 | 外商、港澳台 | 重工 | 轻工 |
|---|---|---|---|---|---|---|
| 1101～12 | T9.2% | T11.4% | T14.7% | T8.7% | T13% | T12.6% |
| 1101～10 | T8.9% | T9.2% | T15.1 | T9.6% | T13.7% | T12.1% |
| 前 3 季度 | T10.4% | T9.65 | T16.1% | T10.9% | T14.6% | T13.1% |
| 1108 | T9.4% | T8.7% | T15.5% | T10% | T13.5% | T13.4% |
| 1105 | T8.9% | T9.5% | T15.2% | T9.5% | T13.5% | T12.9% |

注：T 即"同比"，与前一年同期相比的数据变化；H 即"环比"；"-"意味着数据下降；Y 即"月度增降率"；N 即"年度增降率"；核即"核心指标"；L 即"利润数额"；Z 即"利润增减比率"。该备注适用于以下所有表格。

## 2. 中国国民经济运行数据：产业

| 时间 | 第一产业 | 第二产业 | 第三产业 |
|---|---|---|---|
| 2011 年 | T25% | T27.3% | T21.1% |

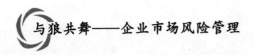

续表

| 时　　间 | 第一产业 | 第二产业 | 第三产业 |
|---|---|---|---|
| 1101~1110 | T28.2% | T26.9% | T23.3% |
| 前3季度 | T25.5% | T26.9% | T23.4% |
| 1101~08 | T23% | T27% | T23.6% |
| 1101~07 | T22.8% | T26.7% | T24.5% |
| 1101~1105 | T15.6% | T26.3% | T25.9% |
| 2007上半年 | T37.5% | T29% | T24.6% |

### 3. 中国国民经济运行数据：规模以上工业企业利润

单位：亿元

| 时　　间 | 国有企业 | 集体企业 | 股份制企业 | 外企 | 私企 |
|---|---|---|---|---|---|
| 2011年 | 22556.8/T12.8% | | | | |
| 1112 | 1446/T31.4%H57.3% | | | | |
| 1101~11 | 20400T13.7%H-5.8% | | | | |
| 1101~10 | 12519T16.6% | 676T33% | 23663T30.3% | 10723T11.6% | 11749T44.3% |
| 1101~09 | 11491T19.8% | 598T12.9% | 21024T32.4% | 9581T12.9% | 10251T44.7% |
| 1101~08 | 1.0175兆T20.6% | 519T31.8% | 18362T33.8% | 8431T14.4% | 8871T45.6% |

### 4. 制造业采购经理人指数 PMI—A

| 时间 | 美国ISM | | | | 欧区 | 德国 | 法国 |
|---|---|---|---|---|---|---|---|
| | PMI | 价格支付 | 新订单 | 就业 | PMI/M | NTC/BME | M/C |
| 1202 | 52.4 | | | | 49 | 50.2 | 50 |
| 1201 | 54.1 | 55.5 | 57.6 | 54.3 | 48.8 | 51 | 48.5 |
| 1112 | 53.1 | 47.5 | 54.8 | 54.8 | 46.9 | 48.4 | 48.9 |
| 1111 | 52.7 | 45 | 56.7 | 51.8 | 46.4 | 47.9 | 47.3 |
| 1110 | 50.8 | 41 | 52.4 | | 47.1 | 49.1 | 48.5 |
| 1109 | 51.6 | 56 | 49.6 | | 48.5 | 50.3 | 48.2 |
| 1108 | 50.6 | 55.5 | 49.6 | 51.8 | 49 | 50.9 | 49.1 |

### 5. 制造业采购经理人指数 PMI—A

| 时间 | 美国 ISM | | | | 欧区 | 德国 | 法国 | 加拿大 |
|------|------|--------|--------|------|--------|---------|--------|--------|
| | PMI | 价格支付 | 新订单 | 就业 | PMI/M | NTC/BME | M/C | IVEY |
| 1202 | 52.4 | | | | 49 | 50.2 | 50 | |
| 1201 | 54.1 | 55.5 | 57.6 | 54.3 | 48.8 | 51 | 48.5 | 64.1 |
| 1112 | 53.1 | 47.5 | 54.8 | 54.8 | 46.9 | 48.4 | 48.9 | 53.6 |
| 1111 | 52.7 | 45 | 56.7 | 51.8 | 46.4 | 47.9 | 47.3 | 53.31 |
| 1110 | 50.8 | 41 | 52.4 | | 47.1 | 49.1 | 48.5 | 53.66 |

### 6. 采购经理人指数 PMI

| 时间 | 中、制造业汇 | 英建筑业 | 韩/制造业 | 日/制造业 | 西班牙/制 |
|------|------------|---------|----------|----------|----------|
| 1202 | 49.6 | 54.3 | 50.72 | | |
| 1201 | 48.8 | 51.4 | 49.17 | 50.7 | |
| 1112 | 48.7 | | 46.4 | 50.2 | |
| 1111 | 47.7 | 52.3 | 47.12 | 49.1 | 43.8 |

### 7. 生产者物价（工业品出厂价格）指数 PPI

| 时期 | 美国 | 欧区 | 德国（批发物价指数） | 法国 Insee |
|------|------|------|-------------------|-----------|
| 1201 | Y0.1%T4.1%核 Y0.4%T3% | Y0.7%T3.7% | | |
| 1112 | Y-0.1%T4.8%核 Y0.3%T3% | Y-0.2%T4.3% | Y0N3% | Y-0.1%T4.7% |
| 1111 | Y0.3%T5.7%核 Y0.1%T2.9% | | Y0.7%T4.9% | Y0.4% |
| 1110 | Y-0.3%T5.9%核 Y0T2.8% | Y0.1%T5.5% | Y-1%T5% | Y0.5%N6.5% |

### 8. 进出口物价指数

| 时间 | 美国（进/出） | 澳进/出 | 日国内企业物价指数 CGPI | 英国投入/产出物价 |
|------|------------|--------|----------------------|-----------------|
| 1202 | | | N0.6% | Y2.1%T7.3%/Y0.6%T4.1% |
| 1201 | | | N0.5% | |

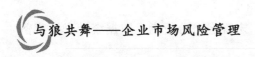

续表

| 时间 | 美国（进/出） | 澳进/出 | 日国内企业物价指数 CGPI | 英国投入/产出物价 |
|---|---|---|---|---|
| 114Q | | JH2.5%JT4.7%/<br>JH-1.5%JR14.3% | | |
| 1112 | Y-0.1%/-0.5% | | | Y0.6%T8.7%/Y-0.2%T4.8% |
| 1111 | Y0.8%/Y0.1% | | | Y0.1%T13.4%/ |

## 9．MBA：美国抵押贷款情况

| 时期 | MBA 抵押贷款申请活动指数 | 30 年/15 年期固定抵押贷款利率 | 最近 1 周经季节调整的购房贷款申请活动指数 | 最近 1 周经季节调整的再融资指数 |
|---|---|---|---|---|
| 0224 周 | -0.3%/763.6 | 4.07%/ | 8.2%/175.1 | -2.2%/4225.4 |
| 0203 周 | 7.5%/810 | 4.05% | 0.1%/181.9 | 9.4%/4500.7 |
| 0127 周 | -2.9%/753.3 | 4.09%/ | -1.7%/181.7 | -3.6%/4113.8 |
| 0120 周 | -5%/775.6 | 4.11%/ | -5.4%/184.8 | -5.2%/4265.3 |
| 0113 周 | 23.1%/816.1 | 4.06%/ | 10.3%/195.4 | 26.4%/4500.6 |
| 0106 周 | 4.5%/663.1 | 4.11%/ | 8.1%/177.1 | 3.3%/3560.6 |
| 1230 周 | | 4.07%/ | | |
| 1216 周 | -2.6%/659.3 | 4.08/ | -4.9%/181.6 | -1.6%/3516.8 |
| 1202 周 | 12.8%/650.4 | 4.18%/ | 8.3% | 15.3% |
| 1118 周 | -1.2%/652.5 | 4.23%/ | 8.2% | -4% |

## 10．美国房市销售

| 月份 | NAR：成屋销售月率/年率化户数（万户） | 成屋待销售完指数 | 成屋库存（万户） |
|---|---|---|---|
| 2011 年 | T1.7%/426 | | |
| 1110 | 1.4%/425 | 10.4%/93.3 | |
| 1109 | -3%/491 | | |
| 1106 | 0.6%/484 | 2.4%/90.9 | |
| 1105 | -3.8%/481 | 8.2%/88.8 | |

| 月份 | NAR：成屋销售月率/<br>年率化户数（万户） | 成屋待销售完指数 | 成屋库存（万户） |
|---|---|---|---|
| 1102 | -8.9%/492 | H0.7%/89.5T-8.2% | |
| 1101 | 3.4%/540 | | |
| 1010 | -2.2%/443 | H10.4%/89.3T-20.5% | |

## 11. 美商务发布新屋销售

| 月份 | 新屋销售月率 | 年率化户数/万户 | 月份 | 新屋销售月率 | 年率化户数/万户 |
|---|---|---|---|---|---|
| | | | 1111 | 2.3% | 31.4 |
| 1108 | Y-2.3% | 29.6 | 1110 | 1.3% | 31 |
| 1107 | -0.7% | 30.2 | 1105 | -2.1% | 31.5 |
| 1102 | H-16.9% | 25 | 1104 | 7.3% | 32.6 |
| 1101 | H-12.6% | 30.1 | 1011 | | 32.9 |
| 1008 | | 28.8 | 1010 | | |
| 1007 | -12.4% | 27.6 | | | |
| 0912 | -11.3% | 34.8 | 1002 | -2.2% | 30.8 |
| | | | 0907 | | 42.6 |
| 0904 | | 34.4 | 0906 | 11% | 38.4 |
| 0903 | -0.6% | 33.5 | 0901 | | 32.2 |
| 0810 | -5.3% | 41.9 | | | |

## 12. 美国房价

| 时间 | 美 S&P/CS | | | 美 OFHEO | 美 NAR | 美 S&P/CS<br>全美房价<br>指数 | 美 NAHB<br>房屋市场<br>指数 |
|---|---|---|---|---|---|---|---|
| | 20 大都市 | 10 大都市 | 独栋房屋 | | | | |
| 1202 | | | | | | | 29 |
| 1201 | | | | | | | 25 |
| 1112 | | | | | | | 21 |

311

续表

| 时间 | 美 S&P/CS | | | 美 OFHEO | 美 NAR | 美 S&P/CS | 美 NAHB |
|---|---|---|---|---|---|---|---|
| | 20 大都市 | 10 大都市 | 独栋房屋 | | | 全美房价指数 | 房屋市场指数 |
| 1111 | T-3.7% | | Y-0.7% | | | | 19 |
| 1110 | T-3.4% | | Y-0.7% | | | | 17 |
| 113Q | | | | | | JH-1.2%T-3.9% | |
| 1109 | T-3.6% | | | | | Y-0.6% | |
| 1108 | Y0N-3.8% | Y-0.2%N-3.5% | | | | Y-0.3% | 15 |
| 1107 | Y0.9%T-4.1% | | Y0 | | | | 15 |

## 13. 英国房价

| 月份 | 英 RICS | 英 Halifax | | 英 NBS |
|---|---|---|---|---|
| | 房价指数 | 当月房价 | 三个月房价 | 房价指数 |
| 1202 | | | | Y0.6%T0.9% |
| 1201 | | Y0.6% | T-1.8% | Y-0.2%N0.6% |
| 1112 | -16 | Y-1% | | N1% |
| 1111 | -17 | Y-0.9% | T-1% | Y0.4%N1.6% |
| 1110 | -24 | Y1.2% | T-1.8% | Y0.4%T0.8% |
| 1109 | -23 | Y-0.5% | T-2.3% | Y0.1% |
| 1108 | -23 | | | Y-0.6%T0.4% |
| 1107 | -22 | Y0.3% | T-2.6% | Y0.3%T-0.4% |
| 1106 | -26 | Y1.2%T3.5% | | |
| 1105 | -28Y1.3%N0.7% | Y-4.2% | T-4.2% | Y0.3%T-1.2% |
| 1104 | -21 | H-1.4% | T-3.7% | Y-0.2%T-1.3% |
| 1103 | -23 | H0.1% | T-2.9% | Y0.5% |

## 14．美国商务部房建报告

| 时期 | 房屋开工年率 | 总数（万户） | 营建许可月率 | 营建许可年率 | 总数（万户） | 营建支出/亿美元 |
|------|------|------|------|------|------|------|
| 1201 | 1.55 | 69.9W | | 0.7% | 67.6W | Y-0.1% |
| 1112 | -4.1% | 65.7W | | -0.1% | 67.9W | Y1.4%/8163.8 |
| 1111 | N9.3% | 68.5W | | 5.7% | 68.1W | Y0.4%/8071.1 |
| 1110 | -0.3% | 62.8W | | 10.9% | 60.3 | Y-0.2%/7985.3 |
| 1109 | 15% | 65.8 | | -5% | 59.4 | Y0.2%/7872 |
| 1108 | -5% | 57.1 | | 3.2% | 62．5 | Y1.6%/7991 |
| 1107 | -1.5% | 60.1 | | -3.2% | 59.7 | Y-1.4%/7895 |
| 1106 | 14.6% | 62.9 | | 2.5% | 62.4 | Y1.6%N-4.7%/7723 |
| 1105 | 3.5% | 56 | | 8.2% | 60.9 | Y0.3% |
| 1104 | -10.6% | 52.3 | | -1.9% | 56.3 | Y0.4%/7650 |
| 1103 | 12.9% | 58.5 | | 11.2% | 59.4 | 0.1%/ |
| 1102 | -18.6% | 51.8 | −5.2% | | 53.4 | -2.4%/7606 |
| 1101 | 14.6% | 59.6 | −10.2% | | 56.3 | -1.8%/7918.2 |
| 1009 | 0.3% | 61 | −5.6% | | 53.9 | -1.6%/8017 |

## 15．中国指数研究院住宅价格

| 时间 | 百城均价 | 十大城市均价 |
|------|------|------|
| 1203 | 8741/H-0.3%T0 | 15454H-0.4%T-2.08% |
| 1202 | 8767/H-0.3%T0.93% | 15516H-0.31%T-1.41% |
| 1201 | 8793/H-0.18%T1.71% | 15565/H-0.15%T-0.62% |
| 1112 | 8809/H-0.25%T2.86% | 15588/H-0.48%T0.42% |
| 1111 | T4.06% | H-0.36% |
| 1108 | H0 | |
| 1107 | | |
| 110612 周 | | |
| 1104 | 8773/H0.4% | 15802/H0.13% |
| 1103 | /H0.59% | |

### 16. 国家统计局 70 大中城市新建住宅售价

| 1102 | 1103 | 1104 | 1105 | 1106 | 1107 |
|---|---|---|---|---|---|
| T5.7% | T5.2% | T4.3% | T4.1% | T4.2% | T4.3% |
|  |  | 0904 |  | 1006 | 1007 |
|  |  | T12.8 最高 |  | T11.4% | T10.3H0 |

### 17. 房地产贷款（亿元）

| 时间 | 房地产贷款新增 | 同比多增/少增 | 当季余额比率% | 保障房开发贷款余额 | 保障房开发贷款新增/比率 |
|---|---|---|---|---|---|
| 2011 年末 | 1.26 兆 | T+13.9% | 年末余额 10.73 兆 |  | T+1751 |
| 201112 月末 |  |  |  | 3499 |  |
| 2011 前 3 季度 |  |  |  | 2808 亿 | +1150 亿 |
| 20113Q |  |  | 10.46 兆/T14.6% |  |  |
| 20112Q |  |  | T16.9% |  |  |
| 20111Q | 5095 | /3338 | T21% |  | 651/H40.1% |

### 18. 中国地产投资 B（面积：万平方米）

| 时间 | 房地产开发投资 | 商品住宅投资 | 商品房销售额 | 本年资金来源 | 房地产开发景气 |
|---|---|---|---|---|---|
| 2011 年 | 61740T27.9% | 44308T30.2% | 59119T12.1% | 83246T14.1% | 98.89 |
| 1101~1111 | T29.9% |  |  |  | 99.87 |
| 1101~1110 | 49923T31.1% | 35832T34.3% | 43826T18.5% | 68429T20.2% | 100.27 |
| 前 3 季度 | 44225T32% | 31788T35.2% |  | 61947T22.7% | 100.41 |
| 1101~08 | 37781T33.2% | 27118T36.4% |  | 54738T23.4% | 101.12 |
| 1101~07 | 31873T33.6% | 22789T36.4% | 28852T26.1% | 47852T23.1% | 101.5 |

| 时间 | 房屋新开工面积 | 全国地产施工面积 | 住宅施工面积 | 竣工面积/住宅竣工 | 商品房销售面积 |
|---|---|---|---|---|---|
| 2011 年 | 190100T16.2% | 508000T25.3% | 388400T23.4% | 89200T13.3%/71700T13% | 109900T4.9% |
| 1101~1110 | 160362T21.7% | | | | 79653T10% |
| 前 3 季度 | | | | | 71289T12.9% |
| 1101~08 | | | | | 59854T13.6% |
| 1101~07 | 115169T24.9% | | | | 52037T13.6% |
| 1101~06 | 99443T23.6% | | | | 44419T12.9% |

## 19. 投资与效果

| 时期 | 中国 | | | | | 法国 |
|---|---|---|---|---|---|---|
| | 全社会固定资产投资 | 城镇固定资产投资 | 规模（500 万年收入）以上工业企业利润 L/Z* | | | 工业投资 |
| | 比率 | 比率 | L/Z 数额 | 比率 | 备注 | 比率 |
| 2011 年 | | | L54544 | LT25.4% | | |
| 1101~1112 | 301933T23.8% | | | | | |
| 1112 月 | | | L7907 | LT31.5% | | |
| 1101~1111 | 269452T24.5% | | | LT24.4% | | |
| 1101~1110 | T24.9% | 241365T24.9% | L41217T25.3% | | | |

## 20. 中国规模以上工业增加值（同比%）

| 时 期 | 2011 年 02 月 | 1103 | 1104 | 1105 | 1106 |
|---|---|---|---|---|---|
| 增减值 | 14.1 | 14.8 | 13.4 | 13.3 | 15.1 |
| 时 期 | 2010 年 02 月 | 1003 | 1004 | 1005 | 1006 |
| 增减值 | 12.8 | 18.1 | 17.8 | 16.5 | 13.7 |
| 时 期 | 2009 年 02 月 | 0903 | 0904 | 0905 | 0906 |
| 增减值 | 11 | 8.3 | 7.3 | 8.9 | 10.7 |

315

### 21. 美欧工业订单

| 月份 | 美国/商务部 | | 欧区 | 德国 |
|------|------|------|------|------|
| | 工厂订单 | 耐用品订单 | | |
| 1202 | Y1.3% | Y2.4% | | |
| 1112 | Y1.1% | Y3% | | Y1.7% |
| 1111 | Y2.2% | Y4.3% | Y-1.3%N-2.7% | Y-4.9% |
| 1110 | Y-0.4% | Y0 | Y1.8%T1.6% | Y5.2% |
| 113Q | | | | |
| 1109 | Y0.3% | Y-0.6% | | Y-4.6% |
| 1108 | Y0.1% | Y-0.1% | Y1.9%T6.2% | Y-1.4%N3.9% |
| 1107 | Y2.1% | 4% | Y-2.1%N8.4% | Y-2.6% |
| 112Q | | | | |
| 1106 | -0.4% | Y-1.1% | Y-0.7%N11.1% | Y1.8% |

### 22. 工业产出

| 时期 | 美国/FED | 英国 | 欧区 | 德国 | 法国/生产 |
|------|------|------|------|------|------|
| 1201 | Y0 | Y-0.4%T-3.8% | | | |
| 1112 | Y1% | Y0.5%T-3.3% | | Y-2.9%N0.9% | |
| 1111 | Y-0.3% | Y1%T0.8% | Y-0.1%T-0.3% | Y0 | Y1.1% |
| 1110 | Y0.7% | Y-0.7%T-1.7% | Y-0.1%T1% | Y0.8% | Y0 |
| 1109 | Y-0.1% | Y0.2% | Y-2%T2.2% | Y-2.8% | Y-2.1%T2.3% |
| 1108 | Y0 | Y0.2%T-1% | Y1.4%N6% | Y-0.4% | Y0.5% |
| 1107 | Y0.9% | | Y1.1%T4.4% | Y3.9% | Y1.8% |

### 23. 制造业 A

| 时期 | 纽约联储制造业指数 | | | | | | 英制造业产出 | 法制造业产出 |
|------|------|------|------|------|------|------|------|------|
| | 指数 | 就业 | 新订单 | 价格支付 | 投入物价 | 产出物价 | | |
| 1202 | 19.53 | | | | | | | |

续表

| 时期 | 纽约联储制造业指数 | | | | | | 英制造业产出 | 法制造业产出 |
|------|------|------|------|------|------|------|------|------|
| | 指数 | 就业 | 新订单 | 价格支付 | 投入物价 | 产出物价 | | |
| 1201 | 13.84 | | | | | | Y0.1%T0.3% | |
| 1112 | 8.19 | | | | | | | |
| 1111 | 0.61 | | | | | | Y-0.2%T-0.6% | |
| 1110 | -8.48 | | | | | | Y-0.7%T0.3% | Y0 |
| 1109 | -8.82 | | | | | | Y0T0.7% | Y-2.1%N3.4% |

## 24. 汽车销售

| 时间 | 日本 JADA | | | | 美国 | 中国/乘用车销量万辆 |
|------|------|------|------|------|------|------|
| | 含MINI | 丰田不含LEX | 日产 | 本田 | 万辆 | |
| 1203 | T72% | T104% | T77.6% | T55.2% | 33.9T3.5% | |
| 1201~1202 | | | | | | 237.37T-4.37% |
| 201202 | | | | | | 121.31T26.52% |
| 201201 | T31.9% | | | | | 116.06H-15.22%T-23.81% |
| 1101~11 | | | | | | 1310.36T5.26% |

## 25. 中国发电量（10 亿千瓦时）

| 时间 | 火力发电 | 水力 | 核能 | 风力 | 总发电量/亿 |
|------|------|------|------|------|------|
| 2011 | | | | | 46037T12% |
| 1112 | | | | | 4038T9.7% |
| 1110 | | | | | 3640T9.3% |
| 1109 | | | | | 3861T11.5% |
| 1108 | | | | | 4260T10% |
| 1107 | | | | | 4252 亿 T13.2% |
| 201105 | | | | | 3775 亿 T12.1% |

续表

| 时间 | 火力发电 | 水力 | 核能 | 风力 | 总发电量/亿 |
|---|---|---|---|---|---|
| 201003 | 323.24T12.7%<br>H23.2% | 41.16T28.8%<br>H26.5% | 7.03T11.8%<br>H17% | 6.66T78.6%<br>H30.1% | 383.01T14.8%H23.5% |
| 201002 | 262.4 | 32.54 | 6.01 | 5.12 | 310.08 |

## 26. 美国就业/失业数据

| 时期 | 美国 | | | | | |
|---|---|---|---|---|---|---|
| | ADP 机构 | 劳工部非农就业 | | 劳工部失业金领取周度报告 | | |
| | 就业人数 | 就业人数 | 失业率 | 初请领 | 四周均值 | 续领 |
| 1202 月 | | +22.7W | 8.3% | | | |
| 0225 周 | | | | 35.1W | 35.4W | |
| 0218 周 | | | | 35.3W | 35.95W | 340.2W |
| 0211 周 | | | | 34.8W | 36.525W | |
| 0204 周 | | | | 36.1W | 36.7W | 342.6W |
| 1201 月 | +17W | +24.3W | 8.3% | | | |

## 27. 国际就业/失业数据 A

| 时期 | 英国失业率 | 日本季调后失业率 | 瑞士 | |
|---|---|---|---|---|
| | | | 就业率 | 就业人数 |
| 1202 月 | | | | |
| 1201 月 | | 4.6% | | |
| 0128 周 | | | | |
| 2011 年 | | | | |
| 1112 月 | 5%/失+0.12W | 4.5% | 3.1% | |

## 28. 美国非农生产率及劳动成本

| 时间 | 非农生产率 | 非农单位劳工成本 |
|---|---|---|
| 2011 年 | 0.7% | 1.2% |

续表

| 时间 | 非农生产率 | 非农单位劳工成本 |
|---|---|---|
| 092Q | HN6.9% | |
| 083Q | HN9.5% | |
| 082Q | HN2.2% | |
| 081Q | HN2.6% | |

备注：HN，即"环比年率增减"。

## 29. 商品贸易 A（正数：顺差；负数：逆差）

| 时期 | 美国<br>（亿美元）<br>贸易盈亏 | 欧区<br>（亿欧元） | 德国<br>（亿欧元）<br>贸易盈亏 | 法国<br>（亿欧元）<br>贸易盈亏 | 意大利<br>（亿欧元）<br>贸易盈亏 |
|---|---|---|---|---|---|
| 1202 | | | | | |
| 1201 | -525.7 | | | | |
| 2011 年 | | 77 | 1581 | -696 | -243.33 |
| 1112 | | 97 | 139 | -50 | 14.47E-5.77 非 E19.99 |
| 1101~1111 | | | | | |
| 1111 | -477.5 | 63 | 149 | -41 | -15.83E-3.89 |
| 1110 | -432.7 | 10 | 126 | -63 | -10.77E-2.17 非 E-12 |

## 30. 商品贸易 B（正数：顺差；负数：逆差）

| 时期 | 瑞士（亿瑞郎）<br>贸易盈亏 | 英国（亿英镑）<br>贸易盈亏 | 加（亿加元）<br>贸易盈亏 | 中国（亿美元）<br>贸易盈亏 | 澳大（亿澳元）<br>贸易盈亏 |
|---|---|---|---|---|---|
| 1202 | | | | -314.96 | |
| 1201 | | | 21 | | |
| 2011 年 | | | | | |
| 1112 | 20 | -71.1 非 E-37.5 | 28.6 | 165.2 | 17.09 |
| 1101~1111 | | | | 1384 | |
| 1111 | 29.45 | -89.1 非 E-50.4 | 10.7 | 145.2 | 13.43 |
| 1110 | 21.59 | -75.57 非 E-45.54 | -8.85 | 170.3 | 160 |

### 31. 美德进出口物价

| 时期 | 美进口物价 | 美出口物价 | 德进口物价 |
|---|---|---|---|
| | | 1003 | 0.7% |
| | | 1002 | |
| 1002 | -0.3% | -0.5% | |
| 0912 | 1.6% | 0.6% | N-5%Y4.5% |
| 0910 | | | |
| 0908 | Y2% | Y0.7% | |
| 0905 | | | H0T-10.4% |
| 0903 | H0.5% | H-0.6% | |

### 32. 经常账 A（直接投资、投资组合和贸易）（正数：盈余；负数：赤字）

| | 美国（亿美元） | 欧区（亿欧元） | 意大利（亿欧元） | 英国（亿英镑） | 德国（亿欧元） |
|---|---|---|---|---|---|
| 2011 年 | | | | | |
| 114Q | | | | | |
| 1112 | | 20/直投 32 | | | 193 |
| 1111 | | -18/直投-65 | | | 147 |
| 1110 | | -66/直投-341 | | | 103 |
| 113Q | -1102.8G2.9% | | | -152.26 | |
| 1109 | | 22/直投 130 | | | 160 |
| 1108 | | -59/直投 317 | | | |

### 33. 欧元区经常账（正数：盈余；负数：赤字；I：流入；O：流出）

单位：亿欧元

| 时期 | 未经调整经常账 | 直接投资 | 证券投资 |
|---|---|---|---|
| 1002 | -52 | 109 | |
| 1001 | -167 | O112 | |
| 0912 | 98 | I495 | |

续表

| 时期 | 未经调整经常账 | 直接投资 | 证券投资 |
|---|---|---|---|
| 0911 月 | -39 | -15 | 192 |
| 0907 | 88 | O 176 | |
| 0906 | 8 | I 357 | |
| 0812 月 | 14 | O166 | I180 |

## 34. 美国 ICI 报告 A

| 时间 | 美国货币市场共同基金总资产 | | 应税政府货币市场基金资产 | | 应税非政府货币市场基金资产 | | 免税基金 | |
|---|---|---|---|---|---|---|---|---|
| | 总额/兆 | 增减/亿美元 | 总额 | 增减/亿 | 总额 | 增减/亿 | 总额 | 增减/亿 |
| 120229 周 | 2.652 | -131.1 | | -45.7 | | -65.3 | | -20.1 |
| 120111 周 | 2.704 | +107.5 | | -29.2 | | +148.3 | | -11.6 |
| 120104 周 | 2.693 | -18.9 | | -68.8 | | -7 | | +56.9 |
| 111228 周 | 2.695 | +25.7 | | +60 | | -36.4 | | +2.1 |
| 110615 周 | 2.708 | -343.7 | | -13.4 | | -317.5 | | -12.7 |

## 35. 美国 ICI 报告 B

| 时间 | 面向散户的货币市场基金资产/亿美元 | | | |
|---|---|---|---|---|
| | 增减/总额 | 应税政府 | 应税非政府 | 免税 |
| 20120301 | -27.2/9201.1 | -27.2/1923.9 | -7.5/5334.7 | -3.9/1942.5 |
| 120111 周 | -63.4/9389.3 | -20/1964.9 | -38.7/5445.4 | -4.7/1979 |
| 120104 周 | +63.1/9452.3 | +6.1/1985.1 | +24/5482.3 | +33.1/1984.9 |
| 111228 周 | -7.7/9389.3 | -10.9/1979.1 | +0.7/5458.4 | +2.5/1951.8 |

## 36. 美国货币供应量变化

单位：亿美元

| 时间 | M2 | M1 | M2 四周均值 | | | 贴现窗口日均借贷 |
|------|------|------|------------|---|---|------------------|
| 0308 周 | -15.622 61 | -74.104 57 | 8.5263 | | | |
| 0301 周 | | 1.7129 | 8.5196 | M2 | M1 | |
| 0118 周 | 8.393 824 | 113 | | 月 | 月 | |
| 0928 周 | 56.836 538 | 83.454 282 | 8.3233 | 度 | 度 | |
| 0921 周 | /8.3098 | /1.6398 | 8.3073 | 均 | 均 | |
| 0914 周 | -4.696 928 | 10.188 792 | 8.2967 | 值 | 值 | |
| 0907 周 | /8.3072 | /1.6668 | 8.2985 | | | |
| 0629 周 | | -98.009 56 | 8.3725 | | | |

## 37. 全球资产减记和筹资 C（负数：减记；正数：筹措）

单位：亿美元

| 至时间 | 全球 | | 美国美林 | 摩根大通 | 花旗 |
|--------|------|------|----------|----------|------|
| | 减记 | 筹措 | | | |
| 083Q | | | -56 | | |
| 080901 | BIS: -5030 | | | | |
| 080730 IMF: | -4690 | 3450 | -57 | | |
| 082Q | | | | -11 共 100 | -80 迄今-460 |
| 080604 惠誉: | 08 共-3870 | 迄今共 2700 | | | |
| 080520 | -3440 | | -65 | | |
| 080515 | -2300 | | | | |
| 080422 | | | | | 共-450/共 360 |

## 38. ECB 欧央行

| 日期 | 黄金储备（欧元） | | 外汇储备（亿欧元） | | 现金流（亿欧元） | |
|------|------|------|------|------|------|------|
| | 增减（万） | 总额（亿） | 增减 | 总额 | 增减 | 总额 |
| 110527 | 0 | 3506.69 | | 1762 | +21 | 8341 |

322

续表

| 日期 | 黄金储备（欧元） | | 外汇储备（亿欧元） | | 现金流（亿欧元） | |
|---|---|---|---|---|---|---|
| | 增减（万） | 总额（亿） | 增减 | 总额 | 增减 | 总额 |
| 110429 | | 3506.68 | -2 | 1747 | -32 | 8344 |
| 110415 周 | 300 | 3506.72 | 6 | 1766 | 24 | 8309 |
| 1231 周 | 330 | 3674 | 37 | 1801 | -26 | 8397 |
| 1008 月 | | | | | -8 | |
| 1007 月 | | | | | -157 | |
| 100827 周 | 0 | 3519.7 | -2 | 1910 | -22 | 8134 |
| 1211 周 | 0.01 | 2381.5 | -11 | 1634 | 41 | 7894 |

### 39. 中国央行存贷款利率调整

| 公布时间 | 实施时间 | 一年期存款基准利率 | 一年期贷款基准利率 |
|---|---|---|---|
| 20110706 | 20110707 | 0.25 ↑ 3.5 | 0.25 ↑ 6.56 |
| 20110405 | 20110406 | 0.25/3.25 | 0.25/6.31 |
| | 20110209 | 0.25/3 | 0.25/6.06 |
| | 20101225 | 0.25/2.75 | 0.25/5.81 |
| | 20101019 | 0.25/2.5 | 0.25/5.56 |
| | 20081222 | -0.27/2.25 | -0.27/5.31 |
| | 20081126 | -1.08/2.52 | -1.08/5.58 |
| | 20081030 | -0.27/3.6 | -0.27/6.66 |
| | 20081009 | -0.27/3.87 | -0.27/6.93 |
| | 20080916 | 0/4.14 | -0.27/7.2 |

### 40. 中国实际利用外资 FDI

| 时间 | 利用外资 FDI | 外币贷款余额（亿美元） | 外币存款余额（亿美元） | 当月外币存款增减 |
|---|---|---|---|---|
| 1202 月 | | 5444T16.1% | 3169T38.7% | Z271 |
| 1201 月 | 99.97T-0.3% | 5361T15.6% | 2899T28.8% | Z148 |

续表

| 时间 | 利用外资 FDI | 外币贷款余额<br>（亿美元） | 外币存款余额<br>（亿美元） | 当月外币存款增减 |
|---|---|---|---|---|
| 2011 年 | 1160.11T9.72% | | | |
| 1112 月 | 122.42T-12.73% | | | |
| 1101~1111 | 1037.69T13.15% | 5312T22.4% | 2668T12.9% | Z41 |
| 1111 | 87.57T-9.76% | | | |
| 1101~1110 | 950.12T15.86% | | | |
| 1110 月 | 83.34T8.75% | | | |
| 11 前三季度 | 866.79T16.6% | +734 | | |
| 1109 月末 | | 5239T24.4% | 2557T9% | |

## 41. 中国央行历年来存款准备金率调整

| 生效日期 | 大型金融机构 | | | 中小金融机构 | | |
|---|---|---|---|---|---|---|
| | 调整前 | 调整后 | 调整幅度 | 调整前 | 调整后 | 调整幅度 |
| 20120224 | 21 | 20.5 | 0.5 | 17.5 | 17 | 0.5 |
| 20111205 | 21.5 | 21 | 0.5 | 18 | 17.5 | 0.5 |
| 20110620 | 21% | 21.5% | 0.5 | 17.5 | 18 | 0.5 |
| 20110518 | 20.5% | 21% | 0.5 | 17 | 17.5 | 0.5 |

## 42. 美商务部商业批发销售数据

| 月份 | 美商务部 | | | | | |
|---|---|---|---|---|---|---|
| | 批发库存 | 批发销售 | 库存销售比 | 企/商业库存 | 企/商业销售 | 企业库存/<br>销售比 |
| 1201 | Y0.4% | | | | | |
| 1112 | Y1.1% | Y1.3% | 1.15 | | | |
| 1111 | Y0 | Y0.5% | 1.15 | Y0.3% | Y0.7% | |
| 1110 | Y1.6% | Y0.9% | 1.15 | Y0 | Y0.6% | |
| 1109 | Y0 | Y0.3% | 1.15 | /Y0 | | |
| 1108 | Y0.1% | 1% | 1.15 | /Y0.4% | | |

## 43. 零售销售 A

| 时间 | 美国/扣汽车<br>（月率） | 英国 BRC | 欧区<br>（月率/年率） | 德国<br>（月率/年率） | 加拿大<br>（环比/同比） |
|---|---|---|---|---|---|
| 1201 | | H0.9%T2% | | Y-1.6%T1.6% | |
| 1112 | Y0.1%/Y0.2% | H-0.3%T2.1% | Y-0.4%T-1.6% | Y0.1%T0.3% | |
| 1111 | Y0.2%/0.2% | Y-0.4%T0.7% | | | |
| 1110 | Y0.6%/Y0.6% | Y0.6%T0.9% | H0.4%T-0.4% | | Y1%/Y0.7% |
| 113Q | JN3.2% | | | | |
| 1109 | Y1.1%/Y0.6% | Y0.6%N0.6% | Y-0.6%T-1.4% | Y0.4%T0.3% | Y1%N4.2% |
| 1108 | Y0.3/Y0.5% | Y-0.2%T2.7% | Y-0.3%N-1% | Y-2.9%N2.2% | Y0.6% |
| 1107 | Y0.3%/Y0.3% | Y0.2%T0 | Y0.2%N-0.4% | Y0.3%T-1.8% | Y-0.5% |

## 44. 美商业研究机构零售数据

| 时间 | ICSC-UBS/高盛 | | RR | | | SP |
|---|---|---|---|---|---|---|
| | 周率 | 年率 | 当周同比 | 月度年率 | 月度环比 | 月度 |
| 0330 周 | 3.8% | 4.2% | 4.6% | 3.6% | 0.7% | |
| 0323 周 | -0.5% | 2.7% | | | | |
| 0203 周 | 1.8% | 3.5% | 2.5% | 2.5% | 1.2% | |
| 1201 月 | | 4.8% | | | | |
| 0127 周 | 0.1% | 3.9% | 2% | 2.7% | -1.8% | |
| 0121 周 | -1.4% | 2.8% | 2.5% | 2.9% | -1.6% | |

## 45. 个人消费支出（PCE）物价指数

| 月份 | （PCE）物价指数 | 核心（PCE）物价指数 | 个人所得 |
|---|---|---|---|
| 114Q | JH1.2%T2.7% | 1.3%T1.8% | |
| 1112 | Y0.1%N2.5% | Y0.1%N1.9% | 0.5% |
| 113Q | JH2.3%JN2.9% | JH2.1%JN1.6% | |
| 1109 | Y0.2%T2.9% | Y0T1.6% | 0.1% |

续表

| 月份 | （PCE）物价指数 | 核心（PCE）物价指数 | 个人所得 |
|---|---|---|---|
| 112Q | JH3.2% | JH2.2% | |
| 1106 | Y-0.1%T2.6% | Y0.2%T1.4% | Y0.2% |

## 46. 消费支出月率 PCE

| 国家 | 1108 | 1109 | 1110 | 113Q | 1111 | 1112 |
|---|---|---|---|---|---|---|
| 美国 | Y0.2% | Y0.6% | Y0.1% | JN1.7% | Y0.1% | Y0 |
| 法国 | Y0.2%N0.3% | Y-0.5%N-1.3% | | | Y0.1% | Y-0.2% |
| 日本 | Y-0.1%N-4.1% | H0.9%T-1.9% | Y0.3%T-0.4% | | Y-1.3%T-3.2% | N0.5% |
| 时期 | 1107 | 1106 | 1105 | 1104 | 1103 | 1102 |
| 美国 | 0.8% | -0.1% | 0.1% | 0.3% | | H0.9% |
| 法国 | | | | Y-1.6%N1.2% | | |

## 47. GDP（J：季率；N：年率）A

| 时间/时期 | 美国 | 欧区 | 德国 | 法国 | 英国 | 中国 |
|---|---|---|---|---|---|---|
| 2011 年 | N1.7% | | T3% | | N0.9% | 9.2% |
| 114Q | JHN3% | | | JH0 | -0.2%N0.8% | 8.9% |
| 1111 | | | | | 0.3% | |
| 1110 末 | | | | | 0.4% | T9.4% |
| 1110 | | | | | 0.5% | |
| 113Q | 1.8% | JH0.2%T1.4% | JH0.5%T2.6% | JH0.3% | JH0.6%T0.5% | T9.1% |
| 11 上半年 | | | | | | T9.6% |
| 112Q | JH1.3% | JH0.2%T1.6% | JH0.3% | JH-0.1%N1.7% | JH0.1%N0.6% | T9.5%H2.2 |

## 48．CPI/HICP（消费者物价指数/调和指数）（Y/H：月率/环比；N/T：年率/同比）A

| 时间 | 美国 | 欧区 | 德国 | | 法国 | |
|---|---|---|---|---|---|---|
| | CPI/扣食品能源 | HICP | CPI | HICP | CPI | HICP |
| 1202 | | T2.7% | | | | |
| 1201 | Y0.2%T2.9%/<br>Y0.2%T2.3% | T2.6% | H-0.4%<br>N2% | Y-0.5%<br>T2.3% | | |
| 1112 | Y0 | Y0.3%<br>T2.7% | H0.7%<br>T2.1% | Y-0.4%<br>T2.3% | Y0.4%<br>T2.5% | Y0.4%<br>N2.7% |
| 1111 | | Y0.1%<br>T3% | Y0<br>T2.4% | Y0<br>T2.8% | Y0.3%<br>N2.5% | Y0.3%<br>T2.7% |

## 49．中国近年 CPI 数据（同比%）

| 1201 | 1202 | 1203 | | | | |
|---|---|---|---|---|---|---|
| 4.5 | | | | | | |
| 1101 | 1102 | 1103 | 1104 | 1105 | 1106 | 半年 |
| 4.9 | 4.9 | 5.383 | 5.3 | 5.5 | H0.3/6.4 | |
| 1001 | 1002 | 1003 | 1004 | 1005 | 1006 | 半年 |

## 50．美经济咨商会

| 时间 | 领先指标 | | 同步指标 | | 滞后指标 | |
|---|---|---|---|---|---|---|
| 1201 | 0.4% | 94.4 | 0.2% | | 0.4% | 113.8 |
| 1112 | 0.5% | /94.3 | 0.3% | /103.4 | 0.4% | /113.4 |
| 1111 | 0.2% | | 0.1% | | 0.4% | |
| 1110 | 0.9% | | | | | |
| 1109 | 0.1% | | 0.1% | | 0.2% | |
| 1108 | 0.3% | | 0.1% | | 0.2% | |
| 1107 | 0.1%/115.8 | | 0.1% | 103.3 | 0.3% | 110 |
| 1106 | 0.3%/115.3 | | 0.1% | 102.9 | 0.4% | 109.5 |
| 1105 月 | 0.8%/114.7 | | 0.1% | 102.9 | 0.2% | |

## 51．美经济周期研究所 ECRI：经济领先指标 WLI

| 时周 | 当周 | 年率化 | 时期 | 当周 | 年率化 |
|---|---|---|---|---|---|
| 0127 周 | 123.1 | -5.2% | 0217 周 | 123.1 | -3.5% |
| 0120 周 | 122.7 | -6.6% | 0113 周 | 123.3 | -7.6% |
| 1214 周 | 121.3 | -7.7% | 1223 周 | 120.7 | -7.6% |
| 1202 周 | 122.5 | -7.6% | 1125 周 | 120.8 | -7.8% |
| 1028 周 | 122.1 | -9.4% | 1104 周 | 122.3 | -8.5% |
| 1021 周 | 121.2 | -10.1% | 1014 周 | 120.4 | -10.1 |

## 52．经济领先指标

| 时期 | 加拿大 | 瑞士 KOF | 中国 | 欧区 |
|---|---|---|---|---|
| 1202 | | -0.12 | | |
| 1201 | | -0.17 | | |
| 1110 | 0.3% | | | |
| 1109 | 0.1% | 1.21 | 0.4% | |
| 1106 | 0 | 2.23 | 0.9% | -0.3%/108.5 |
| 1105 | 1% | 2.3 | 0.5%155 | -0.1% |
| 1102 | 1.1% | 2.19 | 0.3%197.1 | 0.9%108.9 |